中国金融改革与货币生产率研究

冯贞柏 著

中国财经出版传媒集团
中国财政经济出版社

图书在版编目（CIP）数据

中国金融改革与货币生产率研究 ／冯贞柏著． ——北京：中国财政经济出版社，2022.9
ISBN 978－7－5223－1677－2

Ⅰ.①中… Ⅱ.①冯… Ⅲ.①金融改革－研究－中国 ②货币量－研究－中国 Ⅳ.①F832

中国版本图书馆 CIP 数据核字（2022）第 165953 号

责任编辑：蔡 宾　　　　　责任校对：胡永立
封面设计：陈宇琰

中国金融改革与货币生产率研究
ZHONGGUO JINRONG GAIGE YU HUOBI SHENGCHANLU YANJIU

中国财政经济出版社 出版

URL：http：//www.cfeph.cn
E－mail：tianmh@cfemg.cn

（版权所有　翻印必究）

社址：北京市海淀区阜成路甲 28 号　邮政编码：100142
营销中心电话：010－88191522　编辑部门电话：010－88190666
天猫网店：中国财政经济出版社旗舰店
网址：https：//zgczjjcbs.tmall.com
北京财经印刷厂印刷　各地新华书店经销
成品尺寸：170mm×240mm　16 开　12.75 印张　202 000 字
2022 年 9 月第 1 版　2022 年 9 月北京第 1 次印刷
定价：65.00 元
ISBN 978－7－5223－1677－2
（图书出现印装问题，本社负责调换，电话：010－88190548）
本社质量投诉电话：010－88190744
打击盗版举报热线：010－88191661　QQ：2242791300

前　言

学术界非常关注中国广义货币供给过快增长问题,大量文献从供给与需求平衡的视角,讨论货币供给是否超出经济发展的需要。这些研究普遍从单位产出所需要货币数量的角度,从"标"上解释货币供给增长为什么过快,他们把焦点放在解释现象而不是挖掘现象形成的根本原因,给人感觉有"舍本逐末"之憾。本书试图通过理清金融发展促进经济增长的原理,结合中国金融改革的实践,提出货币生产率的概念,研究货币产出效率的影响机制,从单位货币能够带来多少产出的视角来分析货币供给与经济增长问题,探讨下一步改革的方向和策略,从"本"上研究中国金融改革存在的问题。

在金融发展理论的基础上,利用中国改革开放40多年的实践数据,本书对中国金融改革与货币生产率的关系进行了较为全面的分析。提出了一些新的观点:①改革开放以来,通过金融改革客观上推动了宏观经济的增长,但是,各个层面的货币生产率都有下降的趋势,尤其是广义货币生产率的下降更为显著;②利率市场化改革对阻止货币生产率下降起到了积极有效的作用,但是利率管制导致其真实水平低于市场均衡水平,内源融资效率被人为降低;③银行业的股份制改革为减缓配给效应起到了重要的作用,但是,生产资金的供不应求使金融市场总体上处于非瓦尔拉斯均衡状态,信贷配给是导致货币生产率降低的主要因素之一;④房地产市场化改革是近20年推动宏观经济增长的重要因素,但是政府主导因素加重了土地财政依赖度,导致包括房价在内各种产品价格的上涨,反过来降低了货币生产率,制约了经济的增长;⑤进一步推动金融市场化改革,规范房地产的发展,提高货币生产率,促进经济可持续发展是未来宏观经济改革的重要内容等。

值得指出的是，本书在已有的金融发展理论基础上，提出一个新的金融与经济发展关系的研究框架，即利用标准化有约束的宏观利润函数，把金融作为宏观经济约束条件之一，分析金融市场与各种产出之间的替代关系。它最大的优点有两个方面：一是可以更加全面地分析各因子之间的结构，不但描绘了经济数量上的增长，而且刻画了质量上的发展；二是可以更加深入地研究各因子间的替代关系，通过二阶微分方法，将经济学从边际分析深入到替代弹性分析。

本书是在多年求学和工作上的学术性思考和总结，其中提出的一些概念、观点和研究方法属于作者个人的尝试，因知识结构和认知视角的差异，可能不符合主流思想的要求，谨此作为学术上的探讨，希望能起到抛砖引玉的作用。当然，由于作者学识和能力所限，书中难免存在不足甚至错误，敬请读者批评指正。

作者

2022 年 8 月

目　录

第一章　绪论 (1)
　　第一节　问题的提出 (1)
　　第二节　研究的思路、框架与主要内容 (5)

第二章　货币生产率及相关文献综述 (13)
　　第一节　M_2/GDP、生产率和货币生产率 (13)
　　第二节　金融发展与经济增长 (17)
　　第三节　关于中国货币供给与经济增长问题的研究文献 (22)
　　第四节　必须思考的几个问题 (35)
　　第五节　本研究的可能创新点和不足之处 (41)

第三章　中国金融扩张与金融抑制 (43)
　　第一节　中国金融改革的简要历史及特征 (43)
　　第二节　衡量金融发展的指标体系构建 (47)
　　第三节　国际比较与中国金融抑制特征 (50)

第四章　金融抑制与非瓦尔拉斯均衡 (62)
　　第一节　中国金融体制的特征 (62)
　　第二节　我国金融抑制和非瓦尔拉斯均衡 (66)

第五章　信贷配给与资本配置效率 (74)
　　第一节　信贷市场及信贷配给 (74)
　　第二节　货币经济中信贷行为与信贷配给 (77)
　　第三节　配给的种类及体制性配给 (80)
　　第四节　体制性配给与逆向选择效应 (85)
　　第五节　体制性配给的逆向激励效应 (88)

第六章　金融抑制与信用创造 (90)
　　第一节　货币供给过程与货币乘数 (90)

第二节　体制性配给与货币乘数 …………………………（94）
　　第三节　信贷配给与货币供给模型 ………………………（96）

第七章　金融抑制与投融资机制 ………………………………（99）
　　第一节　发展中经济的投资行为 …………………………（99）
　　第二节　金融体制、利率管制与投资效率 ………………（102）
　　第三节　配给的金融抑制效应 ……………………………（112）

第八章　房地产改革与货币生产率 ……………………………（116）
　　第一节　我国房地产市场发展的特征 ……………………（117）
　　第二节　房地产改革的信用创造效应 ……………………（120）
　　第三节　我国土地财政降低货币生产率的原理 …………（122）

第九章　基于传统金融发展理论的实证分析 …………………（128）
　　第一节　计量模型设定 ……………………………………（128）
　　第二节　数据描述与回归结果 ……………………………（134）
　　第三节　实证结果分析 ……………………………………（141）

第十章　货币生产率研究的前沿方法 …………………………（157）
　　第一节　传统宏观经济学和金融发展理论的主要缺陷 …（157）
　　第二节　宏观经济金融问题研究的发展趋势 ……………（162）

第十一章　本研究的主要结论与建议 …………………………（170）
　　第一节　主要结论 …………………………………………（170）
　　第二节　主要建议 …………………………………………（174）

参考文献 …………………………………………………………（177）
后记 ………………………………………………………………（193）
作者简介 …………………………………………………………（195）

第一章 绪 论

第一节 问题的提出

改革开放前,计划经济下的中国没有规范的金融市场,金融功能从属于财政配置功能,国有金融的主要任务是为国有企业融资,货币和金融都很落后。1978年后,国有金融活动初见端倪,金融体系在放权让利式中推行改革,以农村家庭联产承包责任制为前锋的所有制改革,使得金融资源快速呈现并分散于千家万户。政府为了聚集这些分散的金融资源而逐步推动金融产权形式的扩展,目标是推动金融改革和发展经济,金融体制作为经济体制的一部分,随着改革开放的大潮一路前进,至今已40多年。

今昔对比,改革开放无疑为中国金融发展和经济增长做出了重大的贡献。一方面,中国的金融扩张取得了重大进展:1978年,我国金融总资产约2 000亿元,广义货币供给M_2为1 159亿元。到了2020年,我国金融机构总资产达353.19万亿元,广义货币供给M_2为218.68万亿元,分别增长了1 766倍和1 887倍。金融机构更是从中国人民银行一家发展为由银行、保险和证券等较为完善的金融体系。另一方面,中国的经济增长也有非凡的表现:1978年中国的GDP世界排名第9,国内生产总值为3 645亿元人民币,美国、日本、苏联、西德、法国、英国、意大利、加拿大等国家都超过了中国。到了2010年,中国GDP总额41.3万亿元人民币,超越了日本仅次于美国,成为世界上第二大经济体,2020年,GDP总额进一步提高到101.36万亿元。如果分别从金融扩张和经济增长的角度上看,中国的改革开放无疑是功不可没的，而且也是极其成功的。

这些量的扩张表面上看来是中国金融有了很大的变化，很多学者从货币化程度、金融相关比率[①]等角度对中国金融改革的成就给予了高度的评价，认为这几个数量指标都比改革开放前有很大提高，因此认为中国金融业有了相当程度的发展。换句话说，要是纯粹从金融资产、货币供应量以及金融组织的数量的增长上看，中国金融改革似乎取得了辉煌的成就。而且金融发展的同时经济增长也让全世界刮目相看。尤其是中国在推进改革进程中，一方面政府通过金融扩张取得了巨额的货币化收益；另一方面却又在中央财政获取比率相对下降的同时，仍保持高金融增长与低通货膨胀的格局。当年，苏联和东欧等国家的改革也经历过较为相似的过程，但是它们的经济体制改革带来金融崩溃以至于苏联解体和国家动荡。如果把中国的改革与它们相比，中国的改革开放能够稳定持续推进40多年，这似乎是全世界各国经济改革过程中奇迹般的案例，甚至在很早之前就被著名的金融发展理论学者 McKinnon 称之为"中国之谜"。

然而，把中国的金融改革与经济增长关联对比，有一个不容忽视的问题值得理论界关注，即中国经济在高速增长的同时，金融扩张的速度远远超过了经济增长的速度。如果对改革开放以来中国金融发展与经济增长的相关指标进行对比分析，可以总结出40多年来中国金融发展与经济增长呈现三个非常明显的特征：①广义货币供给与国内生产总值的比值即 M_2/GDP 快速持续升高，且在很大程度上超过了绝大部分国家的水平。改革开放初期，中国 M_2/GDP 为60%左右，90年代初期接近100%，1993年，McKinnon 在他的专著中称中国特有的货币化现象为"谜"，此后，这一指标不断走高，10年后即本世纪初年达160%，再过20余年，2021年超过219%。这一货币化水平与其他国家的经济发展的实践相比具有非常明显的偏高的特点，从金融发展理论的角度上，货币化率与经济增长水平似乎不符合经济规律。我们把货币化率与其他国家相比便很容易发现问题。例如，20世纪90年代初，美国的货币化水平为60%左右，英国约为100%，日本约为110%，德国为70%，印尼、韩国等为40%左右。20年后，这些国家中大多数国家的货币化水平没有太大的变化，美国仍为60%多，英国稍有上

---

① 货币化程度一般都用广义货币供应量与国民收入比率来表示；金融相关比率，即 *FIR*，是 Goldsmith 所指出的一国全部金融资产与本国当期的国民收入之比，可以用 *GDP*，也可以用 *GNP*。

升，超过120%，日本为130%，德国仍为70%，印尼、韩国上升至80%左右。再到2018年，美国为89%，英国为147%，日本为252%，德国为87%，印尼为82%，韩国为151%。总的来说，世界上大部分国家并未出现这个比值节节攀升的现象，只有日本出现了较快速上升的情况，而且中国这一比例的绝对值非常高。按照麦金农等人的金融发展理论，当货币化达到一定程度后，货币化进程就应该结束，也就是说，经济增长和货币供给水平的比例即M_2/GDP会在某个区间保持相对稳定，一般来说，这个区间一般在100%至120%之间。显而易见，中国的情况已经严重地超出了这些理论的预测范围。②快速持续的金融扩张没有带来对应的经济增长，而且呈现阶段性特征。按照麦金农的金融深化理论，金融发展首先表现为货币化程度的上升，而在此时，随着经济货币化程度的提高，经济增长的速度都比较快。此后，货币化程度上升到一定程度将会趋于缓和，甚至停止。然而本研究分析表明，中国改革开放40多年来，货币化存在持续快速升高的现象，但是，与经济增长的速度相比显著过快，而且货币化进程与经济增长速度的相关性呈现阶段性特征。从改革初期到1992年之间，中国经济一方面高速增长，另一方面货币发行快速增加，货币化进程异常快速。数据表明，中国的金融发展与经济发展在这期间存在着高度正相关性，即经济发展表现为货币化支持的高速增长。按照有关理论，1992年之后，中国货币化程度的进一步提高，中国经济的增长速度应该和货币化进程一样，一如既往地高速增长。但是，事实上，1996年后，甚至一直到最近几年，国债和金融证券发行快速增加、股市扩容步伐明显加快，金融扩张进程持续加快推进，然而在此期间，经济增长出现较为剧烈波动，增长率不断回落，甚至多次严重回落，依靠再度经济刺激计划才扭转经济下行的困局，尤其是2008年的"四万亿经济刺激计划"之后，经济增长短期内回暖，但是2015年又出现下滑。在这一过程中，容易发现，中国经济始终处在"金融扩张—经济回暖—停止扩张—经济衰退—金融扩张—…"的循环模式。中国的M_2/GDP比值提高对经济增长不再像1992年前那段时期一样，存在显著的正相关关系。而且，事实表明，即使在这种状况下，政府对金融控制仍然没有弱化。总的来说，21世纪初以来，尤其是中国实行房地产市场化改革以后，持续快速的金融扩张与经济增长的速度和持续性并没有显著的一致性。③金融体系的整体发展水平与经济发展的格局并不协调。按照 Goldsmith 提出的金融相关比率（FIR），中国的货币化程度与现代金融发展理论的分析背道而驰，但在与经济发展的关系上，却又表现出惊人的相似。理解和把握中国的金融发展与经济增长的规律，似乎更需要从金融工具的整体增长来分析。中国金融工具整体增长状况又是如何呢？从 1978 年开始，中国的 FIR 一直处在快速上升的状态，到 21 世纪初，绝对水平已经处于高位，达 300% 左右，到 2017 年进一步上升，略超 400%，而在相同时期，美国、德国仅为 300% 左右，韩国为 230% 左右，巴西、印度为 150% 以下。这说明，我国 FIR 水平虽然低于发达国家，但却接近或高于经济发展类似国家。应该说，金融工具的有关数据表明，中国的金融工具和货币化进程一道，有着显著的快速发展的特点。但是，金融体系却和经济发展的格局严重失调：2004 年，全国金融企业信贷总额为 17.81 万亿元，而对私有经济贷款余额为 0.21 万亿元，可以说是微乎其微，至 2017 年末，全国金融企业信贷总额为 117.81 万亿元，而对私有经济贷款余额为 23.52 万亿元，占 GDP 超过 60% 的私有经济所获得的信贷资源仅仅占信贷总额的 19.96%，虽然比例有了大幅度的提高，但是绝对额仍很小。另外，在金融体系中，国有资产占比过高、货币市场和资本市场的失调、管理和制度上的缺陷仍然相当明显，金融改革仍然滞后于国民经济发展的需求。

上述分析不难发现，中国经济经历改革开放的 40 多年，金融体系有了很大的规模的扩张，经济也有了大幅度的增长。但是，金融发展与经济增长的过程并不一致，也是不协调的。虽然 McKinnon 对中国 1978 年至 1994 年间金融高速增长的同时，财政收入相对比例与其他国家相比不断下降，但是与此同时货币量的快速增长并未造成通货膨胀，也就是说，他从金融增长与宏观经济稳定的角度对中国经济改革做了某一方面的肯定。但是，1994 年以后的状况发生了明显的改变，即金融扩张不再一如既往地支撑经济的增长，尤其是最近 20 多年来，广义货币供给与国内生产总值的比例进一步上升，社会生产带来的税收增长率逐年下降，财政的根基被动摇转而依赖房地产和土地销售，甚至土地财政的局面都难以为继，社会系统性风险日益增加。因而，我们不能因为 McKinnon 当时称赞"中国之谜"而盲目乐观。虽然这位大师只是在其著作里蜻蜓点水似的描述并未给予深入持续的研究，但事实上，中国经济发展的问题恐怕比他提及的问题具体得多，也比他的评价严重得多。

经济增长并不一定意味着经济发展，经济增长的同时，是否意味着风险的存在，这是一个很值得研究的问题。在亚洲金融风暴到来之前，包括日本、新加坡、马来西亚在内的东南亚一些国家都有着高度增长的历程，但在 1997 年泰国点燃亚洲金融风暴之后，各个国家纷纷陷入了严重的经济衰退过程难以自拔，这说明这些国家在经济高增长的同时累积了大量的风险，在风险引发之后便出现"多米诺骨牌"效应，许多国家经济在金融风暴中崩溃，而且经济陷入长期低迷状态难以复苏。中国在亚洲金融风暴过程中并没有出现经济滑坡，原因是中国金融由政府主宰的性质决定的，中国金融并没有真正实现自由化。当时，中国还未加入世贸组织，因而不存在金融自由化的压力。当政府能够对利率和汇率进行强制执行的前提下，金融风险的压力并不能充分体现出来，这就像中国计划经济时代客观上有强烈的通货膨胀压力而主观上得不到释放一样，所以，改革开放以后中国出现了严重的通货膨胀。问题是在经济增长的同时，是否由于金融的政府控制而导致一种压力的强制，金融改革过程中导致的是金融与经济的协调发展，还是在经济增长的同时隐藏着严重的金融风险？这是一个非常重要的值得研究的问题。当前，中国已经加入世贸组织 20 余年，金融自由化与国际化是一个不可避免的过程，在这种情况下，中国金融潜在的风险将渐渐潜出水面，中国经济能否承受住强大的冲击，经济增长是否可以持续以及如何持续等，都是值得研究的重要课题。

本书将对中国经济体制改革过程中，金融发展与经济增长的深层关系做出理论性的探索，分析经济改革尤其是金融体制改革过程降低我国货币的产出效率的机理，以及它对中国近几十年来的经济增长带来的影响，为进一步深入研究金融改革的风险问题做好理论上的铺垫。

第二节 研究的思路、框架与主要内容

一、研究的基本思路和框架

本书选题立意来源于 1993 年 McKinnon 有关"中国之谜"的评论。

McKinnon 在他的专著中，对中国特有的经济现象非常困惑：一方面，中国货币供应量增长速度非常快，远远超过经济增长的速度；另一方面，中国的财政收入占 GDP 的比率不断下降。在这种情况下，中国却能成功地控制住了通货膨胀，不让其继续泛滥并导致严重的经济衰退。根据他提出的经济市场化次序理论，货币供给的增加以及金融工具的增长是早期经济增长的重要条件，但是，金融发展需要同时获取相应的经济增长速度，以便保证中央财政的平衡和产出的协调增长，否则会导致严重的通货膨胀，反过来会遏制经济增长。然而，中国却出现了"在财政收入下降的同时保持价格稳定与高金融增长"的现象，他认为很难理解和解释，并把它称为"中国之谜"[①]。McKinnon 是从金融增长与宏观经济稳定的角度对中国的情况做出如此评价的，不仅如此，经过近 30 年的发展，"中国之谜"不但没有破解，反而有进一步演进的趋势：货币化程度持续快速地升高；货币化并未带来经济快速持续的增长；金融工具整体增长水平与经济发展的水平不一致；财政收入与国民总收入的比值不断下降。

金融发展与经济增长的问题一直都是经济学家们一直关注的焦点问题。尤其是中国改革开放以来，经济与金融都有了长足的发展，金融发展促进了经济的增长，经济增长也反过来影响金融发展。然而，当前中国的金融与经济增长为什么不符合金融发展理论的解释，是真正的发展状态还是潜存很大的风险，30 年前，世界著名经济学家 McKinnon 对此都无法合理解释，把它视为一个"谜"。在这 30 年间，虽然有众多国内外经济学家对此做了许多努力，其中有些不乏真知灼见，但是，仍然没有从理论上给出一个令人信服的或者说是广泛认同的解释。

对于"中国之谜"，尤其是对 M_2/GDP 过高的原因，国外学者并没有很多的研究与评论；国内外学者给予了众多解释，研究大致可以分为两个阶段：第一个阶段是在 1993 年 McKinnon 提出问题至 20 世纪末，部分学者把 M_2/GDP 逐渐升高的原因归结为经济货币化，因为在改革开放之后的一段时期，我国准货币规模出现了较快速度的持续扩大，我国后来表现出各类存款居高不下，致使流动性较差的准货币流动速度变得缓慢，从长期看

---

① McKinnon：经济市场化的次序—向市场经济过渡中的金融控制，上海三联书店、上海人民出版社，1993。

M_1/M_2 趋于下降，换句话说，M_2/GDP 的上升的原因主要是由准货币和国内生产总值的比例上升引起的；另外一些学者加入制度因素来研究我国的货币需求，认为以往的货币数量论是在规范的市场经济中才能适用，而我国经济脱胎于计划经济，转轨经济特征明显，因而货币数量论并不适用，如果将特有的制度因素纳入货币需求模型，货币需求和经济增长才能呈现较强的稳定性，他们通过相关的时间序列分析，研究结论认为储蓄率增高是我国货币化过程的主要原因；还有学者的研究认为，自从 1997 年以来，我国城乡居民的实际收入增长率明显低于 GDP 增长率，尤其是大部分农村居民的收入增长相对更为缓慢，通货比率下降，因此，导致货币供给与 GDP 比率上升的原因主要是公众出于对未来就业风险、养老和医疗保障、教育费用等，存在较为严重的不安全预期，因此，M_2 的积蓄逐渐上升。总的来说，这一阶段国内有关研究的焦点主要集中在对货币化进程加快、储蓄率持续偏高、不良资产比率居高、社会保障机制不完善引起的货币过度持有等原因上。当然，通过梳理，我们不难发现，这些研究角度及所得出结论大部分停留与结果并行的"现象"上，并未触及根本原因分析。第二个阶段是 21 世纪初至今，部分学者则将研究引向深入，有的从货币沉淀角度分析了 M_2/GDP 偏高的原因，认为在货币化进程之后，造成近期 M_2/GDP 仍旧持续升高的原因，是金融改革和金融深化过程中，金融资源的配置效率不高，导致货币被动性的超量发行；另外，有学者通过将政府对银行体系的补贴和担保等人为因素引入麦金农的货币最优化化模型，分析政府对银行体系的控制因素对中国高货币化的机制等。

笔者认为，造成"中国之谜"的根本原因不仅仅是货币化，也不仅仅是储蓄率太高、不良资产比率太高，而是大量的货币投入没有得到该有的产出水平。换句话说，宏观上看，单位产出所需要投入的货币数量越来越多，笔者借用生产率的定义，首次提出"货币生产率"的概念，并界定其具体内涵，运用金融发展理论结合中国改革开放 40 多年的实际数据，研究中国金融改革过程与货币生产率的关系，指出改革中出现的体制配给及金融抑制导致货币生产率低下，政府对金融改革的滞后和强烈的管制是产生"中国之谜"的根本原因：1978 年以后，中国为社会主义市场经济建设而对诸多领域进行了成功的市场化改革。但由于多种因素，金融一直被视为"关系国计民生"的部门而由政府管制，例如固定利率和汇率制度、金融机构国有制、金融机构人事由政府任免制度。后来,为了加入 WTO 以及适应市场经济建设的需要,政府对金融系统也采取了市场化改革,利率适当浮动,国有金融机构也进行了市场化改造。但在本研究所要研究的 30 多年时间里,在宏观市场经济体制下,金融领域一直采取计划经济及公有制形式,这才是破解"中国之谜"的途径:容易理解,在市场经济为主体的经济体中,以计划经济及公有制为特征的金融机构必定会产生权力主体的"寻租"行为,金融产品价格不能客观反映市场的供求状况,因而始终处于"非瓦尔拉斯"均衡状态。由此导致金融配置效率较低下引起货币被动性超量发行,主要体现在:由于信贷体制性配给的存在所产生的"逆向选择效应"与"逆向激励"效应对货币创造过程产生影响;计划经济、公有制及其他体制性因素影响预期,使居民储蓄率过高,但储蓄—投资转化渠道不通畅;配给均衡影响投资行为,对 GDP 增长效率的削减效应等。尤其是 21 世纪初以来,中国房地产市场化改革与金融体制改革的相互"捆绑",财政分税制改革导致地方土地财政依赖,房地产消费属性向金融属性、投资属性甚至投机属性的改变,这些改革过程中的利益纠缠与市场失灵,均导致财政政策和货币政策效率下降、财富分配不均、基尼系数上升、货币供给数量增加但是出现"空转"等,是 21 世纪 20 多年来货币生产率严重下降的主要原因。

因此,本研究首先从理论层面上理清我国金融改革过程对货币生产率的影响,从经济体制特征出发,修正金融发展理论的约束条件,建立货币供给与经济增长模型,研究金融改革过程中信贷配给、投融资效率、信用创造、土地财政、房地产金融等对金融发展与货币生产率的影响机制,结合改革开放以来中国经济金融改革的实际数据进行弹性测度,从理论到实证理清货币生产率持续下降的原因、存在的风险及危害,指明解决问题的方法和途径,并探讨研究货币生产率的宏观经济分析新近框架和范式。

顺着以上思路,本书从中国金融体制改革和经济增长的事实出发,寻找金融发展和货币产出效率的关系,进一步深入挖掘经济现象中隐藏的经济规律,研究各种经济活动相互影响的机制和原理,从而试图为进一步的风险预测和优化决策研究提供重要的基础范式。本书的研究框架可以简单地用图 1-1 来表示。

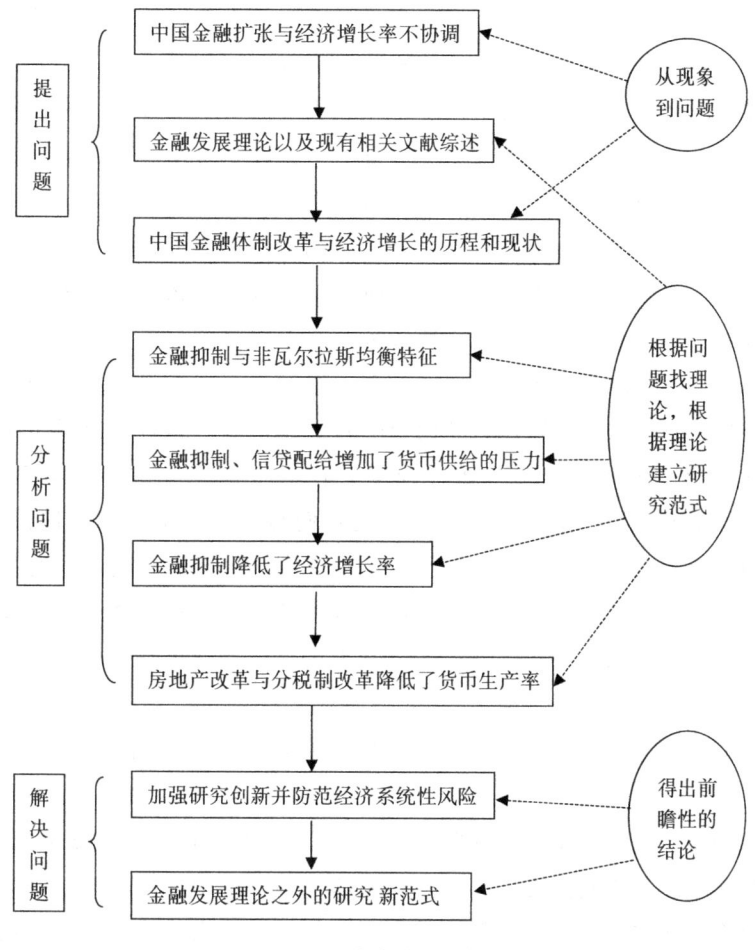

图 1-1 本书的研究框架

二、研究的主要内容

顺着上述研究思路和框架,本书展开了深入的研究,总共分为十一章:

第一章:绪论。提出有关研究背景;介绍选题和论证的思路、主要内容以及分析的技术路线结构框架;归纳全文可能取得的创新之处以及论文写作过程中的主要缺憾。

第二章:货币生产率及相关文献综述。提出货币生产率的概念并界定其内涵；对国内外典型的金融发展与经济增长理论进行梳理，重点总结了国内有关中国金融发展和经济增长的相关文献，并对其进行归类划分，指出其对我国金融发展与经济增长理论研究不相适应的地方，尤其在回顾国内外现有关于 M_2/GDP 研究文献的基础上，比较和总结出有关文献的重要特点，特别指明当前国内有关研究在范式上存在的明显缺陷。进而思考三个问题：第一，我们应该站在一个什么样的起点来研究；第二，研究应该搭建一个什么样的理论框架；第三，研究应该遵循什么逻辑和采用什么技术手段，为后文的研究提供范式性参考。

第三章：中国金融扩张与金融抑制。通过对中国金融改革的历史进行简要回顾，总结其重要特征；利用金融发展理论构建适合研究货币生产率的指标体系；在此基础上，通过选取有代表性的几个国家，即美、日、韩、泰等国家的经济金融发展特征，把它们与中国的金融扩张进行对比，总结中国金融改革过程中本质的特点，发现中国金融深化过程中与世界其他国家有着典型的差异。即：①货币化程度持续升高；②货币化程度提高与经济发展的关系前后不一致；③金融工具整体增长水平与经济发展的水平不一致。即在诸多关键环节改革滞后，存在较为严重的金融抑制的特征。经济在增长，金融也在发展，但迹象表明中国金融抑制是客观存在的。

第四章：金融抑制与非瓦尔拉斯均衡。本章是全文分析方法的基础，也是论文重要的创新点之一。国内外大部分学者对中国金融与经济增长的分析要么以瓦尔拉斯均衡为默认前提，以市场自由出清为条件进行的；要么就是套用金融深化理论，把中国经济的客观条件与大部分发展中国家简单等同。其实，中国金融与经济增长有自身独特的体制性前提：中国是建立在落后经济基础之上，仿效前苏联高度集中的计划经济及公有制。所以，一方面不像发达市场经济国家的金融市场那样，价格能够客观地反映供求关系，所以不存在瓦尔拉斯分析条件；另一方面也不等同于那些落后的发展中经济，因为中国经济有着深深的公有制和计划经济的烙印。所以，要研究中国金融发展与经济增长问题，必须要考虑中国特殊的体制前提。因此，本研究遵循非瓦尔拉斯均衡研究，把体制当作其约束条件进行。

第五章：信贷配给与资本配置效率。在体制约束所致的非瓦尔拉斯条件下，配给均衡是其重要的特征。本章在回顾有关配给理论的基础上，描述了货币经济中信贷配给一般行为,用均衡分析方法给出了信贷体制性配给的具体定义。并对信贷体制性配给的逆向选择效应和逆向激励机制进行剖析。最后试图在公众、商业银行及中央银行三部门行为描述的基础上,构建货币供给的信贷市场模型,试图通过比较静态分析来研究体制约束对货币供给行为的影响,从信贷、货币创造行为过程来解释中国货币生产率下降的成因。

第六章:金融抑制与信用创造。本章是从另外一个角度对体制引起的配给性均衡对国民经济增长的影响进行分析。体制性配给影响经济主体行为的效用函数,制度上的缺陷和当局政策上的错误、特别是政府对利率的强制规定,使其低于市场均衡水平,通货膨胀未能很好控制,使实际利率偏低。由此导致的金融抑制效应客观存在:一方面无法充分动员社会资金;另一方面低的贷款利率或负利率刺激了对有限资金的需求,政府依靠配给造成资金使用的低效率。因而体制约束冲击投资行为,进而降低 GDP 的增长。

第七章:金融抑制与投融资机制。从发展中经济的投资行为开始剖析,研究金融体制与利率管制是如何影响一个经济体的投资效率的。重点研究我国金融体制改革的历史烙印带来的最重要的影响是在金融市场上具有严重的配给均衡的特征,而利率管制导致实际利率低于市场均衡利率,必将影响内源融资的效率,进而影响货币投入产出效率;同时分析体制性配给与金融抑制间会互相影响,进一步阻碍货币生产率的提升。

第八章:房地产市场化改革与货币生产率。近20多年来,房地产市场化改革成为经济金融体制改革影响中国经济增长的另一重要的因素。本章通过对中国房地产改革的货币创造效应、土地配给的通货膨胀效应等,研究它们影响经济结构,使货币供给快速增长,阻碍货币生产率的提高的机制和途径。研究表明,21世纪以来,房地产改革和金融体制改革互相捆绑,在很大程度上降低了货币生产率,加剧了货币供给与产出的不协调性,给宏观经济增长带来更大的压力和风险。

第九章:基于传统金融发展理论的实证分析。经过上文分析得出结论,认为中国 M_2/GDP 问题日趋严重,理论研究也一直没有突破。国内研究普遍重在对问题成因的研究,缺乏较为统一的科学合理范式,不同切入点和角度分析出不同的结论;国外研究强调研究起点、框架和手段,研究目的聚焦于经济规律的提示。国内外研究比较表明,有关此问题的研究需要一个全新的认识:对货币在经济中的性质、研究应进入的框架和研究的进展过程进行全面深入的思考,尤其是金融发展过程中的货币产出效率问题,是有关表象的背后根源。

第十章:货币生产率的前沿研究方法。本章跳出现有研究的框架,基于当前经济学研究的新方法和新范式,重新审视货币供给与产出之间的关系研究应该遵循的范式及研究可能趋势。依据生产理论,从原始生产函数出发,通过嵌入生产者的理性经济人假设和利润最大化原则,利用对偶理论和标准化的有约束的利润函数,构建起应用于宏观经济分析的全新范式—GNP 函数,揭示宏观经济分析的未来可能趋势,以引领此领域的新的研究方向。

第十一章:主要结论与建议。本研究结合现有研究技术手段,对货币供给与经济增长问题进行了全面的梳理,分析结果表明"中国之谜"有着具体的表现形式及深刻内涵,而且其形成的根本原因是中国改革开放以来的经济金融体制,也即以公有制为主体的金融结构以及计划经济遗留的痕迹是其主要成因。由此提出对公有制金融机构进行股份制改造以及放松金融杠杆管制,使金融产品价格能客观反映市场的供求状况等政策建议。同时指出,此问题的研究迫切需要构建新的宏观经济分析框架,以便研究更加深入和准确。

第二章 货币生产率及相关文献综述

改革开放以来，中国经济一直呈现高速增长的态势，在金融快速发展的同时，广义货币供给也快速增加，速度明显快于 GDP 的增长，同时能控制物价上涨的幅度，这一经济现象在全世界各国都是十分罕见的，1993 年就被 McKinnon 称为"中国之谜"。本书的主要结论是中国金融改革的缺陷导致货币生产率的降低是造成中国特有的经济现象的根本原因。因此，要研究这一理论问题，首先有必要对主题相关的概念和理论进行基本的区分和界定，然后对已有的研究进行全面的梳理和评价，以及对如何利用这些理论构建合理的研究范式。

第一节 M_2/GDP、生产率和货币生产率

在已有的文献中，很少有"货币生产率"的概念，有大量的文献都在研究货币供给是否符合经济增长中的货币需求，即 M_2/GDP 问题，或者被称为经济货币化、货币超发等。笔者之所以提出这个新的概念，是为了更准确地描述中国经济改革过程中货币与产出的关系，因为这两个概念之间既有联系，又有重大区别，是貌同实异的经济学概念。我们先来简要地回顾一下现有文献的研究对象，即 M_2/GDP 问题。

对于货币供给超过经济增长或货币需求的问题，早在 40 多年前就有学者提出来了。Gillian. G And Simon（1979）发现，1952 年至 1978 年美国的数据并不支持 S. Goldfeld 传统货币需求模型，发现现实货币需求和模型预测需求之间存在差额，并称之为 the missing money。Fridman and Schwartz

（1982）把广义货币供给与国民收入的比率称作为经济货币化比率，他们认为，随着一国经济、金融体系的不断发展，这一比率会呈现先升后降的倒"U形"轨迹，主要发达国家平均货币化比率的"折点"为90%。到了1993年，McKinnon先生在研究货币深化理论中明确提出"中国之谜"的概念，提出了货币、债务与经济增长的新古典模型，研究广义货币供给与经济增长的比率，并且对这些指标进行了多国横向比较。不过他未就中国的问题进行更深入的研究，而是跳出这一现象本身去研究经济发展过程中的金融深化问题。后来，有众多数研究从货币与经济增长之间的关系的角度进行，而且，这些文献中都试图探讨过多的货币供给对经济体的影响，并把它们定义为 Excessive money、Excessive liquid、the missing money、the money overhang 等有关术语。据笔者理解，它们的含义有共同之处，那就是都是研究货币与经济增长之间的关系，但它们的具体含义稍有差异：Excessive money 主要是指货币总的供给水平多于货币需求，将在短期或者长期会导致通货膨胀；Excessive liquid 则主要指货币供给的流动性层面过强，它主要强调的是结构性的货币供给过于需求，这两个概念暗含的意思是经济体本身是健康的，并未出现严重畸形；而 the missing money 主要指货币供给多于货币需求，但是并未表现出通货膨胀，而且也不存在通胀压力，只是货币发行被经济体本身吸收了或者是游离于经济之外了；the money overhang 的意思则是货币供给大于需求的事实客观存在，暂时并未表现出通胀，但是金融风险可能随时显现，后两个概念意味着金融体系甚至整个宏观经济体系存在严重的问题，只不过是问题并未集中爆发。由于国外有关文献数量巨大，而且它们研究的国家对象不同，侧重点各有差异，不便于对文献直接比较，不过，这些研究对于中国特有的货币供给与国内生产总值比例的问题有重要的参考价值。

而本书所关注的核心问题，即货币生产率，它的实质问题是效率问题。根据《辞海》的解释，效率其中的一种定义是"产出或所要的结果与单位投入或资源的使用的比率"。生产率最初的含义是指生产过程中"单位设备（如一台机床）或设备的单位容量（如高炉的每立方米容积），在单位时间（如一小时）内出产的合格产品的数量"[1]。后来，有人借用生产

---

[1] 蔡启明，张庆，庄品编著. 第一章 工业工程概述 基础工业工程. 科学出版社, 2009.04.

率的概念，把每个工人在单位时间内生产的合格产品的数量称为劳动生产率；如果用折旧费或固定资产面值作为总投入来测定产出效率就可以称为资本生产率；如果以投入原材料数量作为总投入计算产出效率可称为原材料生产率；如果以投入能源数量作为总投入计算产出效率则可称为能源生产率等。总的来说，生产率和效率有类似的含义，即投入单位的某种资源所能带来的有效产出，计算方法就是把有效产出当作分子，把投入的资源数量当作分母，计算所得的比值。

借用生产率的定义，我们可以把一个国家某一时期（如一年）的总产出（一般用 GDP 来表示）当作分子，除以一个国家某一时间的总货币投入（可以是 M_0、M_1 或 M_2），把所得的比值，GDP/M 是单位货币投入能生产的国内生产总值，称为"货币生产率"。从投入和产出的角度看，货币供给与国内生产总值的问题就是货币产出效率问题。通常来说，货币供给被定义为"给某一国或货币区的银行系统向经济体中投入、创造、扩张（或收缩）货币的金融过程"。它包括三个步骤：①由一国货币当局下属的印制部门印刷和铸造通货；②商业银行因业务经营活动而需要通货进行支付时，按规定程序通知中央银行，由中央银行运出通货，并相应贷给商业银行账户；③商业银行通过存款兑现方式对客户进行支付，将通货注入流通领域，供给到非银行部门中。因此，货币供给也可根据其流通和兑现的特性不同，分成不能的层次，第一层次为 M_0，表示流通中的现金；第二层次为 M_1，等于现金、活期存款和支票存款的总和；第三层次 M_2，等于现金、活期存款、支票存款和定期存款、居民储蓄的总和。很显然，货币生产率包含三层含义，即"狭义货币生产率（GDP/M_0）"和"广义货币生产率（M_1/GDP 和 M_2/GDP）"。不同层次的货币生产率的含义也有不同，分别表示不同层次的货币投入对总产出的有效贡献。在具体应用时，货币生产率可以指不同层次的货币与国民总产出的比率，一般说货币供给便是指广义货币供给，GDP/M_2 便是通常情况下的货币产出效率，它是被人们广泛研究的货币化指数 M_2/GDP 的倒数。

表面上看，这个问题似乎是本研究所界定的广义货币生产率的倒数。但是，认真推敲这两个指标，它们的含义和逻辑有根本的区别：如果是把货币供给量当作分子，把产出当作分母，意味着单位产出的增加带来的货币供给量的增加的数量，在货币供给需求均衡的前提下，表示单位产出增加需要增加多少货币供给才能与货币需求相适应。按照这个思路，人们往往努力去解释货币增加是经济增长的需要，例如经济货币化观点。但是，如果把产出当作分子，把货币投入当作分母，衡量的是单位货币投入的增加能够带来经济增长的程度。在货币供求平衡的前提即不发生严重通货膨胀的情况下，它代表货币供给对产出的拉动作用，是类似于生产率的概念。尤其是国家采用积极的货币政策和财政政策的时候，目标就是用货币投入的增加去拉动经济增长，因此，货币生产率往往可以衡量货币政策和财政政策的效果。

迄今为止，有大量的文献研究货币供给与产出的比值，尤其是 M_2/GDP 问题。正像上文所说，人们往往关注的是分子，即货币供给的问题，而没有太多关注分母，即产出的问题。换句话说，他们首先是假设分母即产出正常，利用基本的宏观经济均衡原理，或者货币供给与需求相等法则，得出分子即货币供给不正常的结论。然而，这种研究的视角往往是不全面的，甚至是肤浅的，因而很难揭示问题的本质。换一个角度看，假如把分子分母置换，便不难发现，这实质上是一个效率问题，也是投入产出分析的范畴。从里昂惕夫投入产出分析理论开始，从某个角度上讲，宏观经济学的根本问题便是效率问题。

本研究认为，改革开放40多年来，中国的金融扩张与经济发展不协调的问题，实质上是金融体制改革的缺陷导致货币生产率下降的问题：数据表明，中国不存在长期严重的通货膨胀，说明货币供给与货币需求基本上是均衡的，那么货币供给的快速增加也是货币需求增加的结果，但是，GDP/M_2 的快速降低，表明单位货币的增加没有带来产出的增加，而是持续快速的减少，也就是货币产出效率持续快速地降低。从后续的理论分析都可以得出结论，即中国金融改革带来货币产出效率降低。改革中出现了一系列问题，而且必须引起高度的重视。毋庸置疑，金融改革与经济增长是宏观经济学的重要命题，是以近代金融发展理论为重要基础的重要课题。要对中国特有的货币生产率降低的经济现象在理论上做出全面解释，我们有必要对有关金融与经济增长的关系的理论及国内外的研究进行简要回顾，对已有针对中国特有的金融发展与经济增长问题的研究进行全面系统的梳理，以便在这些研究的基础上找到科学合理的研究范式，做出更符合经济规律的更加客观准确的研究。

第二节 金融发展与经济增长

　　金融发展与经济增长一直是经济学理论研究的重要内容之一，早在1776年，亚当.斯密便在《国富论》明确了货币具有价值尺度和流通手段的基本功能。虽然他并没有当代规范的金融理论和思想，但可以说，货币和金融是经济学研究中一开始便关注的对象之一。200多年来，人们对金融发展与经济增长的探索从未停止过。总的来说，研究一直是遵从两个思路进行的：一个是金融发展与经济增长是无关；另一个则是金融发展与经济发展有密切的关系。

　　纵观经济学理论发展可知，早期经济学家普遍认为，虽然人类社会发展出现货币，但是从实质上看，货币经济本质上仍然属于物物交换。例如Baptiste Say 和 John Mill 在 18 世纪晚期的著作中，一直认为当人们认为货币本身也有价值，它实质上是产生了"货币幻觉"，因为经济发展实际上需要实物生产作为支撑，货币对经济并没有发生实质性的影响，货币只是覆盖于实物经济上的一层"面纱"而已。甚至到了 19 世纪末期，新古典经济学阶段也有研究认为金融发展与经济增长没有本质上的联系，例如，庇古在《货币面纱》一书中就认为，在供求均衡的世界中，商品的价格由商品的供求关系所决定，货币在其中只起乘数因子的作用。货币数量的变动只是在总体上改变全部商品的绝对价格水平，而不会对商品的相对价格体系产生任何实质性的影响。既然如此，也就无法改变商品的供求关系进而对实际产出产生实质性的影响，货币只不过是"一块遮挡实际经济力量活动的面纱"。换句话说，虽然有的实证研究发现经济增长与金融发展存在显著相关关系，但实质上这只是一种巧合，在经济发展的同时，金融也在发展，虽然数据统计和计量角度似乎存在相关性，但实际它们各自沿着自己的逻辑发展，并不存在深层次的因果关系。

　　后来，J. G. Wicksell（1898）发表《利息与物价》，首先否定了"萨伊定律"和"货币面纱观"，认为货币不像面纱一样无足轻重，而是往往会影响经济变动。但在市场利率等于自然利率、投资等于储蓄时，物价不发生波动，经济体保持均衡状态，这时的货币是"中立货币"，它对经济增长不产生影响。Robinson（1952）也认为金融只是随经济发展而发展，它对经济发展并没有促进作用。Lucas（1972）将理性预期引入经济周期的分析，认为在货币存量的变化被公众预期到的情形下，货币是中性的，1988年在他的论文《经济发展机制》里建立模型论述了经济发展过程中的一些相关因素，在他的模型中并未包括金融发展因子，他发现，经济增长与金融发展并不存在显著的关系，认为经济学家们"过度强调"金融因素在经济发展过程中的角色。甚至当代经济学家中也有些认为金融发展对经济发展并没有太大的关系。比如，Stiglitz（1994）和 Singh and Weisse（1998）对金融系统在经济增长中的重要性表示怀疑，他们认为经济发展对金融服务提出了附加的要求，反过来又带来了一个更加发展的金融部门。

虽然在经济学理论发展过程中，像上文中所述，有一些经济学家认为金融发展与经济增长之间没有实质性的关系，但是，主流经济学家们普遍认为，金融发展与经济增长之间是存在相关关系的。金融发展理论研究虽然经受了一些波折，但近些年来，经济学家们对金融发展理论的深入和完善的研究又使金融发展理论纳入了主流经济学的范畴。

100多年前，熊彼特在他的代表作《经济发展理论》一书中，论述了创新与经济发展之间的关系。他指出，一个国家的经济发展的关键核心是金融机构要努力去满足新兴企业信贷的要求，特别强调银行的非常重要的功能在于，能够甄别出"最有可能实现产品和生产过程创新的企业家，通过向其提供资金来促进技术进步"，他指出由金融中介的服务工作主要包括：动员储蓄、评估项目、管理风险、控制经理、便利交易，这些都是对技术创新和经济增长有着非常密切的关系的环节，这是文献中较早地指出了金融和经济发展的本质联系，并且对金融中介的主要功能进行了基本的论述。另外，他还认为，金融中介的发展必定会影响储蓄率，而且特别地会影响储蓄的分配。简单一句话，他主张完善银行的功能，以便通过发现和支持有创新性的企业获取成功，从而刺激这些新兴企业的创新性，同时进一步推动经济增长。

20世纪50年代以后，金融发展与经济增长的关系是经济学家们非常关注的重要问题。例如，1962年，Gerschenkron的研究认为，在发展中国家的工业化过程中，企业通过银行融资的方式可以将国内闲散资金汇集到重要的经济建设项目,尤其是国有银行的计划经济性质,通过规模经济和范围经济效应,可以有效促进发展中经济的快速增长。1966年,Patrick提出"需求追随"和"供给领先"理论,对金融发展影响经济增长的路径进行了分析,认为在经济发展初期,供给领先会主动引领经济的增长,但是到了经济发展的成熟阶段,经济中的需求增长会刺激金融机构产生需求追随的效果,它们对提高社会的资本聚集和配置效率有着重要的作用。1969年,Goldsmith在《金融结构与金融发展》一书中,分析了金融发展的含义,他把金融发展归纳为金融结构的改变和优化。他将金融结构分为三个层次来衡量。第一个层次是金融相关比率,即FIR,指某一时点上现存金融资产与国民财富之比。它可以很好地度量一国金融发展和经济规模的总体状态;第二个层次是金融工具的构成,即各种不同的金融工具占金融资产总量的份额,各种各样的金融工具总体上可以划分为股票类工具和债权类工具两个大类;第三个层次是金融机构的构成,即不同的所有制性质的金融机构所占的比例,可以衡量一个国家金融机构的市场化程度。由此可见,戈德史密斯不但提出了衡量金融发展的指标,而且对一个国家产业的金融发展程度及金融机构的发展程度做出了分析。

到了20世纪70年代以后,金融发展理论有了长足的发展,尤其是关于发展中国家的金融发展问题成了理论上的焦点。代表人物主要有Goldsmith、McKinnon、Gurley和Shaw。他们一致认为,发展中经济的欠发达性,普遍存在金融市场不完全、金融市场扭曲严重和政府对金融活动过度干预的特点,提出著名的"金融抑制理论",也就是说,他们认为发展中国家普遍存在着一定程度的金融干预行为,这些干预会严重束缚经济增长,这种后果被他们称为"金融抑制"。具体的影响机制是:发展中国家的金融供给与需求被人为地分割,市场信息不完全,在市场中有大量的中小企业需要扩大规模和改进技术,但是,由于无法得到市场融资甚至无法进入金融市场而只能依靠内源融资。然而,发展中国家的利率一般会被人为地压低至均衡利率以下,居民储蓄意愿低,这种约束会削弱金融体系聚集金融资源的能力,致使金融部门不能很好筹集社会上闲散资金。资金供给远远小于借款需求,信贷配给必然出现。在配给的环境下,由于资金会流向效率低下的生产者,而生产率高或具备创新潜力的新兴生产者往往得不到贷款支持,从而拉低了整个社会的生产率水平。Mckinnon的主要观点认为，发展中国家金融结构往往是受到了扭曲，其原因主要是金融市场受到某些抑制因素的影响，要获得真正的金融发展，必须消除金融抑制。Shaw 有类似的观点，他把改变金融抑制的过程称作金融深化，认为，发展中国家金融体制是非常脆弱的，金融市场往往是不发达或者是扭曲的，主要原因是政府的干预造成的，发展中国家由于市场体制不够完善，政府对经济的干预过多，要使金融结构深化，经济能够更加快速发展，就必须消除政府的干预，使金融市场科学化，尤其是利率需要自由化，资金配置要根据市场的需求，供需决定价格。这样，金融市场就会发展得更为科学合理，游离于经济正常的体制循环之外的资金就会回到体制内，渐渐地就能实现金融深化。金融深化理论更强调价格变量与经济增长的关联性更强，换句话说，实际利率和汇率市场化的表现金融自由化将成为推动经济的增长主要动力。与之相反，金融抑制，特别是以低于均衡水平的实际利率不能有效地筹集资金并将之用于经济增长的有效需求环节，从而阻碍了经济的增长。虽然，金融抑制和金融深化理论没有过多地强调金融结构问题，主要强调了市场的形成和完善方面，但是，对于发展中国家而言，金融深化也意味着金融结构的进步。该理论的主要政策含义是政府金融部门的规制，例如利率上限、高额储备金要求、直接信用分配等，会在很大程度上阻碍金融发展，最终使经济增长率下降。McKinnon 和 Shaw 都认为发展中国家应该放松利率管制、控制通货膨胀使利率能反映市场对资金的需求水平，恢复金融体系聚集资金的能力，达到金融深化的目的。

到了 20 世纪 90 年代，随着全球经济的进一步发展，全球一体化效应使得各个领域的改革互相影响，金融制度改革也悄悄地在各个国家进行，一方面，以美国为代表的银行从先前的分业经营逐渐向后来的混业经营，与之相反，以德国为代表的早期混业经营的银行体系却逐渐向分业方向改革。在这种情况下，King 和 Levine（1993）则对金融深化理论作了进一步的发展。早期的金融深化理论更多地关注货币在集聚金融资源中的作用，而他们把关注的焦点转移向了金融体系通过信息生产有效配置资源以及管理风险、实施公司控制等其他功能方面。在金融深化程度的衡量上，他们对金融功能的计量设计了四个方面的指标：一是 Depth 指标，等于 M_2/GDP，用于衡量金融中介的规模；二是 Bank 指标，用于衡量一国商业银行相对于中央银行的规模，等于商业银行的信贷资产/（商业银行的信贷资产+中央银行国内资产),这一指标的原理在于与中央银行相比,商业银行能够更好地行使风险管理、配置资源等金融功能;三是 Private 指标,用于衡量商业银行对私营企业的贷款,等于商业银行对私营企业的贷款/(国内信贷总量-银行间贷款);四是 Privy 指标,在性质上同 Private 指标相同,等于商业银行对私营企业的贷款和 GDP 的比率。他们认为,在信贷市场上,政府或国有企业贷款有明显的计划性质,人为干预过多,市场化行为过少,而以市场为依据的银行在向私营企业贷款时需要更为细致地研究企业、实施公司控制、进行风险管理、集聚金融资源,以及提供更为便捷的服务,所以 Private 和 Privy 可以用于衡量金融中介在经济中的金融功能。此外,Levine 还考察了金融发展与经济增长之间的关系,认为金融中介机构和金融市场都会对经济增长有促进作用,而且金融系统通过金融系统的服务能够缓解企业的资本约束,使社会资本能更便利地集中于有效率的生产部门,这是金融发展促进经济增长的主要机制。他通过面板数据、时间序列和案例分析的方法对金融发展促进经济增长的关系进行了实证分析。King 和 Levine 从金融功能的角度入手研究金融发展对经济增长的影响,尤其是对全要素生产力的影响,这些研究为现代金融发展理论的形成和发展奠定了基础。McKinnon(1999)也对发展中国家的金融自由化改革做出了进一步方向性的指导,他认为,发展中国家金融深化的方法和金融自由化是有先后次序的,最优次序是先进行财政控制,然后在国内实现金融自由化,最终走向外汇自由化和资本项目自由化。如果次序正确,就能够保证发展中国家经济增长的稳健性。

到 21 世纪以后的最近 20 多年,金融发展理论并没有太大的变化,主要方向是在金融深化理论上更加细化和实证检验。例如,国外有大量的研究对金融发展与经济增长进行进一步深入的验证。Deidda and Fattouh (2002)对比研究了低收入国家和高收入国家金融发展与经济增长之间的相关性,发现在低收入国家,金融对经济增长的影响极其微小,但是在高收入国家,金融发展与经济增长却呈现高度的相关性。Rioja and Valev (2004)验证了经济发展越过一定的门槛后,金融活动与经济增长才有显著的正向相关关系。Brown et al.(2009)解释了美国 20 世纪 90 年代金融因素导致的研发热潮和世纪初的经济衰退等。国内也有类似的相关研究,例如黄智淋、董志勇(2013)等人研究了金融发展与经济增长间的"门槛效应"。李科、徐龙炳（2011）利用短期融资券为实验，研究金融发展与改善资本配置效率和降低企业融资阻力的关系，并进一步验证了金融发展对经济增长有促进作用。黎欢、龚六堂（2014）在内生增长模型的框架下，引入反映金融发展水平的变量，研究金融发展对技术进步的作用，进而论证金融发展对经济增长的作用机制等。此外还有大量的文献，在此不胜枚举。

第三节 关于中国货币供给与经济增长问题的研究文献

在有关金融发展与经济增长的文献中，有一类文献尤其关注中国货币供给与经济增长的问题，也即 M_2/GDP 问题，这个问题又被人们叫作货币超发、超额货币、货币迷失问题，是一个在国内备受关注，而且是悬而未决，争议不断的学术热点问题之一。然而，笔者通过多种渠道搜索发现，与国内有关研究文献不同的是，国外主流学术文献除了 Micknnon（1993）提出的"中国之谜"，以及国内学者在国外刊物上发表少量研究文献，专门针对中国 M_2/GDP 的研究几乎没有，仅有一些关于计划经济体中货币与宏观经济的研究文献，而国外间接研究 M_2/GDP 问题的文献，即对于货币与经济增长之间关系的研究文献却非常丰富。

总的说来，对于中国货币产出效率问题的理解，国内外经济学家大都遵循金融发展与经济增长有关论的思路的。关于货币供应量与物价之间的反常关系大体存在着三种观点：①认为无论是长期还是短期来看，广义货币供给与物价的关系都是稳定的，这种传统观点否认两者之间存在不正常的相关关系，也就是说他们并不认为中国的货币供给与经济增长的关系出现异常。②认为从长期来看货币供应量与物价是稳定的，但是短期来看两者关系是不稳定的，这是最近几年来的一种主流观点。现代货币主义者和大多数凯恩斯主义者都持有这一观点。他们认为，"中国之谜"是一种短期现象，而且预测随着时间的推移，这种现象没有长期存在的可能性。③还有一种更为激进的观点认为，不论是长期还是短期中国货币供给与经济增长之间的关系都出现了问题,这是与传统观点针锋相对的新观点,认为"中国之谜"不仅在短期内存在,而且会长期出现,并且对经济的可持续发展带来诸多问题。这种观点兴起于20世纪90年代,一些学者在分析全球通货紧缩问题和"新经济"过程中提出了这一新观点,并有学者将这种长期反常关系归因于技术进步和劳动生产率的提高。有人甚至提出了通货膨胀将要消失的大胆预测,从根本上否认货币供应与物价变动之间的稳定关系。

一、国外有关文献研究及其特点

国外少有文献对 M_2/GDP 进行直接研究,而对于货币供给与经济增长的关系却有大量的研究文献,而且它们也不会直接得出结论,而是多数从货币在宏观经济模型中的性质、货币供给与经济增长之间的客观关系等问题做出深入的研究。Gurley, J. G. and Shaw (1960) 最早建立了基本宏观模型分析金融在经济中的作用,随后 Goldsmith, R. (1969) 采用金融相关比率即金融资产与国民财富之比,把金融资产与经济增长联系起来衡量一个国家金融发展的程度。D. G. Dickinson (1982) 修正了 Sargent (1979) 的产出与通货膨胀模型修正,引入理性预期参数,明确了货币对产出的非中性的性质。Giovanni and Paolo (2002) 再次检验了后凯恩斯主义的货币非中性论,结果表明广义货币供给对产出和价格有着潜在的持久的作用。此外,还有诸多学者专门针对货币的内生性问题进行了深入的探讨,W. Douglas (1988) 采用了美国1961年至1984年间货币与产出指标,分析货币对利率、产出和价格的影响。M. Fischer (1993) 通过对瑞士的实证分析,确认了货币的非中性性质和货币供给的内生性特征。G, Fontana (2003) 从水平主义和结构主义出发,研究后凯恩斯主义时期的货币内生性理论,而且分别从两个角度统一了货币内生理论的观点和方法,值得我们去参考。Laurent A. and Jalloul S. (2009) 在效用函数和生产函数的基础上建立了货币经济增长模型,研究货币在效用和生产函数中的角色及其对产出的影响原理。总之,国外主流文献对此问题的研究不随意下结论,而是由此问题首先引发对货币的性质、超额货币供给的定义进行深入的研究,最终的目标是揭示经济规律。

另一方面，综观国外典型文献，不难发现，这些文献很少有直接针对一个具体指标直接进行研究，他们一般都是对货币与宏观经济问题进行研究，而且基本上都有一个适当的模型框架入手，然后通过相应的研究手段，对问题进行精准的分析，做到了有的放矢。自从新古典经济学和凯恩斯主义为现代经济学的学科规范之后，它们就成了当代经济学研究的一般框架。因此，总的看来，研究货币与经济增长问题的文献不外乎进入这个一般框架，要么进入凯恩斯主义的宏观经济学框架，推导各宏观经济变量之间的关系；要么进入新古典假设前提下的微观经济学框架，分析消费者和厂商主体行为过程或者互相渗透，把微观因素引入宏观模型，进一步完善宏观经济模型。可以说，国外文献研究都采用了适当的模型框架，进入了相应的研究范式。

例如，从宏观层面上，金融发展理论奠基人 Gurley and Shaw（1960）在三部门经济框架下提出一个比较完整的关于货币、债务以及经济增长的理论模型。L. Girton and Donroper（1977）、Rabin（1993）创造了开放经济条件下的货币需求函数，对加拿大 1954 年至 1974 年间的外汇市场压力进行实证分析。G, Fontana（2009）通过修正凯恩斯主义的 IS – LM 模型，引进内生货币假设来研究货币供给与经济增长，是对凯恩斯主义一大创新。从微观层面上，Wai – ming H.（1996）在 Stiglitz and Weiss（1981）) and Greenwald and Stiglitz（1988a）外生金融约束模型的基础上，建立信息不完全条件下的内生增长模型，通过资产代理组合方程，研究信息不对称对金融促进经济增长效率的影响。Leong H. and Akira K.（1995）、Laurent A. and Jalloul S.（2009）利用效用最大化模型分析中国 1954 年至 1985 年间居民持有货币的特点，在效用函数和生产函数的基础上建立了货币经济增长模型。John V. Duca（2000）通过引入债券共同基金成本的概念，修正了 Baumol – Tobin 的互惠基金模型载荷与速率模型，避免了原有的增加债券或股票基金带来的资本收益和投资组合替代问题，更好地解释了货币需求的替代效应。

容易看出，这些研究文献除了进入规范的研究框架之外，国外的文献一般都会采用一些较好的研究手段和方法，因此在研究的逻辑严谨性和结论的合理性上都相当突出。依据科学研究的顺序，这些文献可从三类进行归总。一类是以初始模型框架下的数理逻辑分析；另一类就是对数理逻辑推导的理论进行实际计量和验证；此外更多文献采用的是数理分析基础上加以计量验证。

超额货币供给的研究和其他领域的研究一样，都是从数理模型分析开始的，它一般都早于对相应经济变量的计量研究。Arnold Collery（1971，1974）就在 Robert Mundell（1961）的基础上，把超额货币供给问题从货币供给与需求分析拓展为 IS – LM 框架，并且进一步深入研究的。随后以 IS – LM – BP 模型为蓝本成了货币与宏观经济关系数理模型研究的常用范式。如 Garya. Craig（1981）、Alana Rabin（1993）对开放经济下贸易引起的国内货币均衡模型进一步细化，研究贸易平衡与国内货币供求的关系。由于多数文献是针对一般市场经济体制国家的研究，而新古典假设下的微观经济学和凯恩的宏观经济研究框架基本符合一般性的研究，因此，很多文献是在已有的理论基础上，直接采用各种不同的计量经济模型分析货币和宏观经济各变量之间的关系，在研究逻辑上也是显得较为合理的。40 多年前，Richard T. Selden（1975）就对美国、比利时、加拿大、荷兰和瑞典五个国家 1958 年至 1974 年间的货币供给增长和物价之间的关系进行回归分析。Joyce Manchester（1989）利用向量自回归模型分析美国基础货币增长率、实际 GNP 增长率、平减物价指数、货币乘数增长率和真实利率的变动水平之间的关系。John V. Duca（2000）通过引入债券共同基金成本的概念，修正了 Baumol – Tobin 的互惠基金模型载荷与速率模型，解释了货币需求的替代效应。Tsangyao Chang（2002）用多变量 VAR 和 ECM 模型，检验了中国 1987—1999 年金融发展、开放度和金融增长之间的因果关系。S. Gouteron & D. Szpiro（2005）通过借鉴 Kennedy（1994）和 Goodhart（2004）的资产价格、经济增长和超额流动性三变量内生计量模型，实证分析了美国、英国、法国和日本四个国家超额流动性对其国内资产价格的影响。K. Assenmacher – Wesche and S. Gerlach（2006）用光谱估计法分析瑞士 1970 年至 2005 年间货币增长、产出缺口和通货膨胀的关系，这个在计量的方法和角度上是较为少见的创新。H. S. Atesoglu and J. Emerson（2009）通过利用双变量和多变量的协整模型，分析中长期美国货币的非中性问题。S. Brana, M. Djibenou, S. Prat（2012）构建超额货币与经济增长及物价的矩阵模型，分析全球的流动性过剩通过"溢出效应"对新兴经济体的经济增长和总体价格水平的影响。

二、国内有关研究的主要观点

中国的 M_2/GDP 自改革开放以来一直上升,但是最初 10 年并没有引起太多学者关注。自从 1993 年 Mckinnon 提出"中国之谜"[①] 的概念之后,国内学者便开始研究,文献数量呈现直线上升并有爆发的趋势:根据中国知网、万方等数据库,以货币化、M_2/GDP、货币超发等为主题进行搜索发现大量的文献,1995 年为 4 篇;2000 年为 54 篇;2005 年为 255 篇;2010 年为 636 篇;2016 年达 1 629 篇;2021 年高达 2 871 篇。

通过大量阅读对比这些文献,尤其是引用率高的主流研究,可以发现,他们一般都认为,中国货币供给与国内总产出的比值虽然很高,但经济运行并没有出现问题。换句话说,他们都努力解释中国特有现象的形成原因,但普遍对其背后本质经济规律的揭示不够。他们要么在传统货币数量论的基础上实证验证货币的供给函数,对某些变量进行修改,证明中国的货币供给并没有超量;要么从货币需求的视角增加或修改传统货币数量论的条件,证明中国货币的需求增加是导致货币供给增加的主要原因;另外,有少数研究试图从货币流通速度的角度,证明货币的供给与需求都在增加,但是流通速度变慢,从而也没有导致严重的经济问题。总的来说,国内现有研究普遍认为中国的货币供给增加,GDP 也在增加,两者间不存在太大的问题。总的来说,国内有关货币供给与经济增长的研究综合起来主要有以下五种观点或研究的视角。

(一) 认为货币与经济增长的关系完全没有问题,甚至两者间根本就无关

这类研究认为中国的金融与经济增长的关系是正常的,无需过多关注。他们认为,货币供给增加比经济增长更快是个常见现象,很多国家在一定时期都会出现,甚至货币供给与物价水平之间不存在显著的相关。例如,Leeper(1991)、Woodford(1994)在研究货币需求稳定性时发现,20

[①] 麦金农:经济市场化的次序—向市场经济过渡中的金融控制,上海三联书店、上海人民出版社,1993。在书中,他提出了金融深化理论,发现中国在改革进程中政府取得了巨额的货币化收益,另一方面却又在中央财政获取比率相对下降同时仍保持高金融增长与低通货膨胀的格局,这与苏联和东欧等国家的改革历程形成鲜明对比,并且称之为"中国之谜"。

世纪70年代以后，美国的货币供给与通货膨胀之间没有明显的相关，他们认为美国的物价水平跟财政政策紧密相关，而跟货币发行量无关。邹恒甫（2002）也认为一个国家的价格水平是由政府债券和政府财政剩余两个因子共同决定。这种理论在短期上解释了货币供应量与物价水平之间没有显著关系。他们认为从根本上，中国的货币供给增加的速度没有太快，现有统计上的是名义上的增加，它的主要来源于统计上的偏差：一方面是广义货币供给本身统计不准确。郭浩（2002）认为，我国有一些金融资产是具有一定货币功能的，如证券交易保证金、外币存款等，它们在早期的官方统计数据中并没有计算在内，但是，到了21世纪初金融体制进一步改革，证券交易保证金才被当作广义货币供给来统计，统计口径不一致是造成两者关系的反常的主要原因。另一方面是价格指数问题，如易纲（1996）认为中国的官方价格指数偏低了，包括房地产在内的服务业权数过低，而食品的权数过高，这在数据平减时会有很大的影响，如果将这些指数按真实的市场价格考虑通货膨胀率，就存在超额货币。还有一些研究认为货币供应量指标与物价指标之间的存在严重的匹配问题也会导致两者名义上的差距。很显然，持这种观点的研究是没有深入去挖掘中国金融改革的过程，或者是新的"货币面纱观"的一种视角。

（二）从货币需求的角度，认为货币需求增加是维持经济增长的必要条件

他们认为中国在改革开放的过程中，计划经济向市场经济转型，市场经济不断地发展，市场需要将原先非货币的经济成分用货币来计值和流通，市场经济的发展需要更多的货币来支撑经济运行，货币需要"超常量发行"才能赶上经济市场化的需要。谢平（1994）认为中国货币超量发行是当时政府为适应市场经济改革，增加货币发行收入的结果，他估计了1986—1993年中央政府超额发行的货币，主要是为了经济货币化的需要，另外可得到约占 $GNP5.4\%$ 的货币发行收入。易纲（1996）以货币化理论较好解释了当时 M_2/GDP 逐渐升高的原因，他认为中国改革开放前的计划经济导致货币需求被隐藏起来了，后来的货币供给扩张只是隐藏的货币需求的对冲。伍志文（2003）在货币数量论的基础上，拓展了货币市场模型，认为货币需求还包括资本市场和商品市场，他发现资本市场上积聚了大量的货币，认为虚拟经济和实体经济的发展都需要发行货币以满足其运行。任若恩、黄昌利（2004）进一步提出，中国 M_2/GDP 比值上升的原因之一是货币化进程的发展，之后有学者在此基础上进行了进一步的研究，提出了经济虚拟化理论，认为虚拟经济也需要相应的货币量来支撑其发展。周跃辉，周定根（2015）研究中国经济的货币化进程以后，认为中国的货币化进程可以划分为产品货币化阶段和资产、资源货币化阶段。产品货币化阶段是从改革开放开始的，自此中国的商品交易得到了很大的发展，几乎所有的商品都可以在市场上交易，再加上我国出口制造业的迅速发展，外贸出口增加，这些都推动着货币需求的快速增长。资产、资源货币化阶段是从20世纪90年代开始的，企业资产、房产、土地及其他资源的货币化在我国展开，随着资本市场、要素市场的建立和完善，这些资产、资源都可以在市场上进行交易，极大地增加了对货币的需求等。这些研究都是从货币需求的角度，研究中国市场经济发展过程中需要更多的货币来维持经济运行的需要，中国经济货币化进程的推进促使了中国 M_2/GDP 比值的升高，但是经济运行没有出现明显的问题。

另外一类的研究从外汇占款增加货币需求的角度来研究，认为货币供给的增加没有导致物价上涨是因为外汇占款需要很多的货币来维持。他们认为中国近几十年来货币供给的快速增加，主要是由于改革开放后外汇占款的快速增加导致的，并不会给经济带来明显的负面作用。我国实行外汇结售汇制度以来，外汇占款便成为货币供应量中的重要内容之一，近年来我国FDI和国际贸易总量的快速增长，外汇占款在货币供应量中占有越来越大的份额。由此，研究者们也纷纷通过对外汇占款的角度研究我国广义货币供给对经济增长的影响。张春生（2008）通过对商业银行资产负债表的分析认为，外汇储备的不断增加引起商业银行的高存贷差，它和不良资产一道，推高了 M_2/GDP。何石军和黄桂田（2011）提出由于汇率制度不健全，政府对其的管制造成了经济结构的扭曲，从而间接增加了货币需求，导致了 M_2/GDP 数值增加。王兆旭，纪敏（2011）经过实证得出中国 M_2/GDP 偏高的主要原因是外汇占款过多、不合理的货币创造机制及经济发展中不完善的改革而造成货币需求的增加。王兆旭（2011）构建了一个扩展的货币需求模型，研究外汇占款导致的基础货币被动投放，在信贷软约束下的货币创造和经济发展过程中因改革不完备而增加的货币需求，是当前 M_2/GDP 偏高的主要原因。连平（2013）认为，2000年后推高 $M_2/$

GDP 的主要来源是外汇占款和信贷总额,银行贷款的作用是直接的,而外汇占款的作用有直接的,但更多是间接的。

(三) 从货币供给的角度,论证货币创造并不带来经济增长

这部分研究是从货币创造的过程机制,来说明中国广义货币供给增加主要是金融改革致使的货币创造所致,这些增加的货币并没有实质性地增加狭义货币,因此既不会带来物价上涨,也不会加速经济增长。例如,刘明志(2001)的研究认为,居民消费意识薄弱、社会保障体系不完善、金融市场发展不足导致我国居民的边际消费倾向低,储蓄意识强,因而储蓄率居高长期偏高。指出居民的储蓄消费习惯在很大程度上推高了 M_2/GDP 的值。秦朵(2001)在其模型中得出中国 M_2/GDP 比值升高是主要是由于准货币的快速增加,我国金融资产中银行储蓄存款是主流,储蓄存款占中国准货币的很大比例,因此高的储蓄率在很大程度上影响着我国畸高的 M_2/GDP。吴建军(2007)是最早从收入分配差距的角度来对我国高 M_2/GDP 进行解释的,由于收入分配差距大,居民生活支出有限,较为集中的大量收入没有更好的投资渠道,被动地进行储蓄,因此,财政金融政策虽然能投入大量的货币,但是拉动经济增长的效果并不显著。此外,他还认为金融体系的不完善和人们消费倾向过低造成了我国 M_2/GDP 比值的升高,因为金融体系的低效率,再加上收入分配的不平等以及人们对未来悲观预期导致低消费倾向,多余的资金就会以存款的形式存入银行,从而使 M_2/GDP 增加。马方方、沈骥(2011)进一步研究发现,高收入阶层的边际货币需求倾向远大于低收入阶层,并且随着收入差距的不断扩大,发行的货币既要满足总经济增长的需要,又要满足收入差距扩大引致的需求,这就会造成货币需求量的增长高于收入的增长,导致 M_2/GDP 比值上升。徐长生、马克(2015)认为,这种现象是由中国的金融结构不平衡、金融资源配置效率低下以及相关制度特别是社会保障制度不完善导致家庭储蓄存款增加,预防性货币需求增加所致。李斯文(2016)认为我国广义货币供给量持续增加是由我国储蓄率高引起的,但其他因素亦起了一定的作用。孙军(2018)认为资本市场的欠发达、企业资金利用率低、居民储蓄率高导致了中国 M_2/GDP 比值较高。

还有一类研究认为,货币发行量并没有超出正常范围,而广义货币供给更多来自信用创造。它包含高储蓄率说、信贷配置扭曲说、融资体系说等，主要通过对广义货币创造过程中的主体、基数及行为模式等环节的分析来研究货币供给的形成。例如，李斌（2006）认为，过度增加的外汇储备和金融机构的存贷差导致中国基础货币投放增加，从而使 M_2 增加，M_2/GDP 比值增加。他还指出由于政府的金融控制使商业银行持有大量的央行票据，但是商行持有央行票据并不能创造出 GDP，这也就形成了虚高的 M_2/GDP。张春生（2008）认为我国 M_2/GDP 比值升高源于我国的金融管控，强制结售汇制度使我国外汇储备迅速增加，基础货币投放过多，远远大于经济活动所需，导致了许多闲置资金的产生。钟子明（2009）认为，国家对银行的隐性计划性质的补贴政策一方面在很大程度上影响银行的信用创造，另一方面会影响货币发行权的分散和地方政府的竞争，这两种因素的叠加造成"超额货币"现象变得更加严重。许忠（2010）从收入差距和社会保障体系出发，发现保障缺位是导致居民储蓄和准货币存量升高的主要原因，从而推高了 M_2/GDP 值。陈仲常（2011）通过对中国动态货币政策乘数估计，发现边际消费倾向下降、边际进口倾向上升、税率的提高使经济体中的漏出倾向增加，货币交易需求对收入的敏感度增加、货币投机需求对利率的敏感度增加共同作用使我国的货币供给对产出增长的效率降低。Fan Dong（2014）认为，中国房地产预售制度使银行信贷扩张严重，是近年来我国广义货币快速增长的主要原因。田发和唐婷（2014）基于基础货币和货币乘数来分析这一现象，他们发现影响基础货币和货币乘数的因素主要有信贷扩张、外汇储备增长，现金漏损率低等。

（四）从货币的流通速度角度，论证中国货币流通速度变缓需要更多的货币

这一类的研究认为，中国的货币需求并没有出现太大的上升，而货币供给之所以快速上涨，是因为货币在经济中流通的速度下降了。相对于货币需求而言，货币供给没有超量，因为很多货币在经济中的某些环节"沉淀"下来了。如果说经济货币化说试图从存量货币需求的角度说明货币供给增加的速度为什么会快于经济增长的速度，那么货币沉淀说则是试图从流量货币需求的角度解释这一问题。货币沉淀也被他们称作是货币流通速度下降。早在 20 多年前，易纲（1996）在他的专著中论述长期资源配置效率低下和错配导致经济泡沫生成和货币流通速度变慢，货币总量高企但并不感到资金宽裕，似乎在十几年前就预言了最近出现的问题。刘明志（2001）指出我国准货币规模的持续增大表明我国近几年各类存款居高不下，导致流动性较差的准货币流动速度减慢，从长期看 M_1/M_2 趋于下降，因此 M_2/GDP 的上升主要是由准货币/GDP 上升引起的。钟伟、黄涛（2002）则认为1997年以来，城乡居民的实际收入滞后于 GDP 增长率，尤其是农民收入增长十分迟缓，通货比率下降导致 GDP 上升的原因是公众出于对未来就业、养老、医疗和教育保障等存在不安全预期，M_2 的积蓄趋于上升。陈华良（2005）从货币沉淀角度分析了 M_2/GDP 偏高的原因，认为在货币化进程之后，造成近期 M_2/GDP 仍旧持续走高的原因是金融改革和深化过程中金融配置效率低而引起货币被动性超量发行。杜子芳（2005）把货币沉淀界定为不良贷款总额、游离于国内金融体系的外汇结存等七个方面。认为货币的总沉淀率过高以及由此造成的有效供应量不足、货币流转的速度下降是导致 M_2/GDP 不断攀升的原因。刘士余（2005）则把中国的货币化界定为货币浅化的过程，即由于信用基础薄弱、个人结算体系发展滞后、规模巨大的地下经济，导致货币广化过程中出现了货币功能的持续萎缩和退化，由此带来中国特殊的货币化进程。张杰（2006）通过将政府对银行体系的补贴和担保因素引入 McKinnon 的最优化化模型，认为政府对银行体系的控制是导致中国高货币化结果的基本原因。张春生（2008）则从银行资产负责表中存贷差和不良资产的形成角度实证分析了金融控制对 M_2/GDP 的影响，其实是从银行存贷机制及金融体制对货币沉淀产生的作用。刘煜辉（2014）也明确指出当前的 M_2 增速大幅高于 GDP 增速，说明货币流通速度在快速下降等。

（五）中国的金融与经济增长确实存在一定的问题

上述研究主要从发现事实找原因的逻辑，对中国金融改革过程中的货币供给与经济增长问题进行分析，四个研究的角度似乎都站在同一个立场，即无论货币供给还是货币需求的增长，都是与经济发展相适应的，因为没有出现严重的通货膨胀，也即 McKinnon 所说的"谜"。但是，也有部分研究对这一现象的合理性持怀疑的态度，尝试探讨背后更深层次的经济发展可能存在的问题。

例如，张平和张曙光（1998）认为我国 M_2/GDP 比值的升高标志着金融深化程度的加深，但同时也可能增加金融风险，货币供应量的过快增加可能是由于储蓄存款和银行不良贷款的过度增加。夏斌等（2001）的研究认为，中国的利率管制制度，以及证券市场过快发展但是缺乏健全的制度，公众对证券投资的收益预期和固定资产投资收益预期的不一致和非理性，导致了货币扩张传导机制受阻。改革开放以来的货币超发没有出现严重的通货膨胀问题，原因在于资本市场的存在和中国特殊的货币扩张传导机制缓解了货币扩张造成的通货膨胀压力，但是金融市场改革过程是存在问题的。伍志文（2003）分析了中国货币供给、金融体制与经济增长之间的关系，认为货币供应量与物价之间呈正比例关系只不过是一个特例而已，形成这一暂时性现象的直接原因是大量货币在资本市场的积聚。在驱利性推动下，大量货币脱离传统实体经济部门的商品交易和生产过程，积聚在以资本市场为核心的虚拟经济部门追逐虚拟资产，结果导致资产价格膨胀，金融资产膨胀的直接结果必然是导致货币结构失衡，货币供应量与物价关系的异化。黄昌利（2004）认为我国 M_2/GDP 较高的原因在于经济货币化进程深入但金融体系不发达且融投资体制效率低下。卓凯（2004）、黄昌利（2004）认为，在我国金融深化过程中，银行尤其是国有银行是金融体系的主导，政府对国有经济的保护和倾斜，使得银行将更多的资金支配给了有关国有企业或集体企业，而这些企业的生产效率反而偏低，技术进步也不明显，这种信贷配置扭曲降低了经济效率。吴建军（2004）指出，由于收入分配差距过大的影响，无论是货币政策还是财政政策引起的货币供给量增加，对拉动 GDP 作用甚微，进而造成 M_2/GDP 逐年上升。张杰（2006）也明确指出，在政府控制的银行体系之下，很多具有内部性质的货币扩张与具有外部货币扩张不同的货币需求不同，它们有"预算约束"和相应的福利后果，它可以兼容在货币化进程原本存在显著利益冲突的政府和居民部门的效用，从而使高货币化与价格稳定并存。这些研究普遍认为货币供给对物价没有出现明显冲击，主要原因是货币政策的传导机制不顺畅，导致价格决定严重滞后于货币的供给需求变化。王美君（2008）利用 IS-LM 模型框架推导出了货币供给影响 GDP 的机理，发现投资的利率传导机制受阻、全社会边际消费倾向小、投资和财政支出对 GDP 的拉动作用小、大量的外汇占款形成机制等都是形成 M_2/GDP 畸高的成因。

三、国内研究的主要结论

很多研究都直接针对中国的 M_2/GDP 增长速度及比值是否正常而展开,可以分为正常论和异常论两种。

(一)正常论

认为中国的 M_2/GDP 高速增长是正常现象,不足以引起经济发展的风险。持正常论观点的主要是货币决策部门的研究者,他们都试图说明中国的广义货币供给不是央行一手创造的,是银行、企业和公众共同创造的结果;广义货币供给的快速增长是顺应经济发展的需求而产生,未必对经济增长的可持续性会产生影响。例如,刘明志(2001)、余永定(2002)认为中国的经济货币化、金融机构金融工具单一等形成中国的高货币化,它是正常现象,高 M_2/GDP 本身不能说明中国经济是否潜伏将来会发生严重通货膨胀的危险。韩平等人(2005)发现我国 M_2/GDP 的动态增长路径进轨迹呈现 Logistic 曲线形状,先加速上升后逐渐减缓,最终趋于稳定,而且在 2011 年至 2015 年会出现拐点。Xinhua Liu And L. Randall Wray(2010)认为 2009 年以来房价和股市的增长构成货币需求的增长,为此而产生的广义货币并不是超额货币。而在周小川(2012)、盛松成(2014)看来,央行就根本没有过多发行货币,认为 M_2 是中央银行、商业银行、所有的企业和个人共同创造的。近十几年来,中国维持了相对的高增长、相对的低通胀格局,中央银行没有使狭义和广义货币供应量过快增长。

(二)异常论

认为这一比值的增长异常,将带来通货膨胀压力和经济增长的潜在威胁。与正常论相反,学术界普遍对近 20 年的广义货币供给比经济增长的速度过快上升表示了担忧。他们试图从学术的角度分析这一现象背后可能隐藏的经济问题,虽然很多研究并没有直接明确指明问题严重的程度,但几乎都默认这是一个不正常的现象。谢平(1994)、伍志文(2003)、胡正(2011)、莫芳芳(2014)等人一致认为,改革开放以来,中国的确存在着超额货币供给,中国货币供给与经济增长之间的关系是不正常的,隐含着商业银行支付风险。而且他们对异常的经济现象形成的机理做出了更深入的研究，谢平（1994）、钟子明（2009）认为中国广义货币供给过快增长是央行与商业银行、地方政府的相互机制出了问题，转型时期的中国经济在货币发行过程中存在扭曲的利益补贴机制，国有企业迫使国家银行给予过多的低利率贷款，并且贷款资金又从这些企业漏出而形成了一个"资金陷阱"，中国货币供给与经济增长机制上存在的矛盾。伍志文（2003）、王美君（2008）、胡正（2011）等人认为，大量货币在资本市场的积聚，货币虚拟化过程中虚拟经济和实体经济关系失调，货币供给影响 GDP 增长过程中的投资利率传导机制受阻，收入分配差距过大影响边际消费倾向对经济增长的激励等，是形成我国货币供给与经济增长关系异常的主要表现。

四、国内研究的主要缺陷

值得我们思考的是，一直以来，M_2 和 GDP 增长问题国内已有数量巨大的文献，它们普遍围绕我国货币供给是否超出了经济发展需要，是否存在潜在的金融风险而展开，对它们进行了细致的研读和深入的分析，不难发现当前的研究主要有两个方面的特点：一方面，虽然国内研究文献很多，但有关这一问题研究的出发点、框架、方法各异，逻辑思路不同，结论也颇有争议。有的以货币中性论为出发点，有的则认为货币是非中性的；有的以货币数量论为理论为框架展开，有的从货币需求角度出发，有的利用货币供给理论进行相关研究，有的则进入 IS－LM 框架进行分析；有的是利用已有的计量经济模型对中国数据进行实证研究，有的则进行规范分析，从这些年来中国未出现严重的通货膨胀来定性认为中国货币未超经济发行。不过，大多数文献把焦点对准我国货币供给是否超出了经济发展需要，也即所谓中国经济是否存在"货币超发"问题而展开，并且形成"正常论"和"异常论"两类不同的结论。另一方面，理论和现实出现巨大的矛盾和反差。中国经济现实不但不能从已有研究文献中得到很好的解释，而且似乎对已有研究的一次次的否定甚至是讽刺：回顾改革开放的经济增长进程，M_2/GDP 从 1990 年的 81.9% 一直上升到 2014 年的 193%，2016 年进一步上升至 208%，按照官方公布 CPI 数据，没有出现严重的通货膨胀，但 M_2 "拐点"也没有到来，近年来的经济现实和理论研究出现巨大的矛盾和反差，众多的文献并不能做出合理的解释和指导。有关数据表明，"异常论"者所预期的风险并未有强烈显现，"正常论"者所预言的"拐点"也没有到来，货币当局做出过很多努力也仍未能对现状做出实质性的改变。中国经济正像一艘航行在无边无际的大海中的大船，正神秘地沿着一如既往的路线前进，而有关中国货币供给与经济增长关系的理论研究也陷入了"盲人摸象"的怪圈。很显然，有关研究已经陷入了困境。

其实，笔者认为，关于此问题的研究困境主要体现在两个方面问题没有得到解决：①中国高速增长的 M_2/GDP 到底是否意味着经济有问题，问题出在哪里？表面上看，中国经济经历了长期快速增长，基本消费品价格基本平稳，就业未出现大的波动，经济体似乎是健康成长。但深入研究不难发现，中国货币供给增长是非常快的，而且其增长的速度远远快于经济增长的速度，从而表现出越来越高的 M_2/GDP，充足的货币供给状态下近年来不断出现流动性不足，常年依靠投资和出口的增长模式导致国内外经济严重失衡，房地产价格快速上涨等。它们之间到底是什么关系，中国经济运行中奇怪的高 M_2/GDP 到底是否意味着经济体存在问题，问题严重至什么程度？这些问题需要我们尽快做出判断；当然，对这些问题的解决有待于第二个问题的解决，那就是：②有关中国 M_2/GDP 的研究应该如何进行，包括研究的起点应该是什么，研究需要进入一个什么样的框架，应该采取什么样的研究方法来进行研究？同一个问题不是不可以从不同的角度进行研究，而是不管从哪个角度进行研究，利用什么方法进行研究，得出的结论应该是几乎一致的，也就是说研究的范式应该是基本相同的，在同一范式前提下研究的结论也不会出现太大的偏差。如果未把一个问题置于一个正确合理的框架之下，那采取不同的方法，从不同的角度自然会得出不同的结论，这正是因为研究陷入了"盲人摸象"的怪圈。

第四节 必须思考的几个问题

从文献整理看来，国内的研究主要针对 M_2/GDP 值过高的原因的分析上，这基本符合中国传统的研究思路，也即在发现问题之后，首先要回答

"为什么会出现问题"这个环节上,而且从不同的角度提出众多观点。为了重新准确诊断当前宏观经济中货币供给与经济增长关系出现的问题,笔者对有关研究货币供给与经济增长的关系的相关文献重新进行一次全面的梳理和研究,通过对国内的研究现状、困境及一些深层次的问题重新进行深入的思考和剖析,对国外有关研究的特点进行全面的归纳和总结,通过国内外比较和甄别,为这一问题的研究奠定更为科学合理的范式。

关于中国 M_2/GDP 问题的研究,似乎一直呈现"内热外冷"的态势,即国内对此问题的研究一直保持执着和热情,而且近年来争议不断,甚至趋于白热化,但国外直接针对广义货币供给与国内生产总值的比率的研究却鲜见梓端。虽然麦金农先生1993年提出"中国之谜",但他并没有为当年提出的问题进一步寻找答案,国外的研究也很少直接针对中国的广义货币供给与经济增长之间的比率进行,多数则是针对货币供给和利率、汇率之间的关系,研究货币与经济增长之间的内生性关系。这是一个耐人寻味的现象,警示我们应该重新审视这一问题。笔者认为,产生这一现象的原因有两种可能:一种可能是,除中国以外其他国家未有太多出现畸高的现象,或者即使偏高也不像中国近 30 年来绝对值和增长率连续保持过高增长,其他国家并未出现"异常"问题,因此专门针对这一比率的研究缺乏动力;另一种可能是,M_2/GDP,换句话说是货币供给量和经济增长量之间的对比,只是一个经济现象,作为经济工作者或者政府管理者的谈资绝不为过,而作为科学研究的对象,尤其是就现象讨论现象的方法实在让人觉得过于肤浅。现代经济学研究的目的是要揭示经济现象背后反映的本质规律,也即对以往的现象历程进行描述和归纳并抽象出具有普适性的理论。这一经济现象背隐藏的规律是什么?这才是值得研究的重要议题。

国内的研究虽然成果众多,所持观点和得出的结论多种多样,甚至有很多完全相反,笔者认为,主要原因在于他们的研究前提、研究方法、研究手段、研究思路不一样,由于各个的研究范式不同,很难说他们谁对谁错。一个合理的研究范式可能做出一个不合理的研究,但是一个不合理的研究范式一定不可能做出合理的研究,如果研究的前提、框架都是不正确的,那么研究再努力,那也是南辕北辙的。因此,对比国内外有关研究文献不难发现,国内的研究具有明显的盲目性,有典型的隔靴搔痒之嫌。有几个重要问题值得我们去认真思考。

一、应该站在一个什么样的起点来研究

M_2/GDP 问题,显而易见,这是一个货币与经济的关系问题。要研究两者的关系,根据《辞海》解释,关系是指事物之间相互作用、相互影响的状态。那么根据定义,对于广义货币供给与经济增长问题,如果要放在一起研究,它们之间是必然要有关系的,如果没有关系的两个事物,放在一起研究是风马牛不相及的,也显得毫无意义。因此,对于 M_2 和 GDP 能否放在一块进行深入的研究,首先必须明确它们之间是否有关系,也即是否有相互的影响和作用,这就是研究的起点。那么从货币经济角度,M_2 和 GDP 的关系问题就是货币内外生性质与中性非中性问题。如果他们两者没有关系,也就是说货币对经济增长是中性的,因此,如果是中性的,就没有必要进行更深入的研究;如果他们两者间是有关系的,那么就是说货币是非中性的,货币对经济增长是有影响和作用的。如果这种影响和作用是单向的,那么必然有一个变量是外生的,如果是双向的、相互的,那么变量就是内生的。

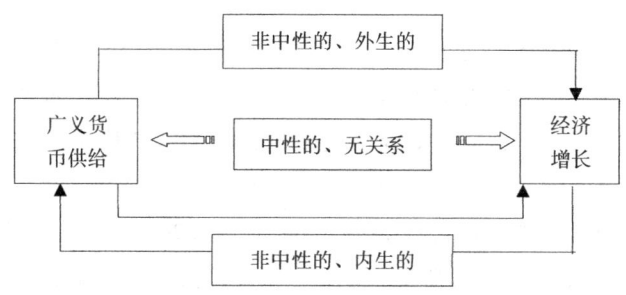

图 2-1 广义货币供给和经济增长的关系

国内有关 M_2/GDP 的文献很多,但是关于这两者的关系并不十分明确,众多的研究切入点对货币内生性和非中性性质没有统一的认识,因此在研究的起点都不太清晰的情况下,就很难避免进一步研究带来的盲目性。虽然有一部分学者对货币的性质有一定的认识,例如,周锦林(2002)、杨建明(2003)得出研究结论,认为我国货币具有典型的中性性质;谢平(1994)、丁佳、赵曙东(2005)、陆云航(2005)都认为货币是非中性的,通过货币供给的控制可以有效地调节经济增长,但丁佳、赵曙

东(2005)、陆云航(2005)却对不同层次的广义货币供给的作用持有相反的意见。这种不同的结论甚至完全相反的现象比比皆是。相比于前两类学者的研究，国内更多的学者包括众多知名学者，并不着眼于货币性质的起点就对广义货币供给和经济增长的关系进行研究，如易纲(1991)提出货币化假说，余永定(2002)在对传统货币数量理论进行补充和修正，张杰(2006)对Mckinnon的最优货币化模型的修正，谢平、张怀清(2007)的研究等。虽然这些研究好像有一定的道理，能从某个角度上说明一些问题，但是由于这些研究都缺乏从符合现实的理论假说开始，进入一个合理的研究框架，进行科学严谨的推理，最后得出准确的结论，因此，这些研究的科学性、规范性都是有所欠缺的，不可避免地带来研究的盲目性。

二、应该搭建一个什么样的理论框架

有了明确的研究起点，下一步就需要进入一个科学合理的框架或范式，范式是科学共同体从事某一类科学活动所必须遵循的公认的"模式"，研究框架或者说是范式是科学研究的最重要的依托，它决定着研究方向是否正确。比如要研究一个新出现的经济现象，我们必须确定它是宏观经济问题，还是微观经济问题，如果是宏观经济问题，那么首先要考虑采用新古典分析框架，而且能否纳入凯恩斯主义宏观经济模型，如果不完全适合凯恩斯主义假设，那么需要对经济模型进行怎么样的修正。只有这样，经济研究才不至于无章可循，或者说脱离基本的研究方向。

国内部分学者如刘明志(2001)、伍志文(2003)、胡正(2011)等，都是从货币需求角度进行研究M_2/GDP问题的，另一部分学者如余永定(2002)、张怀清(2007)、许忠(2010)等人则从货币供给角度来分析，还有部分学者如张文(2008)、王美君(2008)、陈仲常、谢小丽(2011)等人试图把货币需求与供给结合起来，纳入宏观经济模型进行分析，走了较为正确的方向。中国的M_2/GDP问题具体表现在中国快速增长的GDP，伴随着一个更加快速增长的M_2，而且呈现出通货膨胀的速度远远不能弥补M_2增长速度和GDP增长速度的缺口。因此，显而易见，这不仅仅是货币需求问题或货币供给问题，也不仅是货币需求和供给决定的价格问题，而是一个涉及货币供给、需求、流通速度、货币与产出的关系、开放经济与货币需求、计划经济与货币供给等，一个高度综合的宏观经济问题，是一个需要进入宏观的、开放的、包含实体经济市场均衡和货币市场均衡、总需求与总供给均衡的、一个复杂的巨系统问题。从现象观察看来，现有国内研究文献在此问题的研究框架上是不统一的，这些分析的过程和结论似乎都有一定的道理，但是，从经济学研究的基本规范看来，一个研究从开始就没有进入一个理论框架，那么分析的目标、变量的抽象、逻辑的严谨性、结果的准确性都是没有保障的。理论根源没有找到，对根本问题的精准计量便无从谈起。缺乏严谨的理论依据与逻辑结构，对经济变量的抽象不够、解释力也不足。

三、应该遵循什么逻辑和采用什么技术手段

经济学是常规科学之一，一般来说，经济学研究的方法从低级到高级可以分为三个层次，即哲理思辨式的文字阐述、数字图表形象呈现及数理模型的严密推理，三个层次的逻辑严密性及学术规范性分别是从低到高、从弱到强。现代科学的基本特征，主要有二：一是自有特定方法；二是不断深入。这两个特征是由科学的基本环节和运动方式所决定的。它的基本基础环节就是"数理分析—测度计量—实际验证"；基本运动方式就是螺旋式循环往复并且不断地向上攀升。现代科学的这一基本特征，具体地体现在两个控制过程之中。一个是"数理分析—测度计量—实际验证"的逻辑控制，数理分析为逻辑探索的引领，测度计量为精确化的展示，实际验证为真实性的检验；另一个是"理论研究—实验研究—实用技术"的过程控制，数理分析引导测度计量和实际验证，新的发现积淀成新的知识，不断增强的新知识又奠定新的数理分析的能力，引导出更加深入的测度计量和实际验证，促成更多的新发现。它们在逻辑和过程控制上，是不可倒置的。这导致近代以来，逐步形成并发展出科技共同体和有关的社会建制，成为贯彻和保证这两个过程顺利发展的重要条件[1]。

从经济学研究活动的进展过程来看，已有关于中国的 M_2/GDP 问题的文献大多从哲理思辨性地界定什么是超发，有没有超发，有的用计量方法

---

[1] 孙中才，陈曦：现代经济学：范式定理和数理分析，中国农业出版社，2014年12月。

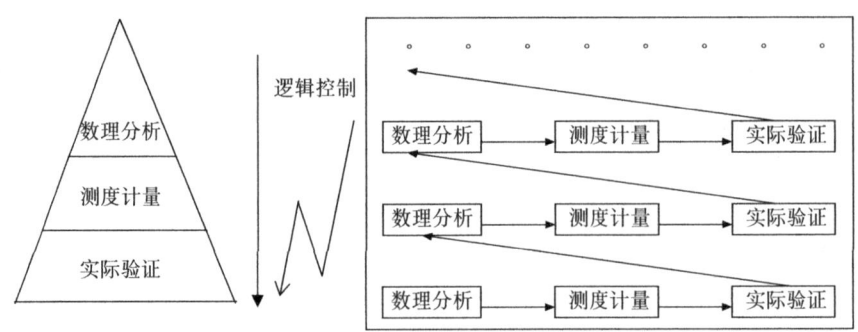

图 2-2　经济学研究活动的进展过程

对超发的因果关系进行验证，但缺乏一个从数理模型到计量验证的完整逻辑，研究的方法和手段都有待提升。简单地说，国内众多文献研究存在以下三个重要缺陷：第一个就是部分文献仅局限于经验探索和哲理论证层次，即实际观察的经济现象，利用推断、整理，归结出一些经验教训，或者哲学层面上利用实际观察，摸索规律，推断出事物的本质，这类研究都属于经济学研究历史上传统的、早期的，或者说是初步的研究方法，虽然不能否认它的重要性，也具有一定的解释力和指导价值，但是跟现代科学研究方法相比，其逻辑严密性和研究的能力都是较为欠缺的。第二个就是缺乏对研究的基本问题的理论逻辑推演。按照经济学研究活动进展过程的，对任何一个经济现象研究，首先要在一个合理的框架内进行数理分析，这是为进一步的测度计量的逻辑起点，换一句话说，数理分析是测度计量和实际验证的基础，也是理论依据。关于 M_2/GDP 问题，应该置于某一个研究框架之下，构建这两个指标的函数关系，然后分析在这个函数关系中，两个变量之间的具体影响和作用的形式，这种分析可以是静态的，也可以是比较静态的，当然也可以是动态的，这要取决于变量在函数中的性质以及我们要研究变量之间的影响的角度和途径。国内有关这方面的研究总体来说是比较缺乏的，即使能找到这方面的文献，也只是局限于对一般货币数量论形式的拓展，或者是对凯恩斯宏观经济框架的简单套用，尚缺乏一套在合理的、开放经济下的内生货币宏观经济模型，并在此模型框架下进行更为细致的变量之间的关系研究，客观上这种研究应该是深入细致的。第三个就是测度计量和实际验证文献不少，但是缺乏科学合理的数理分析框架基础，使得这些测度计量和实际验证没有可靠的依据，由此得出的实证分析结果难以对历史事实进行科学合理的解释,以及对未来动向进行精准的预测。国内有关这一问题的计量和测度的文献数量很多,但是基本上处于利用国外已有的模型用中国的数据进行简单的嫁接,由于每一个国家的历史、体制及相关的宏观管理和微观行为方式都不相同,尤其是中国国情的特殊性,要求有适合中国自身的计量模型,才能进行正确的实证研究,由于缺乏数理模型的建立和分析,计量和预测模型便成了无源之水。

第五节 本研究的可能创新点和不足之处

本书所做的研究是在充分收集国内外有关研究成果的基础上进行的,结合自身学习及工作经历,思考中国金融体制改革与货币产出效率问题。正像新古典经济学主流理论一样,货币与经济增长的关系应该是非中性的、内生的;金融改革过程牵涉到经济活动的诸多环节,因此,是一个涉及货币供给、需求、流通速度、货币与产出的关系、开放经济与货币需求、计划经济与货币供给等,一个高度综合的宏观经济问题。本研究试图进入一个宏观的、开放的、包含实体经济市场均衡和货币市场均衡、总需求与总供给均衡的综合化的系统分析的范式。与本领域已有的研究成果相比,本研究可能有一些创新之处:第一,在传统的金融发展理论框架下,提出货币生产率的概念,借用效率与生产率的定义,结合投入产出的生产原理,考察不同层次的货币产出效率,把研究的焦点从单位产出所需要的货币数量转向单位货币的产出水平,然后结合财政政策和货币政策所产生的效率,对中国金融改革与货币生产率的影响机制进行深入研究和探索。第二,从经济金融体制角度出发,设立约束条件,进行相应的数理分析。以往的研究一般都遵循两类思路,一类是按照发达市场经济体制为默认条件,按自动市场出清方法进行均衡分析;另一类是套用金融深化理论发展中国家的一般模式,对中国进行按部就班分析,因此,对研究的准确性不免产生影响。本研究在金融发展理论的基础上对分析前提做了适当的修正,以期能更为客观准确地描述经济过程。从金融体制出发研究中国金融发展与经济增长是本研究的创新点之一。第三，对 McKinnon 提出的"中国之谜"进行全面的系统研究。包括 McKinnon 本人在内，国内外众多学者对此进行了研究，有的侧重对货币化进程进行分析；有的侧重对引起持续不断升高的货币化程度的影响因素进行研究。本研究则从引起这些现象出发，深入问题本质，即从经济体制高度，描述约束条件特征，分析经济主体行为，从而全面系统地研究了中国金融发展与经济增长的相互关系，并从中可以看出金融发展的程度以及可能蕴含的风险。第四，提出衡量中国金融发展的指标体系，并且对指标体系分为三大类：即经济增长类综合指标、货币化指标、反映经济体制性质的指标。然后对体系中的主要指标进行国际比较，得出体制因素是"中国之谜"的根本原因。第五，本研究在研究方法上，除了文字叙述之外，通过建立模型，尽量采用数理描述与分析，进行均衡及比较静态分析，力求更为严谨与准确。第六，本研究将现有国内外研究范式进行全方位比较，并且介绍宏观经济最新前沿方法，以便于为此领域研究提供参考。另外，为了研究方便，本研究在多处提出新的概念与定义，比如体制性配给、M_1-M_2 剪刀差等。

当然，由于本人水平所限，本研究有诸多不足之处：文中的许多研究都不够深入。首先，本书仅仅对中国金融体制改革与货币产出效率进行理论视角的探讨，力所能及地对相关的经济活动进行一些数理层面的分析与推导，尤其是只提出前沿研究框架而缺乏更加深入细致的实际验证，这是本书最大的缺憾，当然这些理论研究可以为进一步的实证分析提供重要的基础范式；其次，为了研究方便，模型大多建立在封闭经济的条件下，没能纳入国际经济框架，这是因为研究由浅入深的需要，抛砖引玉，以求后续；再次，在体制约束如何形成信贷配给，配给又是如何与货币供给之间产生本质上的联系等重要问题，研究都是不够深入的；最后，在模型构建的方法以及分析过程是相当粗糙的，一定存在考虑不周到甚至错误之的地方，笔者只希望提出一个全新的更为适当的分析框架，抛砖引玉，为后续研究提供一些思路。

第三章　中国金融扩张与金融抑制

在研究中国金融改革与货币生产率的作用机制之前，有必要对金融改革的历史进行简要回顾，总结重要的特征，并在金融发展理论的基础上，研究金融扩张是否达到金融发展的目标，以便后文对金融改革影响货币生产率的机理构建基本的研究框架，提出合理的假设条件。

第一节　中国金融改革的简要历史及特征

1978前，中国没有真正意义上的货币与金融。1979年10月，邓小平同志提出"要把银行作为经济、革新技术的杠杆，要把银行办成真正的银行"，标志着中国金融改革拉开了帷幕，至1993年，我国完成了金融改革的第一个阶段，目标是突破高度集中的金融机构体系，创建多元化的金融机构体系。这一阶段的重要标志性事件有：①1983年国务院发布《关于中国人民银行专门行使中央银行职能的决定》，明确了中国人民银行是发行的银行、政府的银行和银行的银行。恢复了中国人民建设银行、中国农业银行和中国银行并作为专业银行办理相关的金融业务，同时组建中国工商银行，执行原来中国人民银行办理的工商信贷和城镇储蓄业务，初步建立了中央银行体制；②1984年，中国人民银行颁布了《商业汇票承兑、贴现暂行办法》，标志着票据承兑贴现市场初步形成，此后颁布多项条例，启动专业银行之间的拆借业务，货币市场已经初步发展并规模越来越大；③1984年，中国人民银行颁布了《信贷资金管理试行办法》，实行"统一计划、划分资金、实贷实存、相互融通"的办法，把中国人民银行与专业银行的资金往来由计划指标分配改为借贷关系，客观上造成信用膨胀和货币发行失控，导致1985年经济过热和通货膨胀，随后央行提高存款准备金率、调高再贷款利率等手段使经济降温，到1988年再次放松银根，1992年再次出现经济过热。总的来说，这一阶段可以称为中国金融改革的初步探索阶段，也即金融体制改革为促进经济增长以计划方式为主尽量满足市场经济体制建设的需要。虽然没有建设起完善的市场化金融体系和制度，但是中央银行能发挥利率对资金的调节作用，并且通过再贷款和再贴现对货币供给进行间接调控。

在邓小平南巡之后，改革开放进入一个新的阶段，1994年，中央明确提出建设社会主义市场经济体制的目标，为适应经济市场化建设，金融体制改革也相应进入一个新的阶段，这一阶段的标志性事件有：①1995年3月，第八届全国人民代表大会第三次会议通过《中国人民银行法》，明确规定了央行的主要职能和主要的货币政策工具，规定中国人民银行不再对非金融部门发放贷款，标志着货币政策真正走向间接调控。1998年底，中国人民银行九大跨省区域分行成立，改变了按行政区划的设置框架，以减少行政对金融的干预，这对中央银行职能和地位起了非常重要的作用；②1993年12月，《国务院关于金融体制改革的决定》明确提出，把四大专业性银行建设成真正的商业银行，改制成为国有独资商业银行，同时成立三家政策性银行，几乎同时颁了《中华人民共和国商业银行法》，国有商业银行建设进入法制化轨道。2003年至2008年又完成了对国有四大银行的股份制改造，后来全国各地的城市合作信用社和农村信用合作社进行商业银行化改造，以及各种民营、外资银行进入等。银行业金融体系逐步完善；③1992年开始，上海证券交易所、深圳证券交易所大量股票上市交易。1993年，《中共中央关于建立社会主义和市场经济体制若干问题的决定》进一步明确股份制和股票市场在市场经济体制中的重要地位。同年5月，国务院颁布了《股票发行与交易管理暂行条例》，这是新中国第一部正式的全国性股票市场法规。1994年先后实施《公司法》《证券法》等重要的法律法规，使我国股票市场的规范化建设有了基本的法律依据，为证券市场的正常运行奠定了基础。后来，各种法规、制度逐渐完善，在很大程度上推动了资本市场的快速发展。

总的来说，1978年后，中国金融体制在改革中发展，在发展中改革，从开始的国有金融机构放权让利，到初步建设和完善的市场经济体制，中国的金融组织体系尤其是银行和证券业得到了迅速扩展，我国金融在两个方面的数量上有了迅速的增长和扩张。

第一，金融组织机构数量不断增长，但效率都相对低。改革开放40多年来，中国银行体制发生了重大的变化，即从早期完全由中央银行一家独大的银行结构逐渐发展为由中央银行、监管机构、自律组织和银行业金融机构共同组成的综合金融体系。在管理制度上，中国人民银行是中央银行，它在国务院的领导下，负责制定和执行货币政策，防范和化解金融风险，维护金融稳定。中国银行保险监督管理委员会，简称中国银保监会或银保监会，负责对全国银行业金融机构及其业务活动实施监管。中国银行业协会是在民政部登记注册的全国性非营利社会团体，是中国银行业的自律组织。截至2021年，我国共有银行业金融机构4058家，包括1家开发性金融银行、2家政策性银行、6家国有大型商业银行、12家股份制商业银行、1家住房储蓄银行、130家城市商业银行、19家民营银行、1642家村镇银行、1569家农村商业银行、609家农村信用社、26家农村合作银行、41家外资法人银行。因此，形成具有相当规模、多元化的银行业金融机构体系。金融机构的分设实际上是一种放权让利式的改革，20世纪90年代虽然进行了一系列改革，但它们仍然按照行政计划设置，加上各级地方政府对金融机构的实际控制度不但没有降低反而有提高的趋势，导致金融分设机构成为地方政府争取资金的重要渠道。这种变化却使中国的金融机构和金融工具形成一定规模和较为齐全的种类，表面上看，货币化程度、金融相关比率大大提高，因此也有部分学者认为中国金融发展程度很高，但是，这种数量增长似乎缺乏质的提升，是否说明中国金融发展需要有客观合理的评判。

第二，快速的金融扩张导致了货币供给总量的急剧增长，而且增长呈现阶段性特征。1978年底，M_0、M_1分别为212亿元、859亿元，到了1995年底，中国有了广义货币供给M_2的统计数据，M_0、M_1、M_2分别为7 885亿元、23 987亿元、60 751亿元，M_0、M_1分别上升37倍、27倍。再到2020年底，M_0、M_1、M_2分别为95 626亿元、625 613亿元、2 499 711亿元，比1995年再次上升12.13倍、26.08倍、41.14倍。容易初步判断，货币供给的增长大概分为两个阶段：第一阶段是改革初期到

1993年，这一时期的典型特征是狭义货币的供给增速明显快于广义货币供给的增速，主要原因是改革过程中由原来的计划经济转向市场经济，各种经济活动内容需要赋予货币来表征，因此流通中的现金需求快速增加，这一阶段便是上文所述的被很多学者认为是中国经济"货币化"时期。另外，政府为了更好地实现建设目标，将银行划分为不同建设性质的类别，例如工商、建设、农业等，这种金融分设缺乏完善的配套经营机制，企业在各类银行都可能获取资金，换句话说，企业争取资金的渠道增加，导致信贷扩张过度，货币超量发放，这种现象被一些学者称之为"超量货币支持的经济增长"；第二阶段是1993年至今，这一时期的重要特征是各层次的货币供给都在快速增加，尤其是广义货币 M_2 的增速远远快于狭义货币供给的增长速度。其原因一方面是中国资本市场的发育和建设，加快了投资与中间市场的活动；另一方面与经济改革过程中，各级地方政府为了追求自身更大的经济利益，极力争取和抢占更多的金融资源，努力争取更大的信贷规模。还有就是在财政体制改革过程中，中央财政和地方财政的分开统筹支出，地方政府有更大的支出欲望，但是受经济发展程度的影响，导致许多地方政府尤其是经济较为落后的区域，容易出现"财政赤字金融化"，即财政支出大于收入的部分通过银行贷款来解决，这会带来一系列的衍生货币供给，从而推高了货币供给的总量。

深入地分析前因后果，不难发现，中国金融改革的推进，在形式上表现为政府进行的产权结构及其实现形式的调整，各级政府获取了可控制金融资源的收益，同时在客观上也支持了改革的进展，这种收益在最初金融资源表现为单一的货币时就成为货币化收益。因为获取这种收益需要增发大量货币，所以很多政府的发展状况表明，这种收益的获取会出现较为严重的通货膨胀，麦金农在他的著作里有精辟的理论分析。

麦金农的市场次序化理论认为，长期地看，一国金融增长需要建立在平衡中央财政的基础上，也就是说，金融增长的速度要与货币发行收益协调一致，否则可能带来很严重的通货膨胀，经济增长受限，反过来会遏制金融增长的速度。但事实上，中国在推进改革进程中，一方面攫取了巨额的货币化收益；另一方面却又在中央财政下降的同时仍保持高金融增长与低通货膨胀的发展格局。如谢平（1994）认为，1978年至1986年间，这笔收益平均占 GNP 的3%左右，另外有研究表明：1986年至1993年间，货币化收益平均占 GNP 的 5.4%，此间实际货币发行收益累计达 8 447.2 亿元，世界银行甚至认为，1993 年其最高额几乎达到 GNP 的 11%。而改革开放 40 多年间，除了 1986 年至 1988 年间，中国的物价指数分别达到 6.0%、13.7% 和 34.8%，1994 年达到 25.2%，2004 年达到 33.9%，其他年份都相对温和。而在当年的苏联，经济金融改革使得物价飞涨，国内生产却严重萎缩，导致国民经济崩溃。相比之下，中国的金融体制改革似乎是成功的，但是，与 GDP 增速相比，金融扩张的速度过快，违背了经济规律，是否潜藏着风险，着实令人担忧。换句话说，我国金融机构的增加不能简单地等同于金融发展的推进或金融创新的增加，也不意味着金融变化导致的制度、资产和工具供给是对金融需求发生作用的结果，某种意义上说，是各种利益集团利益分割的结果，或者是一种"权利博弈"的产物。金融简单的扩张或所谓的深化，更多是一种量性的增长，这种增长并没有从根本上触动原有机制存在和运作的体制基础。

第二节 衡量金融发展的指标体系构建

要研究金融发展与经济增长的关系，最基本的也是最直观的分析工具是找出相应的指标与数据，然后进行横向和纵向的比较。本章先用传统的方法，构建相关的指标体系，然后通过指标评判两者的基本关系，后续章节进行更加深入的理论研究。在研究金融发展与经济增长关系的著作中，从 Mckinnon 和 Shaw、Goldsmith 到 King 和 Levine，经济学家们侧重不同的角度，对金融发展与经济增长的关系提出了不同的指标体系，迄今为止，金融发展的有关指标体系几乎都是在这几位经济学家的金融发展理论的基础上改良而来。

Shaw（1973）在《经济发展中的金融深化》一书中对金融深化建立了一系列的指标体系。他认为，对金融深化的衡量首先要建立在实际金融的基础上，名义货币存量 M 是按照票面单位或者账面价格计算的，而实际货币存量 M/P 是按照商品和劳务的相对价值计算的，通过去除价格膨胀的真实货币存量才能反应货币的真实供给水平。衡量金融深化的标准主要有三类：第一类是有关金融存量的指标，金融发展过程需要增加经济中的货币使用，金融深化过程必然使金融存量大大增加；第二类是金融流量指标，相比之下，流量指标更加容易表征金融的深化程度，因为金融深化会导致货币的流通速度减慢；第三类是金融资产价格，它直接反映金融深化的程度，是最明显的表现。如果在一个经济体中，金融浅短即金融资产的需求被低水平的实际利率所压制着，初级证券的供给也有限，主要原因是被信贷配给压抑着。而此时，如果推进金融深化，这将意味着，利率能够而且必须准确地反映客观存在的、能替代现时消费的投资机会和消费者对延迟消费的非意愿程度。在金融深化的经济中，实际利率很高，各种利率之间的差别趋于缩小。

Goldsmith（1969）在《金融结构与金融发展》一书中则采用以下几类指标来分析金融深化的。第一类是金融相关率指标，即全部金融资产与同期 GDP 的比率；第二类是货币化程度指标，即 M_2/GDP；第三类是金融资产发展的规范化；第四类是金融资产的多样化；第五类是金融资产的数量和种类。

King 和 Levine（1993）是两位重要的金融学家，他们在金融功能计量上是标志性人物。他们设计了四个指标来衡量金融发展的程度，对金融发展理论有着里程碑式的意义：第一个是金融深度（即 Depth）指标，大致等于广义货币供给与国内生产总值的比例，或者具体为金融系统对 GDP 流动负债额的比率。它的主要功能是，可以通过货币供给的数量来衡量金融中介的规模。第二个是银行（即 Bank）指标，即商业银行的国内资产与商业银行的国内资产加上中央银行的国内资产的比率。换句话说，把一个经济体内商业银行的规模和中央银行的规模进行对比。设置这一指标的依据是，与中央银行相比，商业银行在功能设置上能够更好地行使风险管理、配置资源等中央银行所不具备的功能，在一定程度上反映整个银行体系对企业风险及收益管理的水平。第三个是私营支持率（即 Private）指标，主要用于衡量商业银行对私营企业的发展运行的支撑水平程度，即将商业银行对私营企业的贷款除以国内信贷总量和银行间贷款差额，可以用来估算国内资产的分布状况。第四个是私营参与度（即 Privy）指标，它在性质上同 Private 指标几乎相同，但是在计算方法上，等于商业银行对私营企业的贷款与 GDP 的比。商业银行在与向政府或国有企业贷款时与私营企业的对待方式不同，银行在向私营企业贷款时，需要更加认真细致地研究企业的风险系数，进行有效的风险管理，集聚更多的金融资源以及提供更为便捷的金融服务。因此，它们可以反映国营经济部门的总规模，也能反映国营经济的总体信贷规模。Private 和 Privy 两个指标同时采用，可以更加系统地衡量金融中介在经济中的金融功能。King 和 Levine（1993）利用 80 个国家 1960~1989 年期间的数据进行分析，在系统地控制影响长期经济增长的其他因素的情况下，他们发现，金融中介规模与功能的发展不仅能够促进经济中的资本形成，而且对经济效率的提高具有一定的作用，会在一定程度上促进了全要素生产力的发展，并且带来了长期的经济增长。

对于金融发展的分析，经济学家们提出的指标各不相同，而且有各自的优点，这对分析金融发展都有意义，但它们的本质含义是相同的，都是为了检验金融发展与经济增长之间的相关性，只不过是针对各自研究的特点进行了特殊的设计。对于中国经济增长和金融发展的关系分析，本研究参照金融发展理论，尝试着提出一个适合中国金融与经济增长关系的指标体系，并对中国金融发展与经济增长状况做出初步分析，以便对造成中国特有的现象的根本原因做出抽象与判断。这个指标体系大体可以包括以下几类：第一类是经济增长相关指标，为了研究方便，我们暂不考虑物价上涨指数，仅指名义 GDP。第二类是货币化程度指标，即货币供给量 M 系列与 GDP 之间的对比关系，包括 M_0/GDP、M_1/GDP、M_2/GDP，它能反映某个国家经济货币化程度。第三类是不反映经济体制影响的金融发展指标，包括：①金融相关率，它的具体含义是指在特定时期一个经济体全部金融资产价值与其经济活动总量的比值。其中，经济活动总量可以是 GNP 或 GDP，本研究用 GDP 来计算，它反映金融发展的总体规模与经济增长之间的效率。它可以测定金融中介体的总体规模；②金融资产的数量与种类，它反映金融市场的发育和完善程度。第四类是反映受经济体制影响的指标，包括：①完全意义上的商业银行资产规模指标[1]，即真正意义上的商

---

[1] 完全意义上的商业银行是指完全实现股份制公司化管理的银行，它是一个完全不受政府行为干预的、以营利为目的的理性经济人。我国很多银行都把它定性为商业银行，比如四大国有商业银行，其实不完全具备商业银行的所有特征，所以不该归为完全意义上的商业银行。我国银行业金融机构包括政策性银行、国有商业银行、股份制商业银行、农村商业银行、城市信用合作社、农村信用合作社、邮政储汇局、外资银行和非银行金融机构，本研究所指的真正意义上的商业银行主要指股份制商业银行，包括交通银行、中信实业银行、光大银行、华夏银行、广东发展银行、招商银行、上海浦东发展银行、兴业银行、中国民生银行、恒丰银行、浙商银行等。

业银行相对于全国金融资产的规模,等于真正意义上的商业银行的信贷资产/全国金融资产,这一指标的原理在于与一个经济体金融资产相比,能够较好地行使风险管理、配置资源等功能的金融资产所占的规模;②商业银行对私企信贷指标,主要目的是用于衡量商业银行对私营企业的贷款,计算方法是将商业银行对私营企业的贷款除以国内信贷总额;③商业银行私企信贷贡献指标,计算方法是它等于商业银行对私营企业的贷款与 GDP 总额的比值。它能衡量商业银行在对 GDP 作出贡献时对私企的信贷投入规模。其实可以体现一个国家的私有化程度及其获得贷款的能力;④货币流通速度指标,它等于货币化指标的倒数;⑤利率水平指标,它能反映一个国家经济发展过程中信贷的供给与需求水平以及金融自由化的程度。

第三节 国际比较与中国金融抑制特征

有比较才会有鉴别,中国金融发展的历史与现状说明了什么?导致了金融发展还是金融风险?我们还是先从比较中找一些初步判断。当然比较的范围和内容以及依据是金融深化理论中的一些主要衡量指标。

要做国际比较分析,首先要确定比较的主体和对象,本研究根据分析的需要选取六个样本国家作横向比较。它们分别是:中国、美国、日本、韩国、泰国和马来西亚。这些国家从体制上可以分为两类:一类是带有公有制和计划经济特征的国家;另一类是完全以私有制及市场经济为体制特征的国家。从发展程度上可分为发达国家与发展中国家。从发展过程考虑可以分为发展中遭受金融风暴与未遭受金融风暴两类。利用上文设计的指标体系,对中国与其他可比较国家进行一些直观的比较分析。

一、各国经济增长速度

比较一下中国与世界主要国家,包括稳定发展和东南亚金融风暴受害国家的 GDP 情况,如图 3-1 所示。

从图 3-1 可以分析得出以下几个特点:①中国经济的整体状况是不断

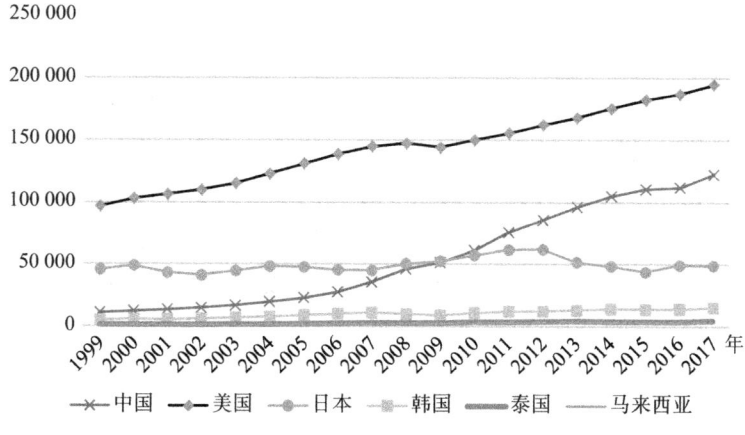

图 3-1　世界主要国家的 GDP 比较（单位：亿美元）

资料来源：《国际统计年鉴》1985 年版，2000 年版，2005 年版；《世界银行数据表》1989 年，1999 年。

增长的，40 多年来没有出现衰退，而且在几个样本国家中，中国整体增长速度居首位，除美国之外其他几个国家在亚洲金融风暴过后，都有明显经济衰退的过程；②中国在改革开放之前的 GDP 增长是缓慢的，在 20 世纪 80 年代表现出了较快的增长，到了 90 年代以后便出现了快速增长的势头，甚至有几年出现奔腾式上升的趋势；③20 世纪 80 年代是日本、韩国、马来西亚、泰国等一些改革国家的高增长时期，这些国家的经济增长与其金融改革与发展有无密切联系，这是一个值得研究的问题。

在亚洲金融风暴到来之前，包括日本、新加坡、马来西亚在内的东南亚国家都有着高速增长的历程，但在 1997 年泰国点燃亚洲金融风暴之后，各个国家纷纷陷入了严重的经济衰退过程并难以自拔，这说明这些国家在经济高增长的同时累积了大量的风险，在风险有引发事物之后便出现"多米诺骨牌"效应，许多国家经济在金融风暴中崩溃，而且经济陷入长期低迷状态难以复苏。中国在亚洲金融风暴过程中并没有出现经济滑坡，原因是中国政府主宰金融政策的性质决定的，中国金融并没有真正实现自由化。当时，中国还未加入世贸组织，因而不存在金融自由化的压力。当政府能够对利率和汇率进行强制执行的前提下，金融风险的压力并不能充分体现出来，这就像中国计划经济时代客观上有强烈的通货膨胀压力而主观上得不到释放一样，所以，改革开放以后中国出现了严重的通货膨胀。通过分析不难看出，这些年来，中国一直保持经济无衰退的高增长，而且在亚洲金融风暴中没有受到严重影响，这可以说是中国经济增长过程中非常具有特色的一个方面。但是，中国经济增长是否能够保持良好势头继续下去，经济增长的同时是否存在潜在风险，这是一个很值得研究的问题。也就是说，在经济增长的同时是否由于金融的政府控制而导致一种压力的强制，金融改革过程中导致的是金融与经济的协调发展还是在经济增长的同时隐藏着严重的金融风险？这是一个非常重要的值得研究的问题。当前，中国已经加入世贸组织20多年，金融自由化与国际化是一个不可避免的过程，在这种情况下，中国金融潜在的风险将渐渐浮出水面，中国经济能否承重，这是本研究的一个重要主题。

二、中国货币化指数"剪刀差"

货币化程度是金融深化的一个主要衡量指标，下面对世界几个主要国家的货币化程度进行比较分析。本研究根据《国际统计年鉴》1985年版、2000年版、2005年版、2015年版和2018年版；《世界银行数据表》1989年版、1999年版、2009年版、2016年版数据资料，进行分类整理，分析典型样本国家的货币化曲线。如图3-2所示，通过分析，不难发现中国

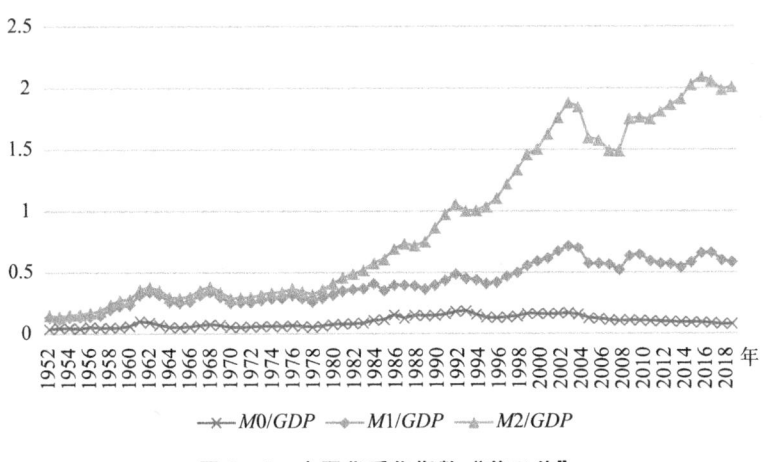

图3-2 中国货币化指数"剪刀差"

资料来源：《国际统计年鉴》1985年版，2000年版，2005年版；《世界银行数据表》计算而得。

M/GDP 趋势一个明显特点,即从 1978 年以后至今近 30 年间,M_2/GDP 与 M_1/GDP 之差有急剧扩大的趋势,它就像一把"剪刀",故称这一现象为"中国货币化指数剪刀差"。

图 3-3 表明了美国、日本、韩国和泰国等国家各个层次的货币供给与国内生产总值的比率。首先说明一点:本图只是为比较几个国家的经济货币化曲线而做的趋势图,由于数据资料可获性所限,无法取得物价指数数据,由此不能剔除货币国际减价因素,因而 M/GDP 的比值没有可比性。

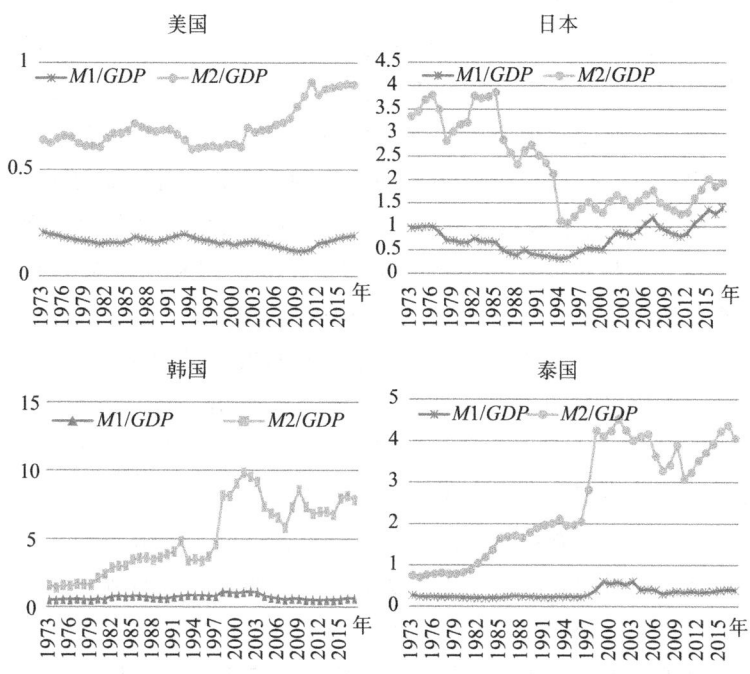

图 3-3 美国、日本、韩国和泰国的 M/GDP 特征

资料来源:《国际统计年鉴》1985 年版,2000 年版,2005 年版;《世界银行数据表》计算而得。

以上图表分析表明,中国的货币供应量与国内生产总值的比例呈现以下特点:①货币化程度指标总体上是上升的。M_1、M_2 对 GDP 的比例都逐年上升,尤其是 M_2/GDP 上升速度最快;②1978 年前 M_1 与 M_2 几乎是一致的,而且三个指标都呈平稳趋势。这跟当时经济发展速度慢,计划经济体制有紧密联系;③1978 年以后,货币化程度指标飞速上升,M_1/GDP 平稳提高，M_2/GDP 奔腾直上。这一方面是由于改革开放后全国经济发展速度加快；另一方面是与经济金融体制转轨中出现的不规范所致。

结合样本国家的图表分析进行国际比较不难发现：①发展中国家的货币供应随着经济的发展而不断增加，经济发展越快，货币供应量的增长也越快。中国、泰国和韩国无不呈现这个特点，这符合金融深化理论中的货币化过程规律；②发达国家的货币供应量平稳，经济一方面发展了，货币供应量并不无增加，甚至有趋于减少的势头。美国、日本都有这个特点；③发展中国家与发达国家相比，货币资源的利用效率完全不同。发展中国家 M/GDP 不断提高，在金融发展理论中称为货币化程度提高，其实是单位金融资源产出效率不断下降，某个角度上是否可以说明经济发展过程中的粗放与浪费，而发达国家的 M/GDP 稳中有降，说明其单位金融资源的国民产出提高了，也即国家经济发展是集约化了，效率提高了；④中国、泰国和韩国[①]等发展中国家之间比较表明，在经济发展过程中，货币化都在不断提高，而且总体提高速度几乎持平；⑤泰国和韩国都具有一个特点，即在亚洲金融风暴开始之前，M_1/GDP 与 M_2/GDP 之差稍有扩大的趋势，在金融风暴之后便急剧扩大。而中国自从改革开放以来就急剧扩大。也就是说，中国近 30 年来货币化进程的特点与泰国、韩国在遭受金融风暴后的情形非常相似。对于这种"剪刀差"，泰国和韩国在亚洲金融风暴前稍有表现，但几乎不太明显。在亚洲金融风暴之后，这两个国家由于受到严重冲击，这个差距有较为明显的扩大。也就是说，中国在近三十年间的货币化指数趋势有如泰国、韩国在受金融风暴冲击之后的情形，但在中国并未出现严重的通货膨胀，这一现象该如何解析，是金融发展还是在发展的背后潜藏着严重的危机。值得深入研究。东南亚金融危机的爆发绝非偶然。尽管表面看来这场危机是由国际游资冲击泰国铢币而引发的，国际资本的投机活动固然是这场金融危机爆发的一个重要因素，但俗话说，"苍蝇不叮无缝的蛋"，泰国等国家自身存在的经济结构不合理、泡沫现象严重、经常性项目长期逆差、金融监管乏力等问题则是引发这场危机的深层次原因。

---

① 韩国虽然经济很发达，但在货币化过程中所呈现的特点与发展中国家很相似，而且在 1997 年亚洲金融风暴中所受影响与泰国、新加坡、马来西亚等发展中国家几乎一致，所以在此把它与发展中国家归为一类。

中国的货币化指数"剪刀差",根源在于政府对金融市场强有力的管理和控制。事实表明,中国金融体制改革过程中,数量上的扩张是显著的,但是,数量扩张对经济增长的促进作用并不明显。从金融发展的几个指标看来,无论是从中国的货币化程度,还是金融相关比率等,都有持续快速地升高,但是,经济增长的速度并不协调一致。这是值得思考的重要问题。

三、金融抑制下的中国金融发展

上文对研究中国金融发展与经济增长关系时提出的指标体系进行分类研究,通过第三类和第四类指标的对比可以反映体制性因素对金融发展与经济增长的影响。

第三类是不反映经济体制影响的金融发展指标,比如金融相关率指标,是指在一定时期某一经济体中全部金融资产价值与该国经济活动总量的比值。其中,经济活动总量可以是 GNP 或 GDP,本研究用 GDP 来计算,它反映金融发展的总体规模与经济增长之间的效率。它可以测定金融中介体的总体规模。我国的金融相关比率在 1980 年至 2002 年从 1.07 上升至 3.46,上升了 3 倍多,至 2017 年达到 3.93。尽管同发达国家相比还有差距,我国在 1988 年才赶上发达国家 20 世纪 60 年代初的水平。但到了 1997 年,我国的金融相关比率就达到了 265%,接近发达国家 1988 年的水平[1],超过中等发达国家水平,见表 3-1。这充分说明我国金融相关比率的快速上升,从金融相关比率上已经与发达国家没有差别。

表 3-1 中国的金融资产总额、GDP 与金融相关率（1978~2019 年）　单位：亿元

年份	银行业金融机构总资产（亿元）	金融资产总额（亿元）	银行业金融资产/金融资产总额	GDP（以当年价格亿元）	FIR
1978	2 987.00	3 417.5	0.874 031	3 678.7	0.928 997
1980	4 624.26	4 945.8	0.934 987	4 587.6	1.078 433
1985	9 290.00	12 808.7	0.725 288	9 098.9	1.403 909

---

[1] 据陈杰《中国金融深化进程中的效率分析》,1988 年金融相关率水平美国为 3.26,日本为 3.92,韩国为 2.34,中国已经超过韩国。

续表

年份	银行业金融机构总资产（亿元）	金融资产总额（亿元）	银行业金融资产/金融资产总额	GDP（以当年价格亿元）	FIR
1990	29 829.28	37 233	0.801 152	18 872.9	1.967 574
1995	83 251.71	123 361.8	0.674 858	61 339.9	2.043 883
2000	149 177.52	293 884.4	0.507 606	100 280.1	2.966 549
2001	163 815.61	323 478.6	0.506 419	110 863.1	2.960 193
2002	187 929.49	364 173.6	0.516 044	121 717.4	3.022 679
2003	276 413.23	398 575.6	0.693 503	137 422	2.918 336
2004	315 989.80	435 264.4	0.725 972	161 840.2	2.696 548
2005	374 696.90	503292.3	0.744 492	187 318.9	2.705 888
2006	439 499.70	548 397.2	0.801 426	219 438.5	2.503 771
2007	525 982.50	708 597.6	0.742 287	270 092.3	2.617 61
2008	623 876.27	898 597.7	0.694 278	319 244.6	2.797 37
2009	795 146	1 087 353	0.731 268	348 517.7	3.125 162
2010	953 053	1 270 884	0.749 914	412 119.3	3.097 041
2011	1 132 875	1 468 845	0.771 269	487 940.2	3.038 615
2012	1 132 875	1 681 400	0.673 769	538 580	3.129 182
2013	1 513 332	1 892 030	0.799 846	592 963.2	3.216 966
2014	1 723 355	2 110 279	0.816 648	643 563.1	3.274 897
2015	1 993 454	2 359 394	0.844 901	688 858.2	3.441 5
2016	2 322 532	2 697 467	0.861 005	746 395.1	3.632 003
2017	2 322 532	2 910 155	0.798 078	832 035.9	3.502 221
2018	2 682 401	2 935 288	0.913 846	919 281.1	3.207 112
2019	2 900 025	3 186 971	0.909 963	986 515.2	3.239 611

资料来源：根据《中国金融年鉴》《中国统计年鉴》数据整理①。

---

① 银行业金融机构包括政策性银行、国有商业银行、股份制商业银行、城市商业银行、农村商业银行、城市信用社、农村信用社、邮政储汇局、外资银行和非银行金融机构。国有商业银行包括中国工商银行、中国农业银行、中国银行和中国建设银行。股份制商业银行包括交通银行、中信实业银行、光大银行、华夏银行、广东发展银行、深圳发展银行、招商银行、上海浦东发展银行、兴业银行、民生银行、恒丰银行、浙商银行。其他类金融机构包括政策性银行、农村商业银行、外资金融机构、城市信用社、农村信用社、企业集团财务公司、信托投资公司、金融租赁公司和邮政储汇局。

金融资产的数量上，我国和发达国家一样，改革开放以来已经有了很大的增长。至于种类，也没有很大的可比性，全球经济飞速发展，金融产品也多样化发展，而且每个国家都有各自的特点，有些国家是以银行为主要的资本筹集模式，有的是以证券为主要的模式，它不能准确反映金融市场的发育和完善程度。

关于金融组织地位变化的衡量，戈德史密斯提出了金融中介比率指标。从统计上说，金融中介比率在流量方面就是"由国内金融机构在一定时期内所获取的国内非金融部门和国外部门发行的金融工具净额占发行总额的比率"，在存量方面则表现为金融工具总值除以某一特定时期内国内金融机构所持有的国内非金融部门和国外发行的债务与股权证券的市场价值之商。为测定扩展的金融组织在整个金融发展过程中的地位变化，我们可以把金融中介比率分为银行金融中介比率和其他金融机构中介比率，而前者又可以分为国有银行金融中介比率和其他商业银行金融中介比率等。这些指标通过各金融机构持有资产占金融机构总资产的比重来衡量，以此来衡量中国扩展的金融组织地位变化状况与政府对金融控制变化状况。

表3-2 股份制商业银行及其他金融机构资产占比（1987~2017年） 单位：亿元

年份	银行业总资产	大型商业银行资产	股份制商业银行资产	金融资产总额	股份制银行资产占比
1978	2 987.00	2 987.00	0.00	3 417.50	0.00
1980	4 624.26	4 624.26	0.00	4 945.80	0.00
1985	9 290.00	9 290.00	0.00	12 808.70	0.00
1990	29 829.28	28 693.60	1 135.68	37 233.00	0.04
1995	83 251.71	80 562.43	7 228.82	123 361.80	0.09
2000	149 177.52	113 754.30	18 949.27	293 884.40	0.13
2001	163 815.61	122 076.63	24 015.30	323 478.60	0.15
2002	187 929.49	136 480.48	30 860.84	364 173.60	0.16
2003	276 413.23	154 284.70	40 223.27	398 575.60	0.15
2004	315 989.80	179 816.70	36 476.00	435 264.40	0.12
2005	374 696.90	210 050.00	44 654.90	503 292.26	0.12
2006	439 499.70	242 363.50	54 445.90	548 397.19	0.12
2007	525 982.50	280 070.90	72 494.00	708 597.61	0.14

续表

年份	银行业总资产	大型商业银行资产	股份制商业银行资产	金融资产总额	股份制银行资产占比
2008	623 876.27	318 358.02	88 091.52	898 597.69	0.14
2009	795 146.00	407 998.00	118 181.00	1 087 353.00	0.15
2010	953 053.00	468 943.00	149 037.00	1 270 883.50	0.16
2011	1 132 875.00	536 336.00	183 794.00	1 468 844.70	0.16
2012	1 132 875.00	600 401.00	235 271.00	1 681 400.00	0.21
2013	1 513 332.00	656 005.00	269 361.00	1 892 030.10	0.18
2014	1 723 355.00	710141.00	313801.00	2110278.70	0.18
2015	1 993 454.00	781 630.00	369 880.00	2 359 393.50	0.19
2016	2 322 532.00	865 982.00	434 732.00	2 697 467.30	0.19
2017	2 322 532.00	928 145.00	449 620.00	2 910 155.40	0.19
2018	2 682 401.00	983 534.00	470 202.00	2 935 287.98	0.18
2019	2 900 025.00	1 167 770.00	517 818.00	3 186 971.12	0.18

资料来源：根据《中国金融年鉴》整理。

第四类是反映受经济体制影响的指标，包括：①完全意义上的商业银行资产规模指标，即完全意义上的商业银行相对于全国金融资产的规模，等于完全意义上的商业银行的信贷资产/全国金融资产，这一指标的原理在于与一个经济体金融资产相比，能够较好地行使风险管理、配置资源等功能的金融资产所占的规模；②所有金融机构对私企信贷指标，用于衡量一国金融对私营企业扶持的力度，等于商业银行对私营企业的贷款/国内信贷总额；③商业银行私企信贷贡献指标，等于商业银行对私营企业的贷款/国内生产总值。它能衡量商业银行在对 GDP 出贡献时对私企的信贷投入规模。其实可以体现一个国家的私有化程度及其获得贷款的能力；④货币流通速度指标，它等于货币化指标的倒数；⑤利率水平指标，它能反映一个国家经济发展过程中信贷的供给与需求水平以及金融自由化的程度。

从商业银行资产对于全国金融资产的规模来看，公有制国家与私有制经济制度有着很大的区别。在私有制经济中，所有的银行都是私有制企业，遵循理性经济人假设。而在公有制经济里，体制因素影响着企业经营者的行为方式，有着独特的特征。在我国市场经济体制建设过程中，政府对国有专业银行进行了商业化改造，并将国有的银行及非银行金融机构更名,把它定位为国有商业银行。然而,一个很明显的事实是,改名后的国有金融机构并不是真正的商业银行,它有许多公有制及计划经济的特征,并不是理性经济人。因而,对我国商业银行的真正定位与划分,以及对商业银行资产对全国金融机构资产总额比例的研究,有着重要的意义。

从图3-4分析不难看出,近十几年来,我国市场化改革不断加快,经济体制正在变革,股份制商业银行的发展迅速,所占比重不断增加。数据显示,1987年前,我国没有股份制银行,当年在深圳成立了招商银行、中信实业银行、深圳发展银行等第一批股份制商业银行,资产占所有金融机构资产比重只有1.25%,到2004年短短的7年间快速上升到10.08%,到2019年上升到17.9%。21世纪初,国家开始对中国建设银行、中国银行、中国工商银行进行股份制改造,同时各种其他国有金融机构也进行股份制改造。当然,此前我国金融体制还是以公有制为主体的,带有明显的计划经济体制的特征。

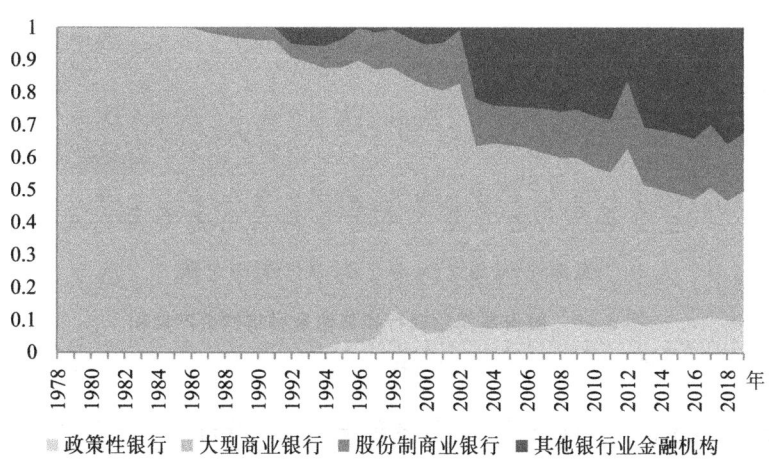

图3-4 各类银行占全国银行业金融机构资产占比堆积图

资料来源:根据《中国统计年鉴》历年资料整理。

图3-5的数据可以表明,我国金融机构对私有企业的贷款非常有限。一方面,私有经济对国民经济增长做出了积极的贡献,它对就业、财政、国企改制以及对金融稳定都做出了很大的贡献。另一方面,私有经济在社会主义政体里受到了不算公正的待遇。从我国金融对私有经济的信贷支持政策上就可以看出。据统计,2004年,全国金融企业信贷总额为17.81万

亿元，而对私有经济贷款余额为 0.21 万亿元，只占信贷总额的 1.16%，可以说是微乎其微，至 2017 年末，全国金融企业信贷总额为 117.81 万亿元，提高了 8 倍多，而对私有经济贷款余额为 23.52 万亿元，提高了近百倍，占信贷总额的 19.96%，比例有了大幅度的提高，但是绝对额仍较小。同样，我国商业银行私企信贷指标也是微不足道的。在私有制国家里，银行几乎都是商业化经营，经济主体也不存在国有制的，因而与公有制与计划经济没有可比性。此外，由于我国一直实行金融管制，所以利率几乎是固定不变，而且处于较低的利率水平。总之，对于受经济体制影响的指标，我国不能用金融发展理论提供的指标体系予以解释。

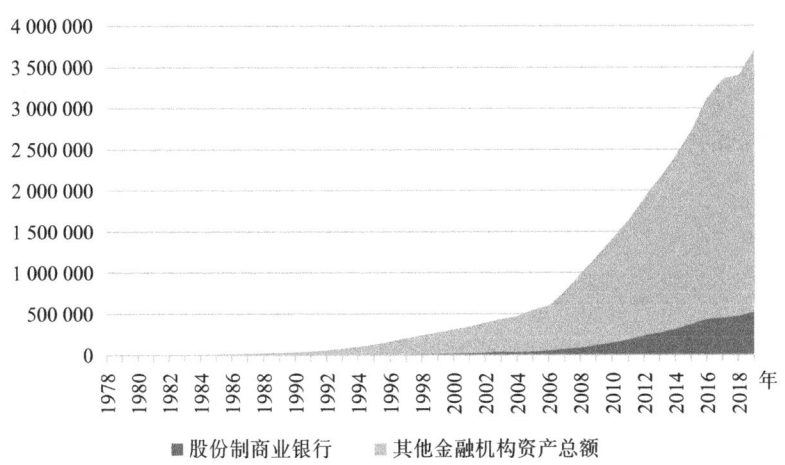

图 3-5　股份制商业银行和其他金融机构资产堆积

资料来源：根据《中国统计年鉴》历年资料整理。

综上所述，对中国金融发展的各种指标对比分析，不难看出，中国的金融体制改革和经济改革带来的主要变化是金融快速扩张导致金融资产和金融机构数量上的快速增长。但是，金融产品和金融机构的设置并不符合经济发展的需求，尤其是国有金融和非国有金融结构、国有企业与非国有企业对金融资源利用的比率结构，都与市场经济改革后经济成分结构并不协调。从而产生一个直接的后果，即虽然金融产品和机构在数量上得到了扩张，但只是原有制度框架下的扩展，政府对金融的管制的过程以及未来趋势并没有发生实质性的改变。具体可以分两个方面：一是金融的制度体系，从金融制度体系变化上看，改革开放的前十年，中国就已经初步完成了金融制度转变，即把完全计划性质的金融制度改为计划为指导，以市场为基础的社会主义金融管理制度。当然，由于没有现成的经验，改革在摸索中推进，难免引起金融秩序混乱，金融改革在混乱经整顿再到有序的循环过程中逐步推进。1993年，中国设立了货币政策委员会，成立了政策性银行；1995年，完全剥离中国人民银行的商业银行职能，初步建立中央银行体制；1998年，又设立中央金融工委，合并各省级人民银行分行，成立九大跨省分行。这一系列的金融改革，目标是使中国金融逐步由政府控制的管理体制，转向为政府调控为主的管理体制。另一方面，几乎在银行制度改革的同时，从金融调控体系上看，银行体系用间接调控措施直接调控相结合，取得了显著的成效。从1998年开始，取消商业银行的信贷规模管理限制，依靠再贷款、法定存款准备金率、公开市场操作、再贴现、存贷款利率、窗口指导等间接的手段，以实现货币政策目标，标志着中国金融调控方式开始由直接调控向间接调控的根本性转变。之后的20多年，中央银行和商业银行制度和体系上不断完善，虽然基本上形成了与市场经济体制相适应的金融秩序，但客观上说，中国金融体系中仍然存在着政府对金融活动的干预和限制，金融体制改革仍然滞后于市场经济体系建设，在众多环节有明显的金融抑制的特征。

第四章 金融抑制与非瓦尔拉斯均衡

第一节 中国金融体制的特征

金融体制是指一国金融系统在机构设置、领导隶属关系和管理权限划分等方面的体系、制度、方法、形式等（辞海，2002）。它的含义主要包括金融机构的所有制、运作方式以及总体结构。根据定义，可以总结出我国金融体制有如下重要特征。

一、以公有制为主体的二元金融结构

二元金融机构并存是指一国同时存在着现代金融机构和传统的金融机构的状态。以现代化管理方式经营的大银行及其他金融机构，主要集中在经济发达的大中城市，服务于正规经济；而地下钱庄、当铺及一些放债机构主要分布在广大的农村和经济落后的小城镇。它们有各自的服务对象，由于金融体制改革的滞后，近些年来，导致资金由现代货币银行体系流向传统金融机构的倾向。

我国是建立在半殖民地半封建社会的基础上的社会主义国家。新中国成立后，为了支持经济发展，政府仿照苏联模式建立起适应我国当时需求的国有金融机构，这些金融机构主要是国有银行，它们的主要任务是为国内大型企业提供金融服务，这些大企业往往享有特殊的权利，而早期的国有银行往往将大量的小企业和居民排除在服务范围之外。可以说，从1949

年到1978年间，在计划经济体制下全国的金融机构均是清一色的公有制。近10多年来，一些股份制商业银行逐步成立。最近，各大国有商业银行还在不断上市，但这些都并未能够改变中国银行业的公有制性质。一直到了2004年末，我国银行业资产总额为44万亿元，而股份制商业银行的资产总额仅为4万亿元，仅占10.08%。在以银行业为主的"银行基"金融构架中，以公有制为主体是我国金融格局的重要特点之一。在这种制度和环境中，正像下文要分析的，由于政府对利率的管制，资金实际收益率很低，信贷供给严重不足，大企业尤其是国有企业可以从国有银行获得大量资金，但是其使用效率却相对低下，下文将作更详细的解释。在这种背景下，在特殊的阶段，当时的国有银行为政府弥补预算赤字，以及重新分配收入，为我国实施特有的发展战略做出了重要的贡献。

值得关注的是，在正规金融存在的同时，以传统方式经营的钱庄、摇会、当铺等金融机构与我国现代化的金融工具和金融部门同时存在，它们主要分布在正规金融服务不能覆盖且经济相对落后的小城镇和广大农村地区。它们主要为当地的中小型生产企业提供资金周转，这些中小型生产企业在经济活动总体中占有很大比重，并且这些小生产企业大部分是以非法人的形式存在着，例如分散的小农户、家庭作坊主人，商品零售商及部分规模不大的独立的贸易商。这些非正规的企业一般没有执行严格的会计制度，没有经营投入产出核算，也没有资产负债表，甚至没有在政府机关进行注册登记，通常也没有领到经营许可证。表面上看，传统的正规金融机构也为它们提供了相应的金融服务，例如，在政府的倡导下，银行会向它们提供短期融资、季节性融资或者长期融资。在一定程度上这种金融服务为那些贷款困难的小企业提供了不少方便，但是，总的来说，这些服务仍然不能完全地满足这些小企业的需求，尤其是传统的金融机构在考虑这些中小企业的经营风险后，一般不向它们提供长期贷款，而有的中小企业往往是技术创新的主力军。正是从这个意义上说，二元金融结构不利于社会平均生产率水平的提高。

在很长一段时间内，中国金融机构有着显著的二元特征，这种金融与经济割裂的状态，不但会削弱政府的货币金融政策的实施效果，而且会造成经济行为背离政策目标。例如，中央银行为了经济增长，不顾市场供求状态强行鼓励投资，人为地实行低利率政策，无视市场价格的决定规律人为降低实际利率，必然导致被管理的金融机构动员资金的作用在很大程度上受到削弱，从而加剧了资金的供不应求。同时，那些逃避管理的"民间"金融机构则趁虚而入，以高利率吸收存款，同时以更高的利率发放贷款，导致被管理的正规金融机构存款资金流失，流向政府管理之外的金融机构，在此情况下，大多数投资者只能以高利率向监管范围之外的金融机构寻求贷款，从而背离了利率政策工具的作用机制，也不符合政府实行利率政策的初衷，同时还会挫伤投资者的积极性。

近几十年中国的发展过程呈现典型的"分割性"特征，换句话说，经济主体的决策不能体现市场的供给与需求，不能同等条件下公平地参加市场交易，也就是说，它们在参与要素和产品交易的时候没有享受同等的待遇，土地、劳动力、资本等生产要素和产品在同一市场中存在着多种不同的价格，资本品的收益率也有很大的差异，货币化程度较低，这也是形成发展中国家二元金融结构以及金融市场落后的重要原因。

二、政府对金融活动的管制

新中国成立以后，我国仿照苏联模式，在半封建的社会废墟上建立起了计划经济体制，政府不得不对金融采取严格的干预和管制制度，而且一直被学界认为这种干预和管制是不可或缺的，是当时环境下实施发展战略的一种必要手段。政府期望通过这种方式实现资源在短期内的高效配置。在如此薄弱的基础上，政府的首要目标是通过配给制度来提高经济效益，努力完善收入的再分配的制度，只有这样，才能降低国有企业的运营成本，用以冲抵过高的汇率和限制性贸易政策的影响。为了达到这个目标，新中国政府采取了两个主要措施：一个是将商业银行实行国有化，或者政府通过持有商业银行大部分资本的手段控制银行；另一个是通过严格控制各种金融机构的利率水平，尤其是对企业进行信贷分配，强制性地干预商业银行的经营活动。

不用怀疑，我国对金融业管制和干预措施，在建国初期曾经有效地集中了社会资源，支持了国家重点项目的建设，也为国民经济的发展起到重要的促进作用。但是，政府对金融部门经营活动有过多的干预和管制，因而阻碍了金融体系的市场化过程，扰乱了其正常运作，扭曲了其按市场规律的顺利发展。主要表现在以下几个方面：①严格的信贷管制制度导致资金流向不按市场规律要求，降低了信贷资金支持经济增长的效率，尤其是导致了违约贷款的比例快速上升；②政府强制的利率水平普遍偏低于市场均衡利率，虽然降低了企业投资的成本，但是将资金错误地引导进入低效率企业；③以国有银行为主的贷款人不会起诉以国有企业为主的借款人，因为他们是政府的关联部门，致使这些借款人借款不还，导致坏账率快速上升；④金融资源配置是扭曲的，配给特权致使金融机构的管理人员不顾纪律，金融腐败问题严重。同时，我国和其他发展中国家一样，政府对金融业有高度的依赖性，主要是利用金融机构进行国内筹资以及弥补巨额预算赤字；政府一面加快发行货币，以弥补不断增长的公共部门赤字，从而引起严重的通货膨胀压力。显然，中国特有的二元金融结构是金融市场落后和政府实行干预和管制的主要原因，而这种干预和管制反过来，又严重扭曲了我国的金融市场，从某种意义上说会致使金融市场长期处于落后状态。

而且，除了四大专业银行全部是政府主管，不以营利为目的以外，四大商业银行也是脱胎于计划经济时代，有着浓重的官僚特征，银行本来是企业，但其编制始终都是跟行政编制相仿。即使是后来组建的股份制商业银行，由于国内几千年的传统思想的影响，也纷纷效仿国有银行的做法，建立了严格的等级制度。所以，从企业决策的角度上看，决策的过程都需要分权与审批，而且多数不能按效率办事，或由政府所需，或由决策个人所需。所以中国金融行业还存在明显的计划经济的性质，即使明确规定了银行是企业的性质，但是，公有制和计划经济的性质导致银行"寻租"行为普遍，决策效率低下，没有帕累托最优的配置。

三、金融市场不完善

相对发达国家而言，我国的资本市场的发育是严重落后的。主要原因在于我国特有的二元金融结构和特有的融资体系，在很大程度上限制了我国资本市场的发育，尤其是我国债券、抵押契约或普通股等"有组织"的资本市场更为落后。证券交易在很长时期中被看作既无存在的必要，当然更主要的原因是没有存在的条件。直到1990年，政府才努力组建并成立上海证券交易所，随后挂牌建立深圳证券交易所，我国证券市场才算有了初步的发展，然而，值得关注的是，迄今为止我国的证券市场还很不发达，主要表现是：市场工具数量有限、种类不够丰富、发行范围相对仍然狭小、政府部门强力影响证券买卖的主体，其他参与者都一般都处于从属的地位。因此，资本市场上大部分可用资金都被政府部门或国有企业债务占用，民营性公司债务占国民收入的比重非常有限。金融市场的相对落后，一方面制约了金融机构融资效率的提升，使金融在国民经济发展中的促进作用被限制；另一方面，在某种程度上降低了政府实施金融及货币政策中的功能。

第二节 我国金融抑制和非瓦尔拉斯均衡

一、金融抑制的形成

McKinnon 和 Shaw 在他们有关研究中指出，金融变量与金融制度与一个国家经济增长和经济发展的关系应该是明确的，而货币并不是中性的。换句话说，金融对于经济增长或发展，要么是起到正向的促进作用，要么起到反向的阻滞作用。金融到底能如何影响一个国家经济的增长，其关键的环节在于政府政策的制定和贯彻实施，另外就是有关制度的选择。当今世界上有许多国家，当然包括我国在内，错误地选择金融政策和金融制度，主要包括政府当局对金融活动尤其是信贷配置进行强制干预，人为地压低利率和汇率，造成实际利率水平严重低于市场水平甚至为负，汇率也脱离市场均衡条件，这也就是所谓的"金融抑制"。

金融深化理论认为，发展中国家的金融当局往往强制规定存贷款的利率上限，人为压低利率使名义上的利率就不能准确反映这个国家资金供给与需求的状况，利率水平不能有效地调节资金的供给与需求。而且在多数发展中国家，当然也包括中国在内，普遍都存在较高的通货膨胀率，因此，强制规定名义利率的上限，扣除通货膨胀因素，实际利率是负数。在实际利率为负的条件下，储蓄者一般不愿意增加储蓄，宁愿选择保值产品投资；然而，借款者的借款需求却因为低利率而特别强烈，在这种情形下，这就必然导致资金的需求在很大程度上大于资金供给。但我国的情况与其他发展中国家相比可能会稍有不同，虽然一直实行严格的利率管制政策，名义利率一般都低于市场均衡利率，不能客观反映资金的供给与需求状况。但是，由于经济发达程度不够，居民对资金支付的未来收益预期是不确定，尤其是在养老等社会保障制度不完善的情况下，因而即使利率很低，居民的储蓄倾向仍然较高。在公有制为经济主体的经济结构中，特别是经济脱胎于计划经济的特点明显，金融机构特别是具有国有性质的银行机构多数以"配给"方式进行贷款授信，或者进行资金投机等。这样一来，信贷资金的获得者主要是一些享有特权的国有企业，或者存在寻租行为导致资金流向某些与其有特殊关系的私营企业，而这些企业往往是经营效益低下，甚至就是问题企业，他们的贷款甚至一开始就是金融欺诈行为，必然会导致银行坏账。与此同时，大量的优质民营企业由于得不到正规金融机构的贷款，只能向"体制外"的民间非正规金融借贷，他们往往要付出很高的利息，加重了企业发展的负担。一般地，我国的正规金融机构集中于城市，广大农村居民和小工商业者以及很多优质经营的小企业主的贷款需求就更加难以得到满足。实际上体现出了金融抑制的特征。

二、非瓦尔拉斯均衡的后果

在宏观经济学分析过程中，有两种基本分析范式，一种是瓦尔拉斯均衡分析方法；另一种是非瓦尔拉斯分析方法。两种理论框架虽然形成时间不一样，分析的方法各自不同，但具有同样重要的意义。

瓦尔拉斯分析方法是在微观经济分析的基础上，是伴随微观经济学理论发展而形成的，是在市场完全自动出清的前提下提出的一种理想化状态。100多年前，新古典经济快速兴起，微观均衡分析逐渐与宏观市场结合，形成新古典宏观经济分析方法。在瓦尔拉斯均衡中，假设各种商品总需求等于总供给，也就是说所有市场按定义都是出清的。在完全市场出清假设下：所有私人经济主体接受价格信号，即每一个市场主体都是价格的被动接受者，并假定在该价格体系内能够交换到需要的任何商品，这将确保所有经济主体行为的协调一致。经济主体所表现出来的瓦尔拉斯需求和供给仅仅是价格信号的函数。根据萨缪尔森的描述,"一个瓦尔拉斯均衡价格体系是一组价格的集合,在这组价格下,所有市场的总需求和总供给都相等,交易量等于需求和供给量"。由于所有市场的需求和供给都相匹配。瓦尔拉斯均衡模型有两个基本的要求:市场上存在众多的经济主体,市场竞争是充分的、完全的,所有的经济主体被动了接受价格信号,并根据市场上的价格做出理性的数量决策。但是,没有人利用市场上任何的数量信号。同时,没有经济主体实在地制定价格,价格是由"看不见的手"又被称作是"隐含的瓦尔拉斯拍卖者"决定的。事实上,在现实世界中有很多市场,如股票市场,需求与供给相等确实有着制度上的保证。但是,对于另一些市场,尤其是一些提供实物生产的市场,根本就不存在什么拍卖者,Arrow(1959)在他的著作中指出,"在有关完全竞争经济的理论的通常阐述中存在着一个逻辑上的缺陷,也就是说,都没有给对价格和对数量做出理性决策留下余地",换句话说,"经济中的各个独立参与者都将价格视为既定,从而做出相应的购买和销售决策;没有人专门从事价格决定工作。"综上分析不难理解,瓦尔拉斯均衡分析并不适合所有现实中所有的经济行为,甚至不适合大部分经济主体行为,尤其是市场不能出清的或者当信息不对称时存在配给可能的场合。

而非瓦尔拉斯均衡分析却是在瓦尔拉斯均衡概念基础上做出了重要的扩展,是对市场无法出清的情况的一种补充分析。它是一个范围很广的均衡概念。非瓦尔拉斯均衡,显然是指不符合瓦尔拉斯均衡条件下的均衡分析方法,通常也被称为配给均衡。它考虑了由于市场无法出清,也即总供给不等于总需求时的情形下,引发的数量配给过程。在假定市场无法出清的前提下,建立一个非集中式经济运行的理论框架。以往的研究表明,非瓦尔拉斯分析的主要分析结论是可能出现配给的情况,所以在整个分析过程需要采用数量信息和价格信息同时被生产者引入决策过程。因此,与瓦尔拉斯均衡相比,非瓦尔拉斯均衡概念有以下几个方面的特点:第一,它考察一个更为一般的价格形成机制,例如价格完全刚性或者完全弹性,其中间形式为不完全竞争情形;第二,这修改了需求供给理论,它考虑了这些数量信号有效需求概念,从而不仅仅考虑价格信号的瓦尔拉斯需求;第三,对价格理论本身进行修正,引入市场非出清的可能情形下数量信号的存在,并分析经济主体自身的价格决定行为;第四,短期均衡是由数量调整和价格调整共同实现的；第五，引入对预期的分析，在市场出清模型中只考察价格信号的预期，但在非瓦尔拉斯均衡模型中必须同时考察数量信号的预期。显然，非瓦尔拉斯均衡比瓦尔拉斯均衡更具一般性。虽然这并不意味着就这类均衡本身而言其意义就更重大。但是，在某些特殊的制度环境中使用非瓦尔拉斯均衡概念比瓦尔拉斯分析方法更具现实意义。

如图4-1所示，在发展中国家，例如中国，r表示实际利率，$s(g_1)$表示在经济增长率为g_1时的储蓄量，它随着实际利率的增加而增加，I表示投资，它与实际利率成反比。假定储蓄可以全部转化为投资。这样现实的投资总额便等于一定利率水平上所能形成的储蓄总额S。发展中国家为了刺激投资实现经济增长，实际利率被强制在一定的利率水平，一般只会在市场均衡利率以下，假设为r_0。此时，会有两个方面的直接后果：一方面，在一定程度上降低储蓄的总额，如果市场均衡利率是r_1，理论上储蓄总额应该为S_1，但事实上，由于人为压低利率，导致事实上储蓄总额仅为S_0，因此大大减少了储蓄数量。另一方面，根据投资曲线可以看出，在市场均衡利率水平r_1下，投资需求是I_1，但是，由于管制利率水平为r_0，比市场均衡利率低，投资意愿大增，即贷款需求水平达到I_3。即使假设如果储蓄全部转化为投资，则投资总额也只能为I_0。因而，形成了资金供求的缺口(I_3-I_0)，而且不难判断，实际利率越低，资金供求的缺口就越大。由于实际利率低于均衡利率，市场上大量的信贷需求无法得到满足，金融机构必须通过选择来配置信贷资源，因此必然产生信贷配给。

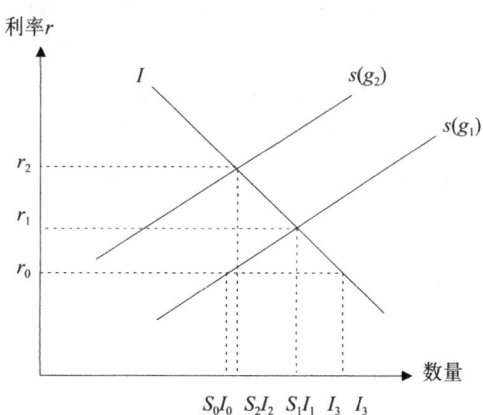

图4-1　金融抑制对经济增长的影响

一个重要的现实是，中国金融体制的建立与改革是伴随经济体制的建立和改革进行的，并且因其在国民经济中的重要性以及我国金融产业的计划经济性质导致其改革有着明显的滞后性质。我国金融世界中存在着大量的计划[①]经济，尤其明显的是，我国利率和汇率都不是由"市场力量"决定，而是在某个时期内，由金融管理当局所确定的。显然，在这样的经济中，非瓦尔拉斯理论是一个适当的分析工具。中国金融体制的特征直接导致的后果经济主体的行为扭曲。官定的利率不能反映货币的供求状况，从存款利率上看，利率过低，供给减少，金融深化理论认为这不利于投资的形成[②]。从贷款的利率上看，低利率将明显导致贷款的需求上升，但是政府控制贷款的数量和规模。由于公有制计划经济的性质，"寻租"行为不可避免，所以，排队贷款、优先权贷款由此产生，这就是一种配给过程。也就是说，所有的经济行为主体并没有按市场规律办事，也就是不存在瓦尔拉斯均衡的条件，只具备非瓦尔拉斯均衡的条件。

此时，这种由于金融体制市场化改革不完全，过低的利率导致信贷资源供不应求，必然会导致投资效率下降。在国有金融机构掌握主要资金的前提下，信贷资源一般会优先支配给国有企业。在金融机构管理不健全的情况下，尤其是决策权力过于集中，这些资源会因为"寻租"和"道德风险"，产生"逆向选择"现象，信贷资金流向低效率生产部门，导致资金不能如期收回甚至成为"坏账死账"。这一方面会拉低货币投入的产出效率；另一方面会积累大量的金融风险。如果减少体制性配给，将利率由 r_0 提高到 r_1，便会产生两方面的效果：一方面，利率升高会提高人们的储蓄倾向，储蓄总额会随着存款利率的上升而增加，从而投资总额也相应增加；另一方面，原来那些收益率略高于 r_0 的投资项目便成了亏损项目，不会选择投资而退出，留下那些收益率高于 r_1 的投资项目，因此，总体上看，投资的总体收益率将提高，全社会的经济增长率也会提高。此时，经济增长率由 g_0 上升到 g_1，储蓄曲线由 $s(g_0)$ 移动到 $s(g_1)$。显然，根据图4-1的分析可知，实际利率的提高既能增加资本形成的数量，又能提高资本形成的质量，从两个方面推动经济的增长和发展。

---

① 我国存在大量的金融政府计划行为，例如利率、汇率的政府制定，信贷指标控制制度等。另外，还存在大量的不完全计划现象，比如，金融机构人事政府任免制度等。

② 当然中国属于特殊情况，这将在下文进一步分析。

根据图 4-1 可以推导，在实际利率为 r_2 时，储蓄曲线移到 $s(g_2)$，投资总额为 I_2，经济增长率达到 g_2，因此，r_2 是最为理想的利率水平。这个利率也就是由货币供给和投资需求共同决定的市场利率，即 McKinnon 和 Shaw 所说的资本市场上的均衡利率。根据上述分析的机理，要想使实际利率尽可能接近于这个均衡利率，政策制定者应该尊重市场供需关系，彻底地去除一切对利率的干预行为和管制措施，利用市场这只"看不见的手"来调节供需及价格。同时采取积极有效的措施，防止通货膨胀，引导名义利率免受物价上涨的影响。McKinnon 和 Shaw 的模型中，其核心思想就是实行金融自由化，利率市场化，允许实际利率在市场机制的作用下，自动地趋于均衡，从而保证经济发展以最优速度进行。我国利率市场化改革已经启动，并正在逐步向自由浮动方向变革，这是金融体制适应经济增长的需要。当然，受到客观环境的影响，我国的利率市场化改革不可能一步到位，这有一个逐步深入的过程。

由于体制性因素所致，我国客观上存在金融抑制现象，人为干预和信贷配给会对经济和金融的发展和成长产生至少两个方面的不良效应：第一，减少投资。一方面，金融抑制会在一定程度上减少甚至限制社会资源对传统部门的资金投入，例如在农业部门，投资的减少致使农产品产出下降，国内农产品产出的下降反过来会增加对粮食和原材料进口的需求；另一方面，也是最为重要的，就是特殊的金融体制条件不免会产生"寻租"行为，其直接的经济后果就是在信贷货币创造过程中产生"效率损失"，常常表现为货币供给过程的"沉淀"或"迷失"。所有这些都阻遏我国投资的增长。第二，减少就业。由于投资的减少，国民经济部门投资行为缩小，就业规模必然会相对缩小。金融抑制对传统部门的抑制，是减少就业的重要原因。由于农村劳动力向城市转移，这一过程中只有小部分能为资本密集型产业所吸纳，这些部门工资水平相对较高，而未被吸纳的部分，往往滞留于相对较低工资水平的行业、企业或区域之中，甚至处于失业状态。他们在城市中建起贫民窟，形成不充分就业；在农村则形成财富没有增加或不断减少的农村阶层。城市化和过程对就业产生积极影响的过渡效应、溢出效应或联结效应，在金融抑制的国家都得不到充分明显的表现。

三、金融深化与经济增长

政府采取放松管理等促进金融深化的政策，一般会产生如下正效应：①收入效应。主要指经济单位所持有的实质货币余额不断增加，理论上讲，货币作为债务中介本来可以减少交易成本，在交易过程中减少了物物交换的成本，提高生产效率，从而引起收入的增长；与此同时，货币体系在为经济主体提供服务时要投入资金，这可以理解为负收入效应。Shaw 认为正收入效应理论上足够可以抵消负收入效应。②储蓄效应。它主要指收入效应能够促使经济主体收入水平增加，若在私人储蓄和税率不变的情况下，较多的收入水平意味着较高的私人与公共的储蓄和投资，正的实际存款利率进一步鼓励储蓄，使储蓄逐步代替财政、通货膨胀和国外资本等融资方式。③投资效应。随着金融工具的增加和深化、贷款利率的提高，信贷市场上会出现在扩展的多样化的金融市工具并促使储蓄者和投资者展开竞争，从而资金的使用得到了优化，投资的平均收益率也得到相应的较大幅度提高。④就业效应。是指在金融深化过程中，资本相对昂贵，相比之下，劳动力更为便宜，这会使生产者选择要素的密集度，从资本相对密集型转向劳动密集型企业，增加就业机会而产生就业效应。

哈罗德模型中未曾考虑金融因素，假定储蓄会自动转移到相同收益率的投资中去，若以 Q 代表产出—资本比率（为常数），y 代表实际产出（收入），K 代表实质资本存量，则简明生产函数为：

$$y = QK \tag{4.1}$$

该模型认为，储蓄（投资）倾向是收入的一个固定比率，即：

$$I = dK/dt = S \cdot y \tag{4.2}$$

将上式代入，则得到收入增长率 y'，即：

$$y' = \sigma \cdot s$$

即该收入增长率是边际产出—资本比率同边际储蓄倾向的乘积。

而在金融深化理论中，认为储蓄倾向本身是受其他金融变量（如实际利率）和收入增长率所决定的变量，即：

$$s = s(y', \rho) \tag{4.3}$$

该式中，$0 < s < 1$，$ds/dy' > 0$，$ds/d\rho > 0$。ρ 代表金融体制变革后各种

金融深化指标。这样有：

$$y' = \sigma_s(y',\rho) \tag{4.4}$$

该式包含了经济增长、金融深化和储蓄倾向因素的共同影响，如果把金融深化指标具体化，式（4.4）就可以作为计量模型的基础模型，即利用新古典生产函数对金融深化的经济增长效应进行测度和分析。

在图 4-2 中，纵轴为 σ_s，横轴代表收入增长率 y'，45°线表示 $y' = \sigma_s$ 的均衡增长。假如体制尚未变革，即存在金融抑制，金融深化有限，$\rho = \rho'$，它表示很低的负数的实际货币收益和很小的货币—收入比，函数 $\sigma_s(y',r)$ 可由 AB 线来表示，AB 与 45°线的交点 E 所决定的均衡收入增长率为 0e。若实行了金融改革，金融深化有显著成效后，ρ 由 ρ' 变为 ρ^*，储蓄倾向大为增加，储蓄函数从 AB 提高到 CD，金融改革使储蓄函数上移，斜率加大。储蓄函数的变化使均衡增长率由 E 提高到 F。这可分为两个相关的部分，EG 代表收入尚未增长之前金融改革对储蓄的刺激，而 GM 则代表收入上升到新的均衡水平时对储蓄的进一步抢劫，也称为"成长红利"。CD 的斜率比 AB 更陡，反映了货币改革金融深化后收入对储蓄倾向的影响，即一旦放松金融压制，人们持有货币的意愿会更大，从而进一步促进了经济的增长。

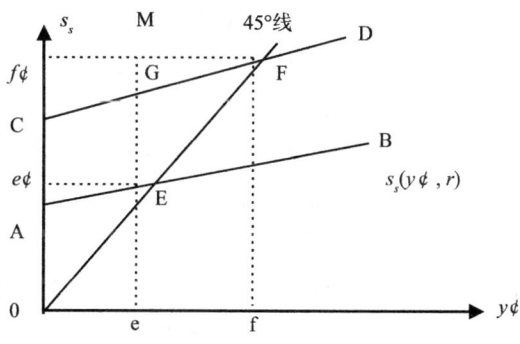

图 4-2　储蓄倾向和收入增长率

第五章 信贷配给与资本配置效率

前文分析了我国由于金融体制改革不完善与金融抑制现象形成的过程及机制，本章要分析金融抑制如何通过信贷配给均衡来影响货币供给的问题。

第一节 信贷市场及信贷配给

信贷是金融活动中不可缺少的一种重要手段和工具。信贷活动对于一个经济体来说，无论在宏观层面还是微观层面上，都有着非常重要的意义。在微观层面上，信贷市场是组织社会资本进行投资的一个很好的渠道，它能使有资源的人和能利用资源的经济主体更好地结合，避免了资源的闲置。当然，当信贷配置不合理时，投资给了一些效率低劣的经济项目，必定会浪费国家的资源。但总的来说，信贷市场在微观层面上到了组织资源的作用。在宏观层面上，信贷配置是一个国家货币政策的有效工具之一。比如我国央行经常在经济过热时采用信贷紧缩政策来使经济平衡回落。另外，信贷配置的合理与否，可能会在很多情况下影响一个国家经济金融稳定与发展，甚至在"多米诺骨牌效应"下，影响整个世界经济的稳定与发展。例如，20世纪30年代的大萧条，信贷问题或多或少起到了较大的推波助澜作用。

信贷市场与古典竞争理论所假设的标准市场有很大的不同。标准市场有两个重要特点：一方面它包括众多的买家和卖家，它们都可以买卖某种同质的商品；另一方面，买卖双方的行为几乎同时发生，即卖方交货与买方支付货款同时进行。然而，信贷市场则的交易过程完全不同。生产者要承诺未来的偿付计划而去取得当前的信贷，当然偿付的形式可以是货币或者商品。这种承诺没有一个可以准确衡量的标准，他们的必要承诺常常得不到履行[①]。对于大多数的企业家的投资来说，项目都是不同的，他们都会在申请贷款的时候体现各自的忠守与诚实。但是事实上，一方面，那些控制着现有资源的人，或是那些对当前财富有要求权的人，并不一定是最适于利用这些资源的人；另一方面，信贷的申请常常得不到满足，也即信贷超额需求是一种普遍的现象。而由于银行经营本身的特点决定了，市场利率水平一般要低于均衡水平，结果，在理想化的市场决定的利率水平上，信贷需求可能超过信贷供给。信贷市场和标准市场的供给、需求与价格决定机制不同。如果信贷市场能像标准市场一样，那么利率就将是使信贷需求与信贷供给相等的价格。也就是说，贷款资源能否实现合理配置，这与一般商品市场相比，有很大的不确定性。

由于信贷市场中道德风险和逆向选择的存在，以及金融体制中计划经济及公有制的限制，信贷市场的名义利率一般都普遍低于瓦尔拉斯均衡利率即真实均衡利率。也正因此，配给均衡成了信贷市场中交易出清的一个基本问题。

关于信贷配给研究的文献，大体可以分成两个阶段：第一个阶段的研究主要切入点是借贷市场的各种不完全性，是配给方面的早期研究；第二个阶段是以不完全信息为基础的研究，是相对较新近的文献。不完全信息被指为借贷市场的一个因素，早在20世纪70年代就有一些经济学家在信贷配给模型中应用不完全信息，之后的研究大多是建立在不完全信息理论基础上的。

早在200多年前，Smith（1776）在其代表作《国民财富的性质及原因研究》一书中，在研究有关高利贷利率上限的讨论时就提到信贷配给的概念，后来，在19世纪英国的银行与通货学派论战 Viner（1937）也在很多环节较多涉及信贷配给问题。20世纪凯恩斯在《货币论》[②]一书中对"借款人中未能满足的边缘"的讨论其实就是信贷配给的一个初步研究。

[①] 也即后文要解释的道德风险和逆向选择问题。
[②] 凯恩斯：《货币论》，麦克米伦公司，1930，中译本根据1933年版译出，何瑞英译，商务印书馆1986年版。Ⅰ：第212－213页；Ⅱ：第364－367页。

然而事实上,银行贷款过程中,贷款发放往往不能按照完全竞争市场的理想化原则进行,当年的英国就是这种情况。借款人中会往往有一些不能满足的部分,这部分的规模是有弹性的,可以扩大也可以缩小。因而,银行会通过扩张或是紧缩贷款的规模来影响投资的数量,而此时贷款人需求以及银行利率并不一定会发生变动,当然银行渠道以外的贷款数量上也可能像以前一样不变。当这种现象存在时,就会具有极大的实际重要性。

遗憾的是,凯恩斯在他后来的著作中并没有更加深入地去研究配给问题,但是在客观上,他的这些早期有关论述成为了第二次世界大战以后的货币控制理论中得到了进一步的推动,并形成"资金可获性学说"或所谓的"新主张"学说,毫无疑问,凯恩斯的早期信贷供需论述是其重要的理论来源。"资金可获性学说"主要是从宏观经济层面上展开论述,但实际上也尝试性地开创了关于信贷配给行为理论基础的微观经济文献。

后来,Stiglits and Weiss (1981)、Bester and Hellwing (1987) 对信贷配给问题研究进行了发展和完善,他们认为,由于信贷市场上信息不对称,容易导致金融市场存在道德风险和逆向选择现象。在信贷行为发生之前,借款者对自身及经营项目比银行更加了解,即他们非常清楚地知道自己的资产负债、盈利能力及违约风险大小,但银行只能通过借款者提供的资料及市场环境来分析企业的资信情况。在中国等发展中经济中,由于实际利率水平较低,信贷需求远远大于供给,面对超额的资金需求,银行在无法提高利率的情形下,银行为了降低风险,通常采用一些非利率的贷款条件使部分信贷需求退出银行借贷市场,以达到供求平衡,这一过程也即信贷配给过程。

通常情况下,如果银行等金融机构的企业管理制度完善,银行作为理性的经济人,始终会以利润最大化为原则从事经营活动,会按照降低风险和提高收益的方法提出贷款条件,如从借款人的经营规模、财务状况及过去的信用记录等方面加以限制和筛选,或者对借款人提出回存、担保、抵押等特别的要求。但是,在发展中国家,尤其是权力高度集中的决策制度中,信贷配给的原则和条件往往从"经济优化"中国转向"权力寻租",例如,银行贷款的对象往往是与银行管理决策者关系密切,或者具有利益输送关系的贷款者,而这些投资往往是低效率和高风险的。因而,信贷配给一般来说对发展中经济带来的是负面的影响。

第二节 货币经济中信贷行为与信贷配给

如图 5-1 所示,假设金融机构是独立经营的企业,在规范的市场经济环境中,按照新古典经济学假设,银行是理性经济人,追求的目标是利润最大化,我们可以利用 Hodgman(1960)模型来对信贷配给可以进行详细的解释。在这个新古典经济学模型中,信贷供给曲线分为三部分:第一部分是当利率低到一定程度,即贷款利率等于存款利率 d,在此情形下,可以视为无风险贷款[①]。在这个贷款最低利率水平下,可供贷款的数量是由金融机构的意愿决定的,贷款供给曲线是位于存款利率上的水平线;第二部分是当利率提高,超出存款利率时,贷款与利率呈现正向相关,而且,贷款规模增大的同时,违约风险也逐渐增大,贷款供给曲线斜率为正;第三部分是当利率提高到一定程度以后,这个利率理论上等于投资的平均收益率 $\bar{r}_i$,此时,由于道德风险的存在,信贷供给主体会采用"逆向选择"政策,缩小贷款规模,所以供给曲线往后弯曲。此时的信贷需求曲线是一条斜率为负的直线,利率越低,需求越大;利率越高,需求越小。假如在理想的自由市场经济中,在利率的作用下,供给主体行为随着利率的变动而自动调节至 S^*,供求量相等。然而在现实经济中,信贷供给主体因考虑"道德风险"和"逆向选择"的存在,信贷供给方往往会采用低于均衡水平的利率,而客观上也造成供给小于需求的现象。在我国利率由政府严格管制,而且低于供需均衡利率 r^* 的情况下,利率为介于 r^* 和 d 之间的水平,即 r_0。此时,信贷需求量为 D^0,信贷供给量为 S^0,供需缺口为 S^0D^0,也即信贷的超额需求。在超额需求长期存在的情况下,信贷供需只能通过配给来实现出清。

下面我们在货币经济框架内对信贷市场行为及信贷配给过程作一描述和分析。为了由浅入深,我们考察信贷市场从只有信贷供给主体及信贷需求主体的情形开始。

[①] 此时,信贷供给主体只会对风险为 0 的需求者提供信贷。因为只要有风险存在的情况下,供给主体就会考虑提高利率,或者干脆把信贷资金以存款利率存入其他金融机构。

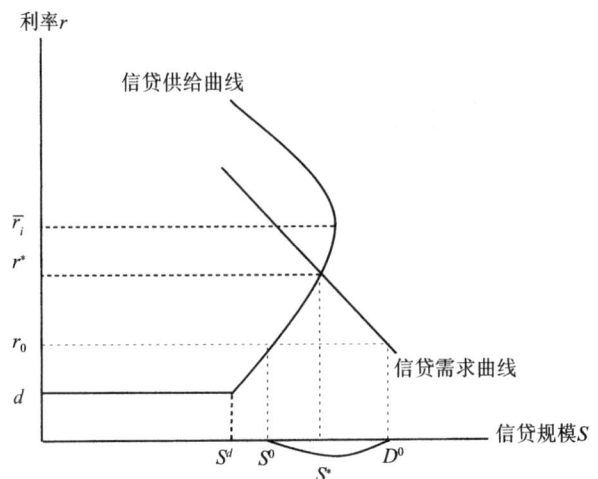

图 5-1 信贷供需曲线与配给

假设在我们所考察的时期内存在 l 种信贷商品交易市场。在每一个市场中（记作 $h=1,\ldots,l$），信贷商品的价格即本金加利率为 p_h。称 p 为由上述价格所构成的 l 维向量。为简化起见，我们只考虑一个纯交换经济。该经济中有 m 个信贷供给主体，记作 $i=1,\ldots,m$；同时有 n 个信贷需求主体，记作 $j=1,\ldots,n$。

考察市场 h 中的信贷供给主体 i，他能够供给的信贷商品数量为 $s_{ih}>0$；市场中的信贷需求主体 j，他可能需要的信贷商品的数量为 $d_{jh}>0$。

在瓦尔拉均衡市场中，信贷商品的利率作为供求相等时的价格，起着重要的调节作用。经过交易，供给主体和需求主体最后都得到了满足，市场完全自动出清。其均衡条件为：

$$\tilde{S}_{ih} = \sum_{i=1}^{m} s_{ih}(h=1,\ldots,l) \tag{5.1}$$

$$\tilde{D}_{jh} = \sum_{i=1}^{n} d_{jh}(h=1,\ldots,l) \tag{5.2}$$

$$E = \tilde{S}_{ih} - \tilde{D}_{jh} = 0(i=1,\ldots,m;j=1,\ldots,n;h=1,\ldots,l) \tag{5.3}$$

然而，正如上文所言，信贷市场并非像标准市场一样，瓦尔拉斯均衡是其常态。而由于金融体制及货币信贷行为本身的特点，决定了信贷商品市场往往是非自动出清市场。尤其是在大多数发展中国家，由于金融不够发达，金融抑制现象普遍，利率被人为地强制在均衡利率水平之下，信贷市场往往供不应求。在这种市场上，靠市场本身不能完全出清，所以客观上存在配给行为。

在非出清市场中，各方主体必须遵循非瓦尔拉斯均衡。因此，我们有必要对一些重要的概念做出区分，即需求、供给与实际达成的交易，此时，需求和供给在没有达成最终交易之前仅仅是一种意愿，我们将需求愿望和供给愿望分别记为 $\tilde{S}_{ih}$ 和 $\tilde{D}_{jh}$，表示各信贷供给主体和需求主体在交易发生之前向市场（即其他经济主体）传递的一种数量和价格的联合信号。需求或者供给近似等于经济主体在各个市场中所希望的交易量，因而在某一特定市场中并不必然匹配相等。实际做成的交易即信贷商品的购买或销售，分别记作 S_{ih}^{*} 和 D_{jh}^{*}，在各个市场上必然相等：

$$\sum_{i=1}^{m} S_{ih}^{*} = \sum_{j=1}^{n} D_{jh}^{*}, \forall h \qquad (5.4)$$

事实上，不管信贷需求和信贷供给集合是否匹配，经过交易过程最终必将产生一个供求相等交易结果。在价格固定的情形下[①]，相应的配给现象普遍存在。诸如政府统一配给、排队等候、某些特权主体获得优先权或是政府统一按比例配给，不同的配给行为取决于不同时期的经济体制特征及各个市场的特定组织结构。

在信贷超额需求普遍存在的体制环境中，配给是非瓦尔拉斯均衡所必需的决策机制，需求者往往以排队的形式获得供给，需求者按照预先确定的顺序排队，并按这个顺序得到配给。在 n 个需求者中，按照设计好的次序 $j=1,\ldots,n-1,n$ 排列，各自的需求意愿分别为 $\tilde{d}_{jh}$。当轮到需求者 i 时，其能够获得的最大数量为位于其前列的需求者（即经济主体 $j<n$）选择后剩余量，即：

$$\tilde{S}_{ih} - \sum_{j<n} d_{jh}^{*} = \max(0, \tilde{S}_{ih} - \sum_{j<n} \tilde{d}_{jh}) \qquad (5.5)$$

其获得信贷数量为该数量的最小值，即为

$$d_{jh}^{*} = \min[\tilde{d}_{jh}, \max(0, \tilde{S}_{ih} - \sum_{j<n} \tilde{d}_{jh})] \qquad (5.6)$$

对于信贷供给者而言，贷款数量为其供给和总需求间的最小值：

---

① 此处是指金融不发达国家所表现的金融抑制现象，像我国利率长期处于管制状态，信贷价格并不能体现供求关系，信贷利率低于供求均衡水平。

$$s_{ih}^* = \min(\tilde{s}_{ih}, \sum_{j=1}^{n} \tilde{d}_{jh}) \qquad (5.7)$$

显然，在市场 h 中，无论需求和供给为多少，总购买量总是等于总销售量。

配给计划一般都需要满足三个重要特征：自主交易、市场效率及不可操控性。信贷市场中的配给行为也同样具有这三个重要特征。

自主交易是指经济主体的行为是自由的，不存在强制。也就是说没有哪个贷款主体被迫接受超出其所需求的信贷商品的数量，或者借款主体贷出大于其所能供给的信贷商品数量，数学表达式为：

$$d_{jh}^* \leq \tilde{d}_{jh}, s_{ih}^* \leq \tilde{s}_{ih}, \forall i, \forall j, h = 1, \ldots, l_{\circ} \qquad (5.8)$$

市场效率的含义是指所有对双方有利的交易都能做成，或者可以说是市场中不存在摩擦。它隐含的深层含义是，如果没有一个受配给的需求者和一个受配给的供给者同时在一个相应的市场中的话，那么配给计划就可能实现，或者说是有效率的，或无摩擦的。

不可操控性是这样一种情况：即如果一个经济主体一旦受到配给，那么，他就不能通过增加其需求或供给来提高其交易量，也就是说必须满足下列条件：

$$d_{jh}^* = \min(\tilde{d}_{jh}, \overline{d}_{jh}) \qquad (5.9)$$

$$\overline{d}_{jh} = \max(0, \tilde{S}_{ih} - \sum_{j<n} d_{jh}^*) \qquad (5.10)$$

其中 $\overline{d}_{jh}$ 为预见到的约束，也即贷款主体 j 在市场 h 中除了价格 p_h 之外，所接受到的数量信号。

$$E = \tilde{S}_{ih} - \tilde{D}_{jh} < 0 (i = 1, \ldots, m; j = 1, \ldots, n; h = 1, \ldots, l) \qquad (5.11)$$

式（5.9）、式（5.10）和式（5.11）共同构成信贷配给一般均衡的过程描述函数。

第三节　配给的种类及体制性配给

通过上文描述与分析，容易理解，信贷配给的含义可以表述为：信贷配给主要是由于信贷供给者所提供的贷款利率低于市场出清利率,即非瓦尔拉市场均衡利率,导致信贷需求者对贷款的需求数量超出甚至严重超出均衡需求水平,这些超出的部分被称为超额需求。根据对超额需求的定义①,超额需求现象延续时间的长短,以及导致贷款利率低于均衡利率的各种因素,我们可以对信贷配给划分为很多种类型。有关配给类型的标准不一,划分的结果也有很大送别,在很多文献中容易出现一些混乱。因此,下面列出几个常见的信贷配给定义,并做出一些解释。

1. 利率配给。是指信贷需求方在供给方提供的贷款利率水平下可以得到贷款,但数量上并不能得到所需要的额度。要想得到更大规模的贷款,需求方必须支付更高的利率。这里描述的是标准的价格配给,与本论文讨论的信贷配给并无太大关系。在这种配给情形下,只要需求者愿意提高利率,则可以得到更大规模的贷款。当然,由于贷款规模越大,违约概率就会越高。在很多货币经济学文献中都假设存在一个需求者在一个固定的利息率上可以任意借款的市场②。这当然并不符合现实。

2. 见解分歧配给。是指一些信贷需求者没办法在他们能接受的利息率水平上获得贷款,虽然他们认为这个利率水平和自己违约的可能性相当。在此配给情形下,信贷供给者普遍认为需求者所能承担的利息率与其违约风险不匹配,或者说他们认为需求者可接受的利率固定不变,供给者不愿在此水平上发放贷款。举例来说,假如,国债利率为8%,信贷供给部门利率也是8%,那么,对于绝大多数信贷需求者来说,既不愿意支付更高的利率,又要想得到贷款,那只能"排队等候"了,因为需求者都存在经营风险,而且在供给方看来,风险程度不一,需要按照违约风险的情况进行配给。

3. 红线注销性配给。即指信贷供给者按照风险等级的划分,对那些被认为风险等级很高的人,以红线注销的形式圈定,即使需求者愿意支付很高的利率,供给者都拒绝提供贷款的一种配给行为。但这里是根据客观情况进行风险等级的划分,而非一种歧视行为。

4. 纯粹信贷配给。它是指在同一利率下,一部分信贷需求者能得到贷款,而各方面条件明显相同的另一部分需求者想以完全相同条件申请借款

---

① 超额需求就是指市场需求大于供给部分的需求。
② 见 Stigler,1967 和 Stiglitz,1970。

却得不到贷款。

以上几种配给类型，都是资本主义国家的经济学家以西方自由市场经济为默认条件进行划分的类型。大多数经济学家在解释信贷配给定义的时候并未考虑政府在经济主体行为过程中所产生的作用，而只是关注经济主体的微观行为，是信贷供给主体自愿把利率控制在均衡利率以下而造成的信贷配给，所以可以把这类配给称为均衡信贷配给。而事实上，在广大发展中国家，金融市场不发达，利率完全不能或某种程度上不能自由化，也就是金融深化理论中所指出的金融抑制现象普遍存在。在这种条件下所产生的信贷配给并不属于以上几种类型，尤其在我国，经济体制脱胎于半封建半殖民地社会，并在社会主义国家前苏联的模仿下建立一系列相关金融制度。商业银行对贷款利息率由于利率管制等原因不能做出相应的调整，因而贷款利率的筛选机制不能有效率地运行，而且名义利率低于市场机制主导下形成的均衡利率，导致信贷市场上出现贷款供给显著小于贷款需求的局面；同时，一般商业银行的利益得不到充分的保障，并非形成真正意义上的利益主体，企业的融资行为与其贷款的数量不能根据融资项目的质量来确定，而是要靠它与融资企业的关系来确定。所以这种制度下产生的信贷配给带有其他国家所不具备的深深的体制烙印，不能简单地用以往现成的配给理论进行解释。由于在这种制度下信贷供给主体并非自愿地把利率确定在均衡利率以下，而具有政府强制所造成的体制约束，作者把它称之为非均衡信贷配给。

需要重点说明的是，我国部分学者对银行行为尤其是信贷配给的研究都是以利率自由化为前提进行的，这是一个错误的假设，在这种假设前提下必然会应用不符合中国实际情况的理论模型，推导结果也必然是不能正确解释中国的经济现象。这可能是理论研究界缺乏对国家有关金融监管规章制度的了解以及信贷管理的相关工作经验有关。实际上，我国金融体制自建立至今一直沿用利率管制政策，根据中国人民银行1990年制定的《利率管理暂行规定》及1999年制定的《人民币利率管理规定》，贷款利率只能由央行决定并且所有金融机构实行统一的固定利率。1998年开始，央行通知各金融机构贷款利率可以在贷款基准利率10%至30%内浮动，货币当局开始进行利率市场化改革，但是，经历了近20年的改革，利率管理受国际国内形势的影响，仍然带有管制利率的特征，信贷利率不可能客观反映信贷供给与需求的变化。有关统计数据显示，信贷增幅势头不减，说明信贷超额需求客观存在，信贷配给也客观存在，在某种意义上也可以说明金融抑制客观存在。因此，在利率管制、金融抑制前提下用自由金融制度理论来研究显然不能很好地解释。

国内部分学者研究了我国信贷市场的配给行为，他们普遍认为，我国商业银行的信贷配给是典型的关系型信贷配给行为。例如，蓝虹和张晓华（2005）、穆争社（2005）的研究发现，关系型信贷配给存在时，商业银行与融资企业的合作选择会考虑两个方面：一方面会考虑融资企业的项目质量，即它可以决定贷款后银行所能获得的预期利润；另一方面会更多地从他们自身与企业的决策者的私人关系角度来考虑，甚至被政策性安排或者"灰色收入"等非正常的市场因素所左右，这个过程被管理学称作为"相机抉择"，即通过利用手中掌握的信贷配给的权力来牟取利益，而且这种选择是以非生产性为目的的寻租，将信贷资源配置给少数进入其信贷关系网内的融资企业，实现其寻租收入最大化目标，处于信贷关系网之外的许多融资企业，即使有着良好的信誉和企业经营状况也无法获得信贷资源，或少数进入其信贷关系网内的融资企业，即使有不能偿还贷款的风险，也能在资金需求上得到部分满足。这些研究对近几十年来我国信贷配给的现象及产生过程做了较为清晰的解释，但并未对产生配给的根本原因进行深入的研究。作为微观经济主体信贷需求者的行为是一样的，同样在货币经济制度下行事，主要不同的是国家经济体制。与自由金融制度国家相比，我国金融制度的特点之一就是计划经济性质。新中国成立以来，我国一直实行的利率、汇率及信贷的管制，甚至是严格的管制制度，其目的是要在落后的经济基础上建立一个强大的工业国家，在积累和消费关系的处理上需要进行强制性的积累，资本主义国家政府通过金融征取"铸币税"，而我国作为社会主义国家不仅仅是"铸币税"范畴，其实质就是通过金融系统获取全国的"金融剩余"，客观上很好地支撑起了发展国民经济的需要。近四十年来，随着改革开放和社会主义市场经济体制的逐步建立，尤其是在2001年中国加入了WTO，政府对利率以及汇率进行了相应的市场化改革，但受条件影响及在世界金融风险性环境下自我保护的需要，金融管制还是带有明显的计划经济的特征。我国金融制度的特点之二就是公有制经济仍然占据主体地位。我国国体是社会主义，社会主义的一个重要特点就是公有制，尤其是有关国计民生的重要行业，公有制不会改变。虽然近年来民营金融外资金融机构及业务不断渗入，四大国有银行也在进行股份制改造，但至少公有制经济下的行为习惯没有改变，银行高级官员的任命制度并没有规范到公司管理制度上来，其经营目标及利益分配制度也没有改变。概而言之，计划经济和公有制仍然是我国金融机构及其行为方式的决定性因素。容易理解，在我国计划经济体制中，商品价格由政府当局制定，并不能客观地反映供给与需求，在利率长期固定在均衡利率以下时，超额需求将长期存在，这正是信贷配给长期存在的根本原因。同时，在公有制经济中，由于产权制度不明，金融企业的经营目标不明确，"赚钱归公，亏不损己"的利润分配制度不但让员工没有经营积极性，更为企业管理阶层"寻租"行为创造了体制条件。这可以作为"关系型信贷配给"的更为深入和合理的演绎，应当是我国信贷配给的实质内容。作者把它称为"体制性信贷配给"。

体制性信贷配给与其他各种类型是有本质区别的：首先，体制性信贷配给是一种"委托—代理关系"的配给，国家是国有金融资产的所有者，是委托人；而本研究中所说的信贷供给主体是信贷资产的支配和经营者，是代理人。在这体制条件下：①信贷供需主体之间存在经济创租机制。我国在金融制度不够发达和完善的时候，政府对金融活动有严格的管制但在金融战略导向、决策制定等方面具有市场所不具备的调控功能，但是政府在实现这些功能的过程中，却面临着"政府失灵"的问题，其主要标志之一是政府过多干预经济活动导致创租机制的形成，如信贷供给的垄断。②一般利益主体都具备以理性经济人特征。信贷需求主体大多是理性的经济人[①]，他们在进行有关决策时，普遍谋求自身利益最大化，当然寻租成了他们利益最大化的最直接手段。③存在给租者，即那些为了获取信贷支持愿意行贿的信贷需求者。④寻租成本远远小于寻租所得。信贷需求者为了获取信贷资源，对信贷供给方进行游说而产生的费用、行贿的付出、花费的时间精力等，这些都是寻租的直接成本；此外，还包括一些心理成本，可能违法而招致的惩罚等，这些是寻租的间接成本。寻租所得也包括

---

① 不管在私有企业还是在国有企业，都存在这种现象。私有企业主作为信贷需求主体时，一定是个理性的经济人；而国有企业的经营者也和信贷供给主体一样，因为委托—代理关系的存在，他们也会进行给租和创租行为。

各种成分,如直接的经济实惠、拥有某种特权、达到驱除竞争对手的目的等。以上条件的具备,使得"寻租"成了信贷体制性配给的最重要的特征。其次,体制性信贷配给还有另外一个特征,那就是信贷供给主体不以其利润最大化为前提,而是以个人利益最大化为最终目标。与此相反,一般性信贷配给是在私有制为基础的自由市场经济条件下形成的,信贷供给者是为了避免道德风险和逆向选择而采取的理性的经济人行为。由于体制性信贷配给的特征,它所产生的效应是与一般信贷配给所产生的效应机制是不一样的。

第四节 体制性配给与逆向选择效应

商业银行一旦存在一定程度的信贷配给,往往会致使信贷需求者的"逆向选择"行为增加,换句话说,一些风险低而质量高也即投资回报率高的融资项目或企业将慢慢地被挤出信贷市场,同时,另外一些风险高而质量低的企业或项目成为信贷市场的活跃者,因而贷款的平均质量出现显著下降。引起的结果便是降低了信贷资源的使用效率,融资企业或者那些提供信贷资源的商业银行,他们的生产性利润也会下降,从而引致"道德风险",贷款的风险程度上升。体制性信贷配给能够给我国商业银行的经营者带来寻租机会,增加其收入。因此,我国商业银行的经营者为了实现其寻租收入最大化目标,其最优行为选择不是尽快强化其信贷配给,缩小信贷关系网,而是倾向于扩大其关系网,弱化其信贷配给的能力,将更多的融资企业纳入其信贷配给范围,但这需要以信贷资源的大量增加为前提,并为此承担一定量的成本,在扩大信贷关系网过程中增加了信贷成本,而且,我国商业银行的经营者与新进入信贷关系网中的融资企业之间的往往是信息非对称的,使我国商业银行损失扩大。因此,我国商业银行的经营者扩展信贷关系网的速度取决于其降低非对称信息的能力。

在体制性配给前提下,由于"寻租"行为普遍存在,信贷供给主体[①]

[①] 指国有的提供信贷产品的金融机构。

经营者往往不是根据企业利润最大化来决策，而是根据个人收益及风险情况来决定信贷行为。其净收益函数为：

$$\Phi = \phi(B) - \varphi(B) \tag{5.12}$$

其中，$\phi(B)$是经营者的收益函数，也即"经济租金"函数，$\varphi(B)$为经营者的风险函数，都是以贷款规模B为自变量。信贷供给主体的经营都要考虑每发放一笔贷款能给自己带来的收益，即"经济租金"，同时也要考虑可能带来的风险。其净收益的一阶条件是：

$$\phi'(B) - \varphi'(B) = 0 \tag{5.13}$$

参照Stiglitz和Weiss（1981）对借款人的收益函数的研究。我们对信贷需求主体的收益函数进行修正，在不存在"寻租"的体制环境里，需求的收益函数为：

$$\pi = \max\{0, \psi(B) - (1+r)B\} \tag{5.14}$$

而在有体制约束的条件下，需求主体为了获得信贷资金，需求支付$\phi(B)$的"经济租金"，于是收益函数改变为：

$$\pi = \max\{0, \psi(B) - (1+r)B - \phi(B)\} \tag{5.15}$$

其中，$\psi(B)$为企业利用信贷B所获得的收益，$\phi(B)$即需求主体所支付给供给主体的"经济租金"，需要说明一点，典型的企业是有限责任公司，故此处，我们以有限责任公司为例，由于有限责任自身的原因，借款人可能获得的最低收益为零。这在理论上是一个凸函数。我们可以分三个步骤进行分析：

（1）企业利润函数具有凸性特征，也即意味着借款人收益的风险越高，其预期利润越高。我们用θ表示企业项目的风险性，θ取值越高，则表明风险越大。如果风险不能明确的贷款人，可以称作是"中性"的借款人，必须自身有某个固定金额的股本e_0，那么，在满足如下不等式时，项目就能够得以进行：

$$E\pi > e_0(1+\delta) + \phi(B) \tag{5.16}$$

由于预期利润由项目的风险决定，因而存在这样一个风险水平θ'，当企业的$\theta > \theta'$时就可以进行投资，而其他企业则不能。我们在下图中把$E\pi - e_0(1+\delta)$及$E\pi - e_0(1+\delta) - \phi(B)$分别描绘成$\theta$的函数。

（2）由于体制原因，需求主体要想获得信贷资金，必须无偿支付给供给主体"经济租金"，降低使所有信贷使用者的预期利润。企业的预期利润曲线向下移动，意味着 θ 的临界值提高了，因而可以理解为有贷款需求的企业变少了。同时，那些最安全的企业退出市场，它们的 θ 值最低。这就是逆向选择效应。

（3）贷款人预期收益出现负面效应。因为贷款人收益函数具有凸性特征，因而 θ 值越高，贷款人根据成本收益核算，理论预期收益必然减少；假设给定类别中所有项目具有相同的理论预期收益，那么这样的结论肯定是成立的。假如信贷需求者对高风险项目的预期收益越高，那么信贷供给者的预期收益必然会更低。因此，容易理解，当一个企业需要支付额外的"经济租金"时，预期的总收益，可以理解为全部贷款申请的平均值，可能增加也可能减少。当风险较小而预期收益较高的企业①退出市场时，就会存在一种正向的直接效应，以及一种负向的逆向选择效应。

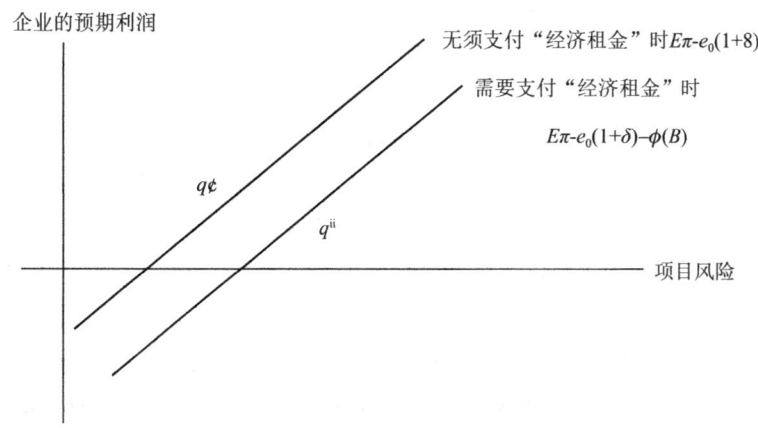

图 5-2 "经济租金"对企业获得信贷决策的影响

由于逆向选择效应的存在，体制性信贷配给的直接后果是信贷需求主体的风险行为增加，好的或者说是低风险的企业不断退出信贷市场，而留下一些效益差的企业，对整个信贷货币创造过程都将存在直接的影响，将在下文中予以分析。

---

① 即有着最低 q 值的借款人。

第五节 体制性配给的逆向激励效应

如上所述,当"寻租"行为存在时,信贷需求主体会从事更具风险的项目。此时,那寻租会对这些主体产生一定的激励效应,我们把这种情形称为逆向激励效应。当然,信贷供给主体与需求主体的分割性质,加上各种信息不对称,即使他们会设法去直接控制需求主体的行为,但不难想象,监控成本很高,也很难有完善的监控机制,效果肯定不会很好。因此,贷款人必然采用间接控制机制。换句话说,供给主体明确知道,需求主体行为由于受到包括利率在内的合约条款的影响,并且需求主体要支付额外的"经济租金",需求主体的成本提高了,供给主体所需要承担的风险也提高了。

逆向选择效应是针对两个不同需求主体[①]而言的,也就是说对于两个不同的信贷需求者,由于体制条件的存在,信贷供给主体的寻租行为导致风险低的需求者退出借贷市场而风险相对较高的需求者占据市场的情况。而逆向激励效应则是针对同一个需求者内部的经济行为:当需要支付"经济租金"获得贷款后,需求主体,当然一般是指企业,更加愿意从事风险更高的投资。假如需求者也即企业有两个项目 a 和 b。企业从事项目 i($=a$ 或者 b)的净预期收益为 $P^i\psi(B)-(1+r)B+\varphi(B)$。其中 $(1+r)B+\phi(B)$ 是获得信贷资金成本因子,以 R 表示。净收益函数随着 R 的升高而下降。

图 5-3 可以描述该需求主体企业的预期收益与信贷资金获得成本的关系,其中预期收益函数的斜率为 $-P^iB$。当资金成本的影响因子升高时,安全的项目即那些风险较小经营良好的项目的收益下降得多一些,因为该项目需要承诺利率的可能性更大。而那些预期收益最高的项目往往成为需求主体企业。从下图不难看出,当计划经济和公有制存在时,寻租行为不可避免,而当资金成本因子 $R>R^*$,企业一定会选择选择风险较大的项目进行投资。这就是逆向激励机制产生的原理。

---

① 一般是企业行为。

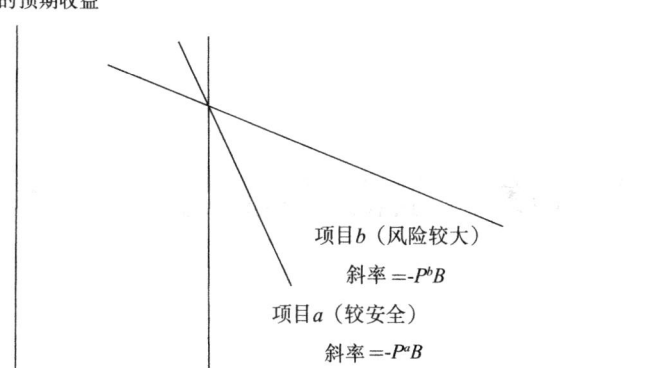

图 5-3 信贷体制性配给的逆向激励效应

从以上的分析不难看出,对于同一个企业,在体制性配给条件下,企业由于获得资金成本因子增高,往往会投资于高风险项目,同时偿还信贷能力会降低,此时容易造成信贷资金不能得到有效利用而"沉淀"下来,这对货币乘数有着直接的影响。

第六章 金融抑制与信用创造

第一节 货币供给过程与货币乘数

新古典宏观经济学之所以成为当代经济学主流理论而一直无法被替代,因为它有非常贴近事实的三大假设,即理性经济人、资源的自然稀缺性及市场出清。在经济现实中,经济主体总是依据其效用、产量或者利润最大化进行决策的,而且在决策过程中一定是在某种条件的约束之下。因此,值得一提的是,人们必须明确对不同经济主体的约束各自具有怎样的选择可能性,也就是考虑所有资源都具有稀缺性的特点。然后,才可能对经济主体的决策过程进行分析,在此基础上考察各种因素的影响。在宏观金融活动对经济的影响分析时,货币的供给往往是经济分析的基本约束条件,这种约束习惯上称作"平衡表约束",它以资产项目和负债项目相对应的平衡表形式表明了经济主体的资产存量。原则上平衡表是一个表示约束性质的等式,其各个组成部分改变的过程中,总额是不能任意变动的。

如下是一个封闭经济中的基础模型,即模型没有考虑经济主体在国外的经济活动。此模型涉及三个领域,即中央银行、商业银行和公众。根据货币供给最窄的定义,货币由中央银行的即期债务构成。中央银行的即期债务主要包括公众手中的现金(C)和商业银行的准备金(R)两个部分。因此,中央银行货币即基础货币(B)如下定义:

$$B = C + R \tag{6.1}$$

公众手中的现金有两类,一类是硬币另一类是纸质钞票。商业银行准备金主要包括商业银行占有的硬币、钞票,另外还有商业银行在中央银行的即期存款。这笔存款的大部分是与法定最低准备义务有关的最低准备金,因此不能作为货币供给提供给经济活动使用。

另外,按照上文所述,完全满足支付手段功能的货币主要指公众手中的现金和他们在银行的即期存款(D),也即转账货币之和。这个较窄定义的货币量又被称作 M_1:

$$M_1 = C + D \tag{6.2}$$

其他货币定义,除即期存款外,还包括各种形式的定期存款。它们被分别界定为 M_2, M_3, M_4 等不同的集合,其区别主要在于存款的期限和存款机构。在联邦德国,对联邦中央银行而言,除使用中央银行货币和 M_1 的定义外,也使用 M_2 和 M_3 的定义。M_2 包括 M_1 和四年以下的定期存款:

$$M_2 = C + D + T \tag{6.3}$$

M_3 由 M_2 和带有法定解约期限的储蓄存款(S)组成:

$$M_3 = C + D + T + S \tag{6.4}$$

中央银行的平衡表,在最简化的形式上,如图 6-1 所示。

中央银行

资产		负债	
政府债券	S^z	现金	C
贴现贷款	F	准备金	R

图 6-1 中央银行的资产负债构成

因此对中央银行有下面的平衡表等式:

$$S^z + F = C + R \tag{6.5}$$

等式(6.5)左边表示基础货币各个部分的产生,右边表示已创造出来的基础货币的使用。

商业银行简化了的平衡表,如图 6-2 所示。

商业银行体系的平衡表等式是:

$$R + S^b + K^b = D + T + F \tag{6.6}$$

图 6-3 的平衡表包括了公众最重要的资产和负债项目。

商业银行

资产		负债	
准备金	R	即期存款	D
政府债券	S^b	定期存款	T
贷款	K^b	贴现贷款	F

图6-2 商业银行的资产负债表

公众

资产		负债	
现金	C	贷款	K^p
即期存款	D	净资产	V
定期存款	T		
政府债券	S^p		
实物资本	X		

图6-3 公众的资产负债表

所以有：

$$C + D + T + S^p + X = K^p + V \tag{6.7}$$

中央银行提供的基础货币数量形成了商业银行存款创造和信贷创造的基础。不仅宏观经济货币总供给量——它可以是 M_1、M_2 或 M_3，而且银行的信贷供给量也依赖于基础货币量的供给规模。因此，下列关系是成立的：

$$M = f(B) \tag{6.8}$$

这里，$\frac{dM}{dB} > 0$，乘数理论扼要地表述了任一货币集合 M_X 与基础货币量之间的关系。按照乘数理论，只要利息率或成本参数没有使其他的资产结构显得更为有利，那么不仅公众，而且商业银行也会始终按照一个与即期存款的固定比例，变动自己平衡表中的某些项目。

在以上关于比例性的假定中，现金系数 c 是这样被定义的：

$$c = \frac{C}{D} \quad (0 < c < 1) \tag{6.9}$$

因此，现金和即期存款之间的关系是：

$$C = c \cdot D \tag{6.10}$$

如果把商业银行的准备金 R 看作是准备率 r 的结果,并且总存款也被定义为即期存款与定期存款之和,那么,商业银行准备金和存款之间的关系就是:

$$R = r \cdot (D + T) \tag{6.11}$$

注意:平均准备率 r 可分解为平均最低准备率 r^r 和平均超额准备率 r^u,即 $r = r^r + r^u$。

定期存款系数 t 可以表示为:

$$t = \frac{T}{D} \quad (0 < t < 1) \tag{6.12}$$

因此定期存款和即期存款之间的关系可表示为:

$$T = t \cdot D \tag{6.13}$$

将式(6.2)、式(6.3)、式(6.4)代入式(6.1),得到基础货币量和即期存款额之间的比例关系:

$$B = [c + r \cdot (1 + t)] \cdot D \tag{6.14}$$

将式(6.14)代入式(6.2),得到货币量 M_1 与即期存款额之间的关系:

$$M_1 = (1 + c) \cdot D \tag{6.15}$$

由上面几个式子经简化代入式(6.3),得到货币量 M_2 与即期存款额之间的关系:

$$M_2 = (1 + c + t) \cdot D \tag{6.16}$$

从式(6.2)和式(6.14)导出 M_1 和 B 之间的联系如下:

$$M_1 = \frac{1 + c}{c + r \cdot (1 + t)} \cdot B \tag{6.17}$$

从式(6.3)和式(6.17)导出 M_2 和 B 之间的联系如下:

$$M_2 = \frac{1 + c + t}{c + r \cdot (1 + t)} \cdot B \tag{6.18}$$

商业银行既向私人提供贷款 K^b,也向公共财政提供贷款 S^b。把这两项合并为商业银行提供的贷款 KS^b,并把与银行吸收的即期和定期存款之和相比,其结果为信贷供给系数 k,$k = \frac{KS^b}{D + T}$。因此,商业银行信贷供给量和即期存款额之间的关系是:

$$KS^b = k \cdot (1 + t) \cdot D \tag{6.19}$$

将式（6.19）变形和代入式（6.15），有：

$$KS^b = \frac{k \cdot (1+t)}{c + r \cdot (1+t)} \cdot B \qquad (6.20)$$

式（6.4）的商，即 $\frac{1+c}{c + r \cdot (1+t)}$ 是 M_1 货币创造乘数 m_1；式（6.6）的商，即 $\frac{1+c+t}{c + r \cdot (1+t)}$ 是 M_2 货币创造乘数 m_2；式（6.7）中的商，即 $\frac{k \cdot (1+t)}{c + r \cdot (1+t)}$ 是银行体系的信贷创造乘数 b。

第二节 体制性配给与货币乘数

根据上文求出的货币供给乘数公式，结合本章对信贷体制性配给的特点及效应，我们可以说明我国最近几十年来货币供给量快速增长的原因。已知 $0 < c, t, r < 1; B > 0$

$$M_2 = \frac{1+c+t}{c + r \cdot (1+t)} \cdot B \qquad (6.21)$$

则

$$\frac{\partial M_2}{\partial c} = \frac{B(c+r+rt) - B(1+c+t)}{(c+r+rt)^2} \qquad (6.22)$$

$$= \frac{B(r+rt-1-t)}{(c+r+rt)^2}$$

$$= \frac{B(r-1)(1+t)}{(c+r+rt)^2}$$

因为 $r - 1 < 0$，所以 $\frac{\partial M_2}{\partial c} < 0$，也就是说，假设在其他条件不变的条件下，广义货币乘数与现金系数呈反方向变动。在信贷体制性配给的条件下，由于逆向选择效应与逆向激励机制的存在，现金系数不断趋小，因而广义货币乘数有不断扩大的趋势，这也正是中国快速货币化的根源所在。同理：

$$\frac{\partial M_2}{\partial t} = \frac{B(c+r+rt) - B(1+c+t)r}{(c+r+rt)^2} \qquad (6.23)$$

$$= \frac{Bc + rB + Brt - Br - Bcr - Brt}{(c + r + rt)^2}$$

$$= \frac{Bc(1 - r)}{(c + r + rt)^2}$$

因为 $1 - r > 0$，所以，$\frac{\partial M_2}{\partial t} > 0$，也就是说，假设在其他条件不变的条件下，广义货币乘数与定期存款系数呈同方向变动。在信贷体制性配给的条件下，由于逆向选择效应与逆向激励机制的存在，定期存款系数不断趋大，因而广义货币乘数有不断扩大的趋势，这是中国快速货币化的另一个根本原因。

又已知 $0 < c, t, r < 1; B > 0$

$$M_1 = \frac{1 + c}{c + r \cdot (1 + t)} \cdot B$$

则：

$$\frac{\partial M_1}{\partial t} = \frac{-B(1 + c)r}{(c + r + rt)^2} < 0$$

可知，狭义货币量乘数与定期存款系数呈反方向变动。在信贷体制性配给的条件下，由于逆向选择效应与逆向激励机制的存在，定期存款系数不断趋大，因而狭义货币乘数有不断缩小的力量，这是中国货币化指数"剪刀差"形成的重要原因。

$$\frac{\partial M_1}{\partial c} = \frac{B(1 + r + rt) - B(1 + c)}{(c + r + rt)^2} \quad (6.24)$$

$$= \frac{Bc + Br + Brt - B - Bc}{(c + r + rt)^2}$$

$$= \frac{B(t + rt - 1)}{(c + r + rt)^2}$$

在此很难判断 $\frac{\partial M_1}{\partial c}$ 的符号，因而也不能判断现金系数变化对狭义货币乘数的影响。

引起上述现象的深层原因，本研究认为是金融体系中的体制性配给问题较为严重，导致金融发展过程中伴随货币产出效率的下降：一方面，1978年以来，改革开放带来了经济的高速度增长，同时国家鼓励收入分配改革，由原来的一切公有转向个人倾斜，但是，经济改革过程中金融市场改革相对滞后，投资渠道单一，有多余的闲散资金一般都是通过银行储蓄的方式进行投资，而且收益率一直不能令人满意，居民选择金融资产进行投资的时候由于没有太多的余地，使得居民储蓄存款（活期）增长很快，改革初期几乎占广义货币供给即 M_2 的一半以上，收入分配方式的改革和金融投资领域改革的滞后使经济的货币化率大大提高。而在很长的一段时间，金融结构与经济结构的二元结构并行，即金融市场导致的投资渠道限制和城乡二元经济结构同时存在的情况下，广义货币 M_2 快速增长，政府与金融、政府与企业和金融与企业有着千丝万缕的关系，而且长时间没有得到理顺，大量储蓄增长往往被用于了支持国有经济发展，而这些企业往往是产出效率低下的生产主体，形成广义货币 M_2 和信贷资金 L 支撑起持续走高的金融相关比率，由此会产生巨额的银行不良资产，从而导致货币流动性降低，金融效率下降。另一方面，中国的证券市场的发育一直相对滞后，1990 年成立的深圳证券交易所和上海证券交易所自成立之初衷便是为了振兴经济，带有较重的政府推动和计划的性质，因而缺乏自我的市场理性，是政府推动的企业融资手段的替代性发展。由于中国股市的发展滞后性及不完善，在实践中没有能够发挥有效地促进宏观经济增长的应有的效应。甚至有人认为，在众多产权不清晰、公司治理结构不完善的情况下，某种意义上说，股市成为"圈钱"的有用工具，政府用托市兜底等手段，对股市进行控制和刺激，形成大户坐庄小股民跟风等相关现象。而在实质上，导致金融工具的增长并不是经济增长自身的客观需求，而很多时候是脱离经济规律的主观行为。

第三节　信贷配给与货币供给模型

通过上述分析，本研究可以建立一个分析框架。为了分析方便，我们舍象掉中央银行贴现及再贷款等行为对基础货币量供给的影响，而仅仅考虑公众、商业银行与中央银行之间的关系所形成的货币供给机制。

在公众方面，货币—信贷供给过程是被现金持有系数 c 和定期存款系数 t 决定的。公众手中的货币在现金和即期存款之间的分配比例，主要依赖于定期存款利息率 i_T，$i_T = i_T(i_k)$，以及收入 Y：
$$c = c(i_T, Y) \qquad (6.25)$$

其中，$\dfrac{\partial c}{\partial i_T} > 0$；$\dfrac{\partial c}{\partial Y} < 0$

不仅私人家庭，而且企业也持有一大部分定期存款，它们经济被用作将来对实物资本投资的支付准备。$\dfrac{\partial c}{\partial i_T} > 0$ 表明，定期存款系数与定期存款利率成正比，定期存款利率越高，活期存款利率不变，那么公众手中愿意持有更多的现金；$\dfrac{\partial c}{\partial Y} < 0$ 表明，公众持有现金系数与收入成反比，收入越高，持有现金的意愿越低。

定期存款系数不仅被定期存款利息率 i_T、而且也被实物资本的未来预期收益所影响：
$$t = t(i_T, i_R) \qquad (6.26)$$

其中，$\dfrac{\partial t}{\partial i_T} > 0$；$\dfrac{\partial t}{\partial i_R} < 0$

$\dfrac{\partial t}{\partial i_T} > 0$ 表明定期存款系数与定期存款利率成正比，利率越高，定期存款系数越高。通过引入上述一系列系数，阐明决定这些系数的变量，我们已经说明了决定货币供给和信贷供给的最主要的因素。

M_2^s 的供给是被中央银行控制的基础货币量 B 和反映商业银行及公众行为的乘数共同确定的：
$$M_2^s = m(i_K, i_R, i_T, Y, \sigma) \cdot B \qquad (6.27)$$

其中，$\dfrac{\partial m}{\partial i_K} > 0$；$\dfrac{\partial m}{\partial i_R} > 0$；$\dfrac{\partial m}{\partial i_T} < 0$；$\dfrac{\partial m}{\partial Y} > 0$；$\dfrac{\partial m}{\partial \sigma} < 0$

商业银行体系向私人和公共财政提供的信贷额同样可表述为：
$$KS^b = b(i_K, i_R, i_T, Y, \sigma) \cdot B \qquad (6.28)$$

其中，$\dfrac{\partial b}{\partial i_K} > 0$；$\dfrac{\partial b}{\partial i_R} < 0$；$\dfrac{\partial b}{\partial i_T} < 0$；$\dfrac{\partial b}{\partial Y} > 0$；$\dfrac{\partial b}{\partial \sigma} < 0$

为了给出货币—信贷供给过程的总模型，我们还需引入货币需求函数和信贷需求函数。已知不仅实际货币需求 $\dfrac{M_D}{P}$，而且私人和公共财政的实际信贷需求 $\dfrac{KS^n}{P}$ 都依赖贷款利息 i_K、实物资本预期收益率 i_R、国民收入 Y 和预

期通货膨胀率 π 而变动；公共财政的实际信贷需求等于政府债券总额 S，减去中央银行持有的政府债券 S^Z 和公众持有的政府债券 S^P 之后的余额。

$$M^D = M^D(i_K, i_R, Y, \pi) \cdot P \qquad (6.29)$$

其中，P 表示货物价格水平，$\frac{\partial M^D}{\partial i_K} < 0; \frac{\partial M^D}{\partial i_R} < 0; \frac{\partial M^D}{\partial Y} > 0; \frac{\partial M^D}{\partial \pi} < 0$

$$KS^n = [n(i_K, i_R, Y) + (S - S^Z - S^P)] \cdot P \qquad (6.30)$$

其中，$\frac{\partial n}{\partial i_K} < 0; \frac{\partial n}{\partial i_R} > 0; \frac{\partial n}{\partial Y} > 0$

我们到此为止所描述的系统能够被归结为货币市场和信贷市场的两大均衡条件。在货币市场，实物资本收益率被定了；在信贷市场，银行贷款利息被确定了。据此，为了导出两大市场平衡，系统中的其他变量都可以被忽略不计，这样我们就得到了以下均衡条件：

货币市场：

$$m(i_K, i_R, i_T, Y, \sigma) \cdot B = M^D(i_K, i_R, Y, \pi) \cdot P \qquad (6.31)$$

信贷市场：

$$b(i_K, i_R, i_T, Y, \sigma) \cdot B = [n(i_K, i_R, Y) + (S - S^Z - S^P)] \cdot P \qquad (6.32)$$

在此基础上，可以进行货币信贷受体制约束的理论分析，新古典综合学派认为，在部分准备金制度实施之后，信用制度相对更加发达，银行体系在吸收一定的原始存款以后，通过一系列的存款创造行为，可以使原始存款得到数倍的创造而产生的派生存款。当经济发展趋势较好、经济将趋于繁荣时，企业将增加贷款需求，此时的贷款由于风险较小，获利的可能性大，银行只要找到理想的借款人，货币供给总会贷出款项。银行的贷款又可转成存款，并由其持有者随意支付或提取现金。因而，银行贷款的增加由于货币创造过程，实际上使货币供应量大为增加，中央银行没有更好的解决办法，只能被动地进行政策调整，同样，随着物价上涨和工资的增加，银行贷款也会相应增加。

第七章　金融抑制与投融资机制

金融发展理论研究显示，绝大多数发展中国家的金融改革过程中存在金融抑制的现象，主要的原因在于它们的金融量性快速增长的同时，由于利率和汇率的市场化改革滞后、信贷配给问题严重、资本账户管制严格，导致金融质量没有得到提升，金融市场的配置作用和效率没有得到应有的提升，甚至出现下降，这种金融抑制与经济增长呈现负的相关关系，被很多学者称为"麦金农效应"。

中国的金融抑制同样对经济增长产生了影响。长期以来，我国走的是一条快速工业化的道路，各种制度和资源都向工业化目标看齐，习惯于用增量的方法，例如提高储蓄率和投资率去刺激经济的增长。但实际上，这种方法往往导致金融市场对资本配置效率下降，边际需求货币也受到削弱，反过来进一步影响经济的增长和发展。金融抑制和经济增长有着相关的作用机制。

第一节　发展中经济的投资行为

1973年，McKinnon在《经济发展中的货币与资本》一书中专门研究了发展中国家的货币供给与资本形成的关系。他指出，与发达国家体制相比，发展中国家有一些明显的经济特征：首先，在大多数情形下，一般的经济单位都以内源融资为主，储蓄者往往就是投资者，或者他们间几乎是同一主体，没有实质区别，各经济主体间也普遍相互隔绝，很少发生甚至不发生借贷行为；其次，生产者的规模普遍比较小，企业生产和投资一般都没有实现规模经济,或者说他们几乎都处于规模报酬递增的阶段,而此时,资本具有无限不可分割性,只有达到一定规模以后,生产者才能进行实际投资。因此,企业不可能只使用相同的技术,其结果必然形成生产企业与消费者处于完全离散的状态;最后,政府不太习惯于通过征税和财政支出的过程,准确地说政府还不太懂得用货币发行过程产生的"铸币税"方式进行直接的资本积累,而他们把"铸币税"等收入只用作政府的本期消费开支,故政府财政政策的作用仅仅体现在货币的实际收益 $d-p^*$ 上①。

然而,事实上仍然存在众多的投资者,他们缺少外源投资渠道有限,若打算进行实质性的投资,他可将自己产品作为存货,在需要投资时变卖,但往往会选择积累现金。选择何种方式取决于持有货币的实际收益和贮藏产品的成本,若 $d-p^*$ 上升将更多地选择货币。同时,在实际投资前,企业需要一个积累时期,若实际投资的意愿越高,则现金积累的需求也越大。

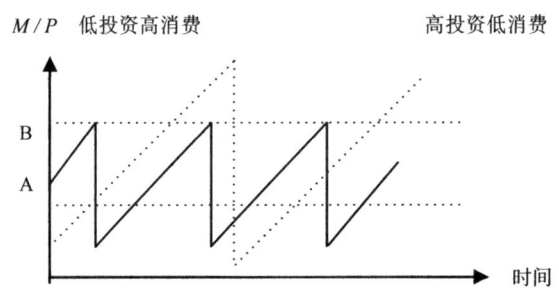

图 7-1 货币供应与投资

如图 7-1 所示,纵轴代表实质现金余额 M/P,横轴代表时间,假定两个企业在一定时间内按同样水平持续获得收入,但支出是一次性的(由

---

① 在新古典主义中则假定:1. 资本市场是完善的,且以低成本运行,利率可以拉平所有实际资产和金融资产的收益,名义利率能够准确地反映预期通货膨胀;2. 企业具有不变的规模报酬,生产要素和产品具有"无限可分割性",各企业都能在商品市场和要素市场上以相同的价格获得相同的技术;3. 实际货币余额的发行从整个社会来看成本可以忽略;4. 货币和资本可以相互无替代,货币对资本积累本身没有直接影响。若 y 代表总收入; γ 代表实质资本和所有非货币金融资产的实际收益率; $d-p^*$ 表示持有货币的实际收益,此处是 p^* 预期通货膨胀率, d 为各类存款的名义利率的加权平均数; M/P 表示实际货币。则货币均衡需求函数可以描述为: $d(M/P) = H(\gamma, g, d-p^*)$ 。

向下的垂线表示）。图中实线表示某类投资者，有着低投资高消费的货币资金积累行为，生产者从收入中积存现金，一旦达到 B 点便进行"不可分割"投资而把现金用完，往复循环，周而复始；虚线表示另外类型的投资行为，它们的特点是"高投资、低消费"，图中可以看出，生产者的投资意愿越高，现金积累也越大，A 点代表实线的平均现金余额，B 点代表虚线的平均现金余额，它表明：平均现金持有量同投资（储蓄倾向）正相关，从而发展中国家货币需求函数为：

$$d(M/P) = L(y, I/y, d - p^*) \tag{7.1}$$

式（7.1）中，I/y 表示投资和收入的比率。由于：

$$\partial L/\partial y > 0, \ \partial L/\partial(d - p^*) > 0 \tag{7.2}$$

式（7.2）表明，货币需求与实际收入、实际收益率成正比。这与传统理论相同，而 $\partial L/\partial(I/y) > 0$ 表示实质投资率越高，实质货币需求越大，即表明货币与实质资本之间是互补的，这与传统理论认为货币与实质资本的替代性关系不同[①]。在新古典理论中，假定存在一个统一的实质资本收益率 γ，而在发展中国家，资源使用的分割性使其缺乏一个单一的实质收益率，若用 γ' 表示有确定差异的资本平均收益率，则有：

$$d(M/P) = H(y, \gamma', d - p^*) \tag{7.3}$$

上式中，$\partial L/\partial y > 0$，$\partial L/\partial \gamma' > 0$，$\partial L/\partial(d - p^*) > 0$。因货币同实质资本之间存在着互补性，即 $\partial L/\partial \gamma' > 0$，则投资函数可表示为：$I/y = F(\gamma', d - p^*)$，$\partial F/\partial \gamma' > 0$，$\partial F/\partial(d - p^*)$ 不定，该式表明实质资本的平均收益率的上升会增加实际现金余额的持有量，从而使投资支出增加。同时，若持有货币的实际收益率 $d - p^*$ 提高，在投资机会的一个很大范围内，内源融资投资也将会增加，后者被称为"渠道效应"。

---

① 在 $d(M/P) = H(y, \gamma, d - p^*)$ 中，$\partial H/\partial y > 0$，$\partial H/\partial \gamma \geq 0$，$H/\partial(d - p^*) > 0$。它说明货币需求与真实收入同方向变动，与实际收益呈反方向变动。在一个确定的 y 和 γ 水平下，持有货币的实际收益的增加会使私人储蓄者减少对实质资本的需求而增加对货币的需求，此即新古典货币理论的货币同实质资本的替代效应。

第二节 金融体制、利率管制与投资效率

一、我国金融体制的配给均衡特征

改革开放后，虽然我国的金融体制改革相对滞后，但是也已进行了30多年，总体上取得了很大的成就。客观上，在很多领域的金融改革不够彻底，管理体制和决策机制未能从根本上改变计划经济的性质，致使经济主体仍旧维持粗放型经营，成为经济增长方式转变中的制约因素，主要从以下几方面表现出经济行为的配给均衡：

第一，中央银行是全国金融体制的制定者，但金融宏观调控效率有待提高，整个金融体系在很多环节仍然处于配给均衡的状态。改革开放在一定程度上实现了经济增长方式转变，当前和下一步更需要中央银行具备高效的金融宏观调控能力。但是，由于种种原因，各级政府职能、财政收支体制、商业银行与中央银行、企业等各种关系并没有完全理顺，很多环节改革没有到位。我国中央银行在时遇到的主要问题有以下几点：①中央银行仍然缺乏独立性的关键保障。由于政府的考核方式和各级管理体制的特殊性，我国中央银行不能完全独立地执行货币政策以实现货币政策目标，特别是地方政府的行政干预较大，地方财政和货币政策的交叉纠葛，难以避免遏制政府的信用扩张压力，导致货币政策难以独立贯彻。②中央银行金融调控手段仍然不够灵活，往往受限于财政政策及国家建设目标，利率和汇率管制仍然存在，市场化改革不彻底。目前中央银行的调控手段主要包括存款准备金率、再贴现政策、公开市场业务和信贷计划。尤其是前三种，作为主要的市场和法律手段，是市场经济体制下一国中央银行对金融进行宏观调控的非常重要的行之有效的工具，然而，我国中央银行的存款准备金率调整仍然不够灵活，再贴现政策运用时缺乏一定数量规范化的商业信用和商业票据，公开市场业务操作存在国债市场不发达、吞吐量过于有限的问题。除了三个基本工具，信贷计划是中央银行非常重要的手段，

但是信贷计划的科学执行直接影响融资效率。中央银行不但要注重控制信贷总规模，也要对信贷结构进行有效控制和调节，由于种种原因，中央银行各调控手段面临各种各样的问题，导致中央银行难以管好货币，未能有效抑制投机行为。③中央银行自身约束机制不健全，由于改革的滞后性，我国中央银行在职能上仍然没有完全彻底地转型，既有宏观调控的职能，又有微观上的经营行为，这样会减弱中央银行对其他金融机构的监管效果，仍然有较强的计划性质，也容易导致违规行为出现。

第二，商业银行改革仍然不到位，总体运行效率仍然较低，经营风险却不低，尤其是占商业银行很大比例的国有商业银行离真正的商业化经营还有不小的差距。具体来说：①商业银行尤其是国有商业银行的产权制度改革与市场经济制度改革不一致，虽然近几十年来，通过引进战略投资者，实现公开上市，逐步推进了多元化产权制度的改革。但是，国有银行股权结构第一大股东通常占将近一半的股权，前十大股东占90%以上的股权，一股独大、股权过于集中的特征非常明显，这必然导致其他股东对大股的制衡和监督流于形式，不能真正起到监督和制约的作用。②商业银行尤其是国有商业银行的经营制度不健全，公司制度改革严重滞后。粗放型经营、行政化管理非常严重，如果说以前的国有企业像政府机关，是"准官僚体制"，而国有商业银行比国有企业的官僚作风更严重，更像一个政府部门而不是商业机构，它们在人事制度、报酬制度、职工福利、社会保障及内部激励机制上，都有行业级别制度和官本位特征。因此，国有商业银行经营效率低风险大，商业银行不良资产快速增长，逾期、呆滞、呆账贷款所占比例大幅上涨。③商业银行体系不完善。我国目前的商业银行体系不能适应经济结构的需要。改革开放已经40多年，民营经济发展程度已经很高，至2020年，我国民营经济占国民经济的总量已经达到74.4%，但是，非国有制或者集体制银行发展缓慢，其总资产仅占所有商业银行总资产的23.1%，从银行贷款支持企业发展的角度，民营银行与民营经济严重不匹配，不利于新时期国家经济增长方式转变①。

第三，金融市场发育滞后于经济发展需要，包括产品定价机制、市场结构和市场监管等各个环节都有待提高和完善。具体地：①产品定价机制

---

① 历年数据可参见表3-2：股份制商业银行及其他金融机构资产占比。

没有完全实现市场化，尤其是利率和汇率管制依然严格，不能客观地反映货币供给与需求，进而影响资金配置的效率和货币产出的效率。新中国脱胎于半殖民地半封建社会，薄弱的基础上仿照前苏联模式建立起计划经济体制。虽然1978年以后，我国经济体制实行了市场化改革，但是在很多领域都仍然具有中国特色，是计划和市场手段的结合。在金融领域的改革相对更为缓慢，迄今为止，在金融产品的定价上仍然没有实现完全的市场化改革，这当然在"有中国特色的社会主义市场经济"中，为了发挥计划的优势，这种干预和管制一直被认为是不可或缺的，甚至是国家发展战略的一种重要手段。然而，这种价格干预手段客观上也带来了许多不利影响，尤其是阻碍了资源配置效率的优化和提高。②我国金融市场体系不够健全、市场结构不够合理。完善的金融市场体系是货币市场和资本市场的有机统一。货币市场是金融市场的基础和先行力量，资本市场是金融市场的完善和重要补充，两者同存共济，满足经济活动中资本的形成和配置需要。我国金融市场的现状是：直接融资与间接融资发展不平衡，直接融资比例低，风险过于集中在银行系统；债券市场发育落后，不能有效弥补股票市场的需求；上市公司中国有企业比重过高，民营企业没有得到应有的融资激励；金融衍生品市场发育滞后；外汇市场仍然存在交易者选择自由和连续性无法保证、央行干预过多等各方面的缺陷。③金融市场的监管机制有待于进一步完善。行业监管机构主要是银监会、证监会和保监会，主要由当时的人民银行和政府的相关机构进行职能划分而成立，管理手段单一、行政手段过多，研究和运用经济规律的能力薄弱，因而出现监管效率损失。

在此必须指出，尤其值得关注的是，金融体系仍然以四大国有银行为主体、金融市场开放度还不够高，金融资产品种单一，可供选择的投资渠道和投资品很少，形成主要资金供应者居民的资金以银行储蓄为主，主要资金需求者企业的资金来源依靠银行贷款，加大了市场上的投机因素，不利于市场的稳定和发展。因此，没有形成一个规模大、种类多、赢利性和安全性都好的完善的金融市场，带来的问题是，好的企业不能随时通过丰富的渠道进行融资，长期投资者不能得到稳定合理的回报。总的来说，经济体制改革不完善导致在货币和资本的价格不按供给与需求来共同决定，偏离供需均衡的价格决定机制必然使现实中的供给和需求存在差额，从而实现非瓦尔拉斯均衡，出现较为严重的资源没有按照经济规律进行最有效的配置，最终阻碍了全社会产出效率的提高。

二、利率管制与内源融资效率

在 McKinnon 的理论中认为，发展中国家货币需求与实质资本是互补的[①]。而在传统的金融理论中，普遍认为货币与实质资本存在替代性的关系。在新古典理论中，假设资本市场和货币市场是完善的，居民手中任何闲散资金的持有都可以及时找到一个合适的投资渠道，而且存在一个统一的回报率，被称为"实质资本收益率"，用 γ 来表示。但是，在发展中国家，由于金融市场是极其不完善的，像上一节中所述，资源使用具有分割性，而且缺乏一个单一的实质资本收益率，如果我们用 γ' 表示资本平均收益率，而且这些收益率的差异是确定的和可测度的，便可以得到发展中国家的货币需求函数：

$$d(M/P) = L(y, \gamma', d - p^*) \tag{7.4}$$

上式中，$\partial L/\partial y > 0$，$\partial L/\partial \gamma' > 0$，$\partial L/\partial (d - p^*) > 0$。由于货币需求与实质资本之间存在着互补性，即货币的需求随资本的平均收益率升高而增加，$\partial L/\partial \gamma' > 0$，则投资函数可表示为：$I/y = F(\gamma', d - p^*)$，其中，$\partial F/\partial \gamma' > 0$，但是，投资与持有货币的真实收益关系并不明确，即 $\partial F/\partial (d - p^*)$ 是不确定的，在发展中经济中，由于投资的不可分割性，如果实质资本的平均收益率上升，人们手中实际现金余额的持有量也会上升，以便积聚到一定程度可以作为投资支出。同时，若持有货币的实际收益率提高，即 $d - p^*$ 增加，投资机会如果确定存在，则内源融资投资也将会增加，这个被 McKinnon 称为"渠道效应"。

如果持有货币的真实收益率 $d - p^*$ 进一步增长，在接近甚至超过内源融资投资可获得的最佳边际收益和内部收益的情况下，则货币持有者或说存款者宁愿继续保持货币资本而不愿将其转化为实质资本。此时，货币和实质资本的替代效应转化为互补效应，货币与实质资本又成为互相竞争的

[①] 发展中国家的货币需求函数为：$d(M/P) = L(y, I/y, d - p^*)$，其中 I/y 为投资和收入比率。因为 $\partial L/\partial y > 0$，$\partial L/\partial (d - p^*) > 0$，所以货币需求与实际收入、实际收益率成正比。但 $\partial L/\partial (I/y) > 0$ 则表明实质投资率越高，货币需求也就越大。

替代品,"竞争效应"的函数如下式所示:

$$I/y = F(\gamma', d-p^*) \tag{7.5}$$

设 γ' 为常数,在图 7-2 中,纵轴表示实质内源融资投资与收入的比率,即投资率;横轴表示持有货币的实际收益 $d-p^*$。从 A 到 B 阶段,投资率是不断上升的,这个阶段投资率有着货币的渠道效应,换句话说,在这个阶段,货币需求随着实际利率的增加而增加、而且实际利率的增加还会促进投资率同时增加,当持有货币的实际利率到达 B 点,相等的货币收益使内源融资的投资率达到最大,在发展中经济体中,政府如果将货币的实际收益率调控到这个区域,将极大地促进内源融资的投资率,因此应该成为利率政策和宏观政策追求的理想目标。一旦实际利率高于 B,也即在 B 的右边区域,自源融资投资率将不断下降,竞争效应逐渐占据优势,此时,存款者宁愿继续持有货币,反而不愿进行实质投资,投资率下降,货币与实质资本由原先的互补性转变为替代性,货币的实际收益率和货币的持有量同时上升,但是内源融资率却越来越低。

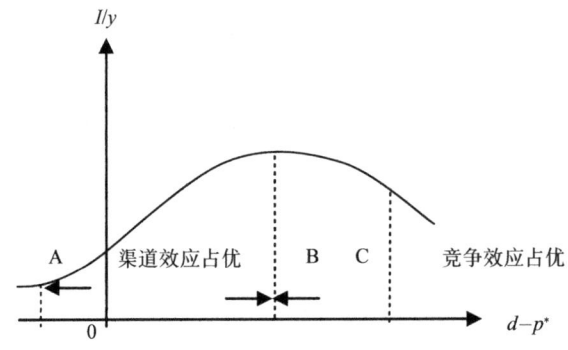

图 7-2 持有货币的实际收益对内源融资投资的影响

上述投资率与实际货币收益率的关系是以生产者内源融资为前提而得出的。发展中国家的企业一定程度上也可通过外源融资来实现投资,存在外源融资情况下内源融资与货币的实际收益率的关系也没有发生改变,因为一般情况下,生产者持有的货币余额越多,获得外部融资也相对容易,换句话说,任何单位或企业的库存的现金或者流动性资金越充沛,贷款者和投资者往往对他们的投资倾向也增加。

根据 McKinnon 的投资理论,货币的实际收益率对一国投资有着非常重大的影响,投资是经济增长的"三驾马车"之一①。我国经济金融体制的特点会在很大程度上影响投资行为,从而对经济增长造成很大的影响。货币产出效率低下的简单解释就是货币化快速增长的背后经济增长的相对滞缓。那么,中国相对缓慢的经济增长率产生的因素是什么呢?投资与中国经济增长之间有什么关系呢?这是一个值得研究的问题,这个问题解决了,可以说从另一个侧面是对"中国之谜"作了很好的解释。首先按照前文国际比较的思路对中国和美国的货币化指数、投资率以及货币化与投资率之比有关数据进行分析比较。

经济体制改革过程中金融扩张的速度长期过快于经济增长的速度,可以直观地说明是金融效率在降低,换句话说,造成这一现象的根本原因在于货币产出效率低。一般来说,金融的效率一方面取决于金融工具的流动性;另一方面取决于货币的流动性。按照现代金融发展理论的分析,在流动性一定的情况下,金融的量性发展必然能够支持更大的经济增长规模,即在流动性一定的情况下,金融量性发展的结果必然是 GDP 的同比例增加。由此可以认为,中国的金融工具与货币流动性出现了问题。

首先,从金融工具的总量上来说,中国金融发展是显著的。金融工具的流动性主要体现在其自身的市场可交易性,也就是说,金融工具的流动性取决于能否按照市场规律进行等价交易。我们看一下中国金融工具的流动性。中国金融工具的增长即金融相关比率的上升主要是靠 M_2 的不断增加来支撑,也就是说,从金融量的增长来源分析,中国较高的金融增长,主要是由于国有企业部门在经营过程中,过度依赖于银行部门,从银行尤其是国有银行借入大量资金,从而衍生出广义的货币供给,从实质上看,这并不符合真正意义上的金融发展,反而是在很大程度上,是政府部门对金融部门控制,是政府和市场关系扭曲的结果。因而,这一人为干预过程必然导致社会资金配置效率下降,资金占用低效增加,甚至导致金融体系不良资产不断增加,这被有些学者称之为"货币沉淀"②。这无疑与中国的实际情况十分相符:到1999年仅四大国有银行就有不良资产超过 20 000 亿元人民币,国家为处理巨额不良资产,专门成立了四大国有资产管理公

---

① 西方经济学中把投资、消费与出口称为拉动经济增长的"三驾马车"。
② 陈华良:中国的 M_2/GDP:货币沉淀角度的再考察,中国2005年经济学年会投稿。

司，试图对银行的呆滞坏账进行对口剥离，结果是这巨额的不良资产吞噬掉大量的货币，这是一个必然的结果，从而使现实中流通的货币减少，大大削弱货币的流动性；同时，数据表明，中国证券市场虽然起步较晚，但其增长十分迅速，远远快于 M_2 的增长。十分明显，S（股票和债券）在整个金融工具中所占比重非常小，1999年仅为43.8%，低于发达国家和部分发展中国家。这说明在中国金融量性发展是比较迅速的，但存在结构性问题，而这种结构性问题在于中国有近80%的国有股票无法上市流通，这种结构性问题导致金融工具的流动性大大降低，从而使金融效率大大降低。

图7-3是本研究所选取的五个样本国家中国、美国、日本、韩国、泰国投资率的比较示意图。从图上反映的情况看，1980年至2000年间，美国的投资率一直是最低的，几乎都是维持在20%左右。中国的投资总的来说是最高的，在35%至50%之间。日本的投资率也较高，而且趋势平稳。韩国和泰国的投资率则近乎于中国，这跟它们国内经济增长迅速有关。结合第三章有关各个国家的货币化曲线图可以看出，中国的货币化不断上升与平稳的高投资率是不一致的，也就是说，中国的平稳的高投资率应该带来经济增长速度在更高程度上的不断维持，但是事实并非如此，这在前文已有论述。换句话说，高投资率不应是产生货币产出效率低下的原因，而投资所取得的效率应该是其产生的根源。

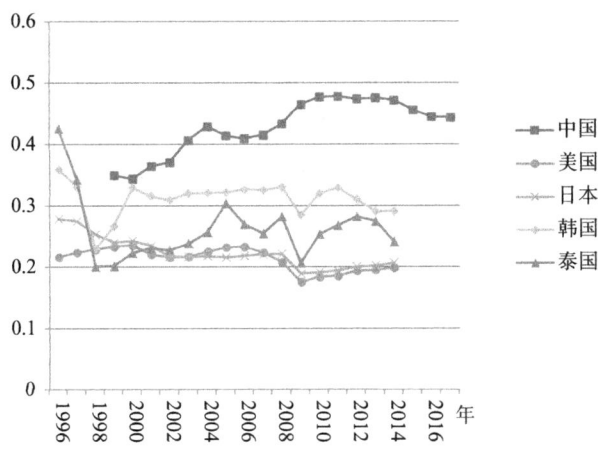

图7-3 中、美、日、韩、泰等国家投资率比较

数据来源：根据《中国统计年鉴》《世界经济年鉴》整理。

关于我国投资效率问题,很多学者有丰富的研究,其中,张军(2005)在其《资本形成、投资效率与中国的经济增长——实证研究》以中国的数据做了实证分析,深入探讨了中国的投资体制的特殊性与投资效率的关系,他从资本形成角度解释了中国经济增长问题,认为中国经济增长的放慢在于投资效率的下降。从表7-1我们很容易看出这一规律。

表7-1　　　　　中、美、日、韩总投资对 *GDP* 增长的贡献

年份	中国	美国	日本	韩国
1993	8.47	0.99	-0.66	1.04
1994	5.84	1.94	-0.32	4.95
1995	5.94	0.41	0.61	4.14
1996	3.29	1.47	3.38	3.24
1997	3.01	2.09	-0.21	-2.83
1998	2.97	2.27	-2.53	-12.8
1996	3.29	1.47	3.38	3.24
1997	3.01	2.09	-0.21	-2.83
1998	2.97	2.27	-1.53	-12.8
1999	1.25	1.37	-0.3	6.7
2000	3.29	1.47	3.38	3.24
2001	3.29	1.06	-1.71	-2.83
2002	2.97	2.63	-2.83	-11.8
2003	1.25	1.32	-0.32	-6.9
2004	5.01	0.46	0.91	4.98
2005	3.23	1.24	2.38	-2.84
2006	4.01	1.89	-0.11	-2.83
2007	3.07	2.27	-2.53	1.89
2008	3.19	1.47	2.38	3.44
2009	3.01	2.76	-0.21	2.83
2010	2.17	1.39	-2.83	-1.48
2011	1.85	1.12	-0.3	-6.7
2012	3.39	1.42	3.21	3.24
2013	4.01	2.09	-0.21	-2.83
2014	2.27	2.77	-2.53	-2.88
2015	1.25	1.32	-0.31	-6.7
2016	1.74	2.12	-0.32	-1.7
2017	1.21	1.72	-0.39	0.72

资料来源:国家统计局固定资产投资统计司:《中国固定资产投资统计数典》;世界银行《世界发展指标(2018)》。

对于我国投资效率低下的原因,笔者认为,体制性配给是造成这一现象的根源。如果按照决策主体,可以把投资划分为政府主导投资和企业主导投资。企业投资方面,国有企业一直是我国经济的主体成分,国有企业的长期以来出资人不明确,缺乏明确的理性经济人特征,投资决策过程受很多行政干预,行政目标和管理官僚化现象严重,缺乏科学的投资决策机制,容易出现盲目扩张。政府投资过程中,暴露出的主要问题是政府投资决策中的行政干预和真实管理人员的"缺位",政府在决策过程中,投资涉及政府职能,需要考虑环境保护等社会利益,因此,需要全面地分析才能进行投资决策,然而,政府审批环节上没有非常严格履行程序,决策标准和程序模糊不清,往往造成政府投资项目决策失误。

由于大量公有制经济及计划经济遗留的特征,在各种投资活动中,都存在不同程度的问题。例如,法人负责制没有实质性的约束效率,在决策管理过程往往流于形式。由于投资项目的资产都是国有资产,没有明确的产权约束,因此,企业所有者代表不到位,产权也不明晰,亏损责任不能有效追究到位,容易造成政企不分,项目决策人不需要担负投资失败责任。在这种权利和责任不对等的情形下,企业或项目投资成功会成为决策者个人升迁的资本,但是,如果投资失败了,亏损的是国有资产,因为政府缺乏相应的惩戒规则,因此也没有相应的追究制度和得力措施。尤其值得关注的是,由于财政政策的积极使用,各级政府乘机推动大量的政府投资项目,这些项目的投资管理和决策更是缺乏明确的责任主体,因此往往是某些人说了算。在很多正常的设计环节上,存在深度不够的问题,尤其是涉及市场的内容,往往和市场的真实状况脱节。由于设计部门之间的竞争和过分的经济利益导向,导致设计方案一味地迁就权力,不能正常进行方案优化比选,而不是按照经济规律和应有的成本收益核算原则来经营,造成投资效益低下,甚至很多项目亏损、停滞或烂尾。

其实对于金融体制与投资效率的关系,也可以从货币化、投资率指标中得到反映,并且从信贷配给的角度予以解释。从表7-2中可以看出,美国的货币化指数及投资率一直都处在一个相对稳定的状态:从1980年到2000年间,货币化指数几乎都在0.6左右,投资率也大致稳定在20%,因而货币化指数与投资率的比率也在0.03点上浮动。这说明美国的金融早已深化,而且在一个合理范围内平稳发展,不但如此,美国的货币化指数与投资率的比率还有渐趋下降的趋势：1980 年为 0.0305，2000 年降为 0.0265。货币化指数一方面可以衡量经济体的货币参与程度，另一方面也是资本产出比率的体现。而货币化指数与投资率的比率可以在一定程度上说明资本在投资过程中的效率，也就是说，这个比率越低，说明社会资本参与投资的效率越高，反之则效率越低。

表 7-2　　　　　　　　　中国、美国货币化/投资率

年份	中国			美国		
	M_2/GDP	投资率（%）	货币化/投资率	M_2/GDP	投资率（%）	货币化/投资率
1980	0.41	35.20	0.01	0.61	20.00	0.03
1985	0.54	34.90	0.02	0.68	20.20	0.03
1990	0.82	34.70	0.02	0.69	16.90	0.04
1993	1.01	43.30	0.02	0.64	16.30	0.04
1995	1.06	40.80	0.03	0.60	17.20	0.03
1996	1.14	39.60	0.03	0.61	17.50	0.03
1997	1.24	38.20	0.03	0.61	20.30	0.03
1998	1.36	37.40	0.04	0.61	21.70	0.03
1999	1.49	37.10	0.04	0.62	22.20	0.03
2000	1.53	36.20	0.04	0.62	23.40	0.03
2001	1.63	36.42	0.04	0.61	22.05	0.03
2002	1.76	37.08	0.05	0.70	21.58	0.03
2003	1.88	40.63	0.05	0.68	21.66	0.03
2004	1.85	42.89	0.04	0.69	22.53	0.03
2005	1.59	41.39	0.04	0.69	23.22	0.03
2006	1.57	40.93	0.04	0.71	23.33	0.03
2007	1.49	41.48	0.04	0.72	22.35	0.03
2008	1.49	43.30	0.03	0.74	20.79	0.04
2009	1.75	46.52	0.04	0.79	17.51	0.04
2010	1.76	47.72	0.04	0.85	18.39	0.04
2011	1.75	47.82	0.04	0.91	18.54	0.04
2012	1.81	47.39	0.04	0.85	19.35	0.04
2013	1.87	47.57	0.04	0.88	19.51	0.04

续表

年份	中国			美国		
	M_2/GDP	投资率（%）	货币化/投资率	M_2/GDP	投资率（%）	货币化/投资率
2014	1.92	47.21	0.04	0.88	19.87	0.04
2015	2.03	45.60	0.04	0.89		
2016	2.09	44.47	0.05	0.90		
2017	2.06	44.34	0.05	0.90		

资料来源：根据《中国统计年鉴》《国际统计年鉴》有关资料整理。

第三节　配给的金融抑制效应

格利和肖的金融深化理论认为，发展中国家普遍存在金融抑制的情况，也就是说，政府过多地干预金融活动，阻碍了金融体系的健康发展，进一步压抑了经济增长的潜力，而且很容易造成金融抑制和经济落后的恶性循环。他们分析了金融抑制的根本原因，认为制度上的缺陷和当局政策上的错误，特别是政府对利率的强制规定，使利率低于市场均衡水平，不能反映资金供求的客观规律。加上过多地发行货币，导致较为严重的通货膨胀。其中，特别值得关注的是，正像上文分析，政府为强化投资对利率进行控制，同时通货膨胀率偏高，导致实际利率即货币的真实收益率降低，甚至变为负数。一方面无法充分动员社会资金；另一方面由于贷款利率较低，资金需求增加，但是资金供给有限，此时，政府对利率的管制形成了非瓦尔拉均衡，政府只有依靠配给的方式调节资金的供需。

在图7-4中，横轴表示所有金融资产的数量，也可看作是储蓄投资的数量，纵轴表示利率水平，值得注意的是，它实际上是名义利率；曲线$0d''$和$0d'$分别表示在存款的平均利率和边际利率水平下，金融机构可以出售自己的间接证券；曲线bb''和bb'分别表示在贷款的平均利率和边际利率水平下，金融机构愿意并且能够贷出资金的数量。不难理解，名义利率指从原点往上的距离，而实际利率则是从p^*往上标出的距离，$0p^*$代表人们预期的通货膨胀率。假定存款的名义上限利率为a'，则实际利率为负利率

p^*a'，此时满足市场出清的贷款利率为 $0a'$。但是，在我国，商业银行发放贷款的利息率由中国人民银行规定的，一般商业银行对贷款利率只能在人民银行发布利率的基础上做小幅度的调整，也就是说，实际上，政府对名义贷款利率规定了上限，假定将名义贷款利率规定为 $0p^*$，即实际贷款利率为 0，在这种情况下，储蓄者资金转借给金融中介机构所获得的不是报酬，而是惩罚（负利率）；另外，借款人则可以按照很低的或负的实际利率借得资金，这种贷款是免费的甚至是倒贴的。贷款利率 $0p^*$ 和 $0a'$ 存款利率的差 $a'p^*$ 是金融中介机构获得的补偿。在该图中，存款付的利息就是中介机构的收入，而中介机构所希望获得的贷款利率和存款利率分别为 $0c''$ 和 $0c'$，此时其边际收益等于边际成本。

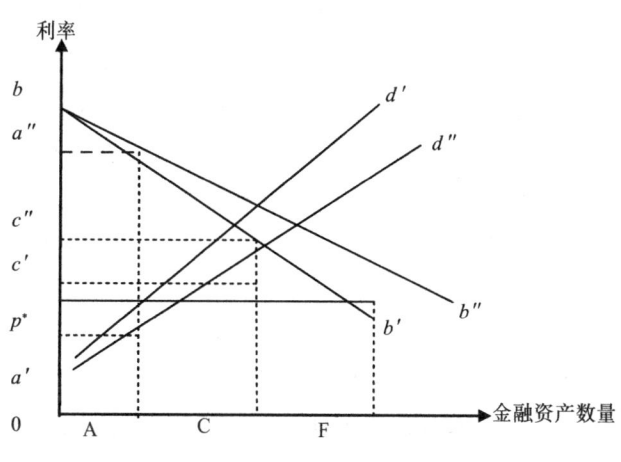

图 7-4 金融压抑的影响

一般情况下，商业银行的贷款利率是由市场上供给与需求关系共同决定的，同时利息率对融资企业的选择过程是符合市场机制的筛选规则的，是有效的。但是，由于隐性通货膨胀的存在，实际利息率普遍低于市场化形成的均衡利息率，致使信贷市场上供给与需求不均衡，贷款供给常常小于贷款需求；当政策采取管制利率时，全社会储蓄者愿意提供的资金量仅为 0A，而借款者的资金需求量为 0F，储蓄和信贷需求存在巨大的差额。这是供给与需求不均衡价格下的市场出清，最终的结局有两种可能：一是政府或货币当局根据自己的需要，或者金融中介机构的意图在借款者之间进行信贷配给；二是中介机构通过收取隐蔽费用的办法提高贷款利率，使

其接近 c''，对部分存款者也可以私下提高存款利率，使其接近于 c''。

事实上，在供给与需求两方面因素的共同作用下，我国商业银行存在较为明显的信贷配给现象，信贷配给主要表现为上文定义为体制性信贷配给。但是，根据上图分析不难推断，这种信贷配给必须付出两方面可能的巨大代价。一方面，借款人或中介机构分享管制的贷款利率带来的配给权力，往往会通过"寻租"的方式获取贷款利率和实际利率之间的差额收益，这无疑给腐败现象提供了很大的机会。很多银行在成立过程和改革过程中，受各方面因素的限制，我国商业银行普遍存在利益主体是不明确的状态，尤其是国有商业银行脱胎于专业银行，决策在很大程度上受政府干预，对贷款对象及其贷款数量的选择过程中，仍在存在严重的计划经济烙印，很多情况下不是依据融资企业的项目质量来确定，而是依据企业的所有制性质，甚至是银行管理者与融资企业的关系来确定。换句话说，由于体制性信贷配给的存在，商业银行尤其是国有商业银行对借款企业的选择不只是从融资的项目质量进行选择，评估贷款后可能获取的预期利润以及风险来进行考虑，而更多的是从银行与企业的关系，或者是上级领导的意图甚至是否能够获取贿赂等来进行决策。银行管理者根据其自身利益最大化进行决策，利用信贷配给权力牟取非正常利益，其本质就是寻租的过程，他们利用配给权利将信贷资源配置给了某些特定的融资企业，以便攫取寻租收入最大化目标。不难想象，信贷配给必然导致资源的使用效率被严重降低，融资企业本身资质不佳，外加行贿的成本加重了经营成本，经营不善又反过来通过类似的方法来获取信贷资金，从而陷入"道德风险累积陷阱"。金融机构又会因为企业的道德风险使自身产生大量的不良资产。

另一方面，由于众多企业，尤其是中小企业存在超额的资金需求时，资金供不应求，而政府的有关部门和金融中介机构（主要是银行）的管理者，以包括寻租在内的各种方法追求自身利益最大化，相反，那些"圈外"企业往往是经营尚好的优质客户，他们无法获得信贷资源。商业银行信贷配给权力在一定程度上被滥用，直接的后果是常常使融资企业的"逆向选择"行为增加，高风险、低质量的融资企业充斥信贷市场，而那些资质好、质量高和风险低的融资企业被逐出信贷市场，从而导致贷款的平均质量下降。在信息不对称的情况下，市场的调节机制失灵，金融中介对企业的选择过程中出现"逆向选择效应"。体制性信贷配给能够给我国商业银行的经营者带来寻租机会,增加经营管理者的收入,因此,我国商业银行的经营者为了实现其寻租收入最大化目标,其最优行为选择不是尽快强化其信贷配给,缩小信贷关系网,而是倾向于扩大信贷关系网,弱化其信贷配给行为,将更多的融资企业纳入其体制性信贷配给。因此,贷款越来越多地流向资质差的借款者,形成通常所说的"劣币驱逐良币"现象。

第八章 房地产改革与货币生产率

上述几章分析了我国金融改革不完善带来金融抑制的多方面特征,及其导致对投融资效率和信用创造等途径降低货币产出效率的影响机制。这些影响是一贯的、持续的,从改革开放至今都存在。但是,在最近20多年,中国经济金融体制改革过程中,出现了一项全新的制度性改革,那就是住房制度改革,与其他领域的市场化改革不同,这项改革不仅牵涉到产权改革和价格改革,还有一个非常重要的特点是政府和金融机构的参与度非常高,包括有异于一般生产过程的原材料(土地)供应和资金供应都有着政府主导的典型特征。

1978年,全国城镇人均住房面积从解放初期的4.5平方米下降为3.6平方米。新中国成立以来,城镇住房一直采用福利分房制度,导致了以权占房、分配不公等诸多问题。1980年开始实行公房出售试点,给城镇职工发放住房消费补贴,但是由于资金问题很难落实,加上国有企业改革等多重压力,而且改革进展相当缓慢。1994年,中央出台《关于深化城镇住房制度改革的决定》,对所有公房分别以市场价、成本价和标准价三种价格进行出售,到1998年,全国80%左右的公房已经出售,基本结束了公房制度。这期间的改革虽然满足了部分城镇职工的住房需求,但是,公家建房和福利分房的本质没有得到改变,住房制度改革一直没有实现真正的市场化,也没有对我国的住房生产过程和宏观金融效率产生实质性的影响。

1998年,国务院颁布了《进一步深化城镇住房制度改革加快住房建设的通知》,确定了深化城镇住房制度改革的目标是:停止住房实物分配,逐步实行住房分配货币化;建立和完善以经济适用住房为主的多层次城镇住房供应体系;发展住房金融,培育和规范住房交易市场。从此,房地产市场化真正拉开了序幕。

第八章 房地产改革与货币生产率

第一节 我国房地产市场发展的特征

自从1998年住房全面推行市场化改革之后,我国房地产业得到了迅速的发展,1998年至2004年房地产投资完成额连续7年有两位数的快速增长率,2002年同比增长30%,出现"过热"发展,在投资快速增长的同时,房价也快速上升。2003年,国务院再次发文,将原来的"建立和完善以经济适用住房为主的多层次城镇住房供应体系"改为"让多数家庭购买和承租普通商品住房",要"增加普通商品住房供应",标志着我国住房市场化的根本性转变,同时房地产市场开始进入"调控—上涨—再调控—再上涨"的循环模式,而且一路高歌猛进。从1998年房地产市场化拉开帷幕直至今天,我国房地产市场化改革与其他领域的市场化改革不同,有着多方面独特的重要性质和特征。

第一,中国房地产市场化改革有着显著的政府主导和干预的特点。

房地产市场化改革是市场经济体制改革的一部分,房地产作为一种商品,其市场化改革本该像其他商品的市场化一样,需要符合市场经济规律,供给、需求和价格决定均是一种市场行为,政府不能过多地干预,也不需要政府来主导。但是,由于住房是关系国计民生的基础工程,又加上我国市场经济改革的特殊性,完全市场主导不利于社会的和谐稳定,政府一直对房地产改革有很大程度的控制。从1978年至1998年的福利分房制度期间,政府完全控制住房产品的生产和分配,1998年房地产进入市场化改革阶段开始,虽然是朝着市场化的目标进行改革,但是至今为止政府对房地产市场的主导和干预从来没有停止过。

1998年7月3日,国务院发布《关于进一步深化城镇住房制度改革加快住房建设的通知》(国发〔1998〕23号),确定了停止住房实物分配,进行货币化分房和发展住房金融的措施,被称为中国住房制度改革的里程碑,很显然市场化改革的第一步是政府主导的。2003年,国务院又发布了《关于进一步深化城镇住房制度改革加快住房建设的通知》,将五年前的"建立和完善以经济适用住房为主的多层次城镇住房供应体系"转变为

"让多数家庭购买或承租普通商品住房"的政策,将半市场化房地产体系推进为完全市场化的房地产产销体系。然而,在短短的时间内,房地产价格快速上涨,引发一系列社会问题,住房难问题越来越突出。2005年,国务院发布《关于切实稳定住房价格的通知》(被称为"国八条"),同年,又出台"新国八条",2006年,出台"国六条",2008年出台"国十三条",2009年"国十一条",2010年新"国十条",2010年"九月新政",2011年新"国八条",2013年"国五条"等。至今20年左右的时间里,政府调控政策层出不穷,有的时期限制房价过快上涨,有的时期又限制房价下跌,有的阶段进行供给侧调控,有的阶段又从需求侧进行刺激,自始至终没有让房地产按照市场化原则进行改革,供给、需求和价格没有按照市场经济规律运行。换句话说,中国房地产改革进程一起都是政府主导和干预中前进,相比其他领域的市场经济体制建设,房地产领域改革有着浓厚的计划经济的人为干预特点。

第二,中国房地产市场化改革与财政收入有着特殊的依赖关系。

中国的房地产改革与财政收入的关系非常特殊,在1998年之前的福利分房的背景下,房地产行业对财政收入几乎是没有贡献的。在1998年中央明确房地产市场化改革之后,房地产行业经营活动增加了财政收入尤其是地方财政收入,而且从此之后,房地产行业的财政收入贡献度越来越高,2020年达40%,尤其是地方财政对房地产的依赖度与日俱增,有的地方政府财政收入的绝大部分来源于房地产行业,因此,有"房地产绑架地方经济"的说法。房地产行业对财政收入的贡献主要有三个方面:一是土地出让收入。它是政府性基金收入的主要来源,从1998年几乎为零,到2013年达4万亿元,再到2020年的8.4万亿元,它占地方政府基金收入的90%,占地方政府财政收入的44%;二是房地产相关税收,包括土地增值税、契税、印花税、二手房交易产生的增值税和个人所得税、房地产保有相关的城镇土地使用科和房产税、房地产开发经营相关的耕地占用税和企业所得税等,2019年总计约2.6万亿元,是一般公共预算收入的重要部分;三是影响地方政府债券融资。以往的方式是政府将土地注入城投,再由城投进行土地抵押融资,用土地出让金偿债,2012年后政策稍有改变,但是,政府仍然通过城投进行土地抵押贷款进行财政融资,2019年底,发债城投主体的银行贷款总额约6.8万亿元。

土地出让收入为主的房地产发展在为政府获取巨额的财政收入的同时，对国民经济的负面影响也是很显著的，尤其是地方政府对土地财政的高度依赖，在下列两个方面表现出严重的弊端：一方面，出售土地换取收入是一种短期行为，土地出让金本质上是土地所有者出让土地使用权若干年限的地租的总和，它是地租而非税收，把租金当税收进行一次性收取并使用的方法不符合正常的经济原则，是一种"透支"行为。而且在特定的人事考核和任免期限制下，必然会导致地方政府不管未来只顾当前的利益，运用各种手段扩大出售土地来换取收入，既漠视了土地资源不可再生的性质，也有悖于"代际公平"的利益关系；另一方面，巨额的利益容易诱发土地"寻租"，产生腐败。征地和卖地两个环节都有巨额的利益关系，由于住宅用地和工业用地的双轨制，有些地方政府通过改变土地用途来牟取不当利益，滥用职权，行贿受贿等违法活动常有发生。

第三，中国房地产市场化改革改变了住房消费属性而转向了投资属性和金融属性。

房地产尤其是住房本身并不具备投资属性和金融属性，只是吃、穿、住、用、行的一个方面，因此，中央在调控政策中经常强调"房子是用来住的"便是指住房的消费属性。但是，自从1998年房地产商品化改革以来，房地产的属性逐渐发生了改变，从原有的消费属性转向消费、投资和金融属性并重的性质，尤其是针对很多已满足自家住房以外的多套住房购买，投资和金融属性已成为主要的属性。这种转变主要原因有三个主要方面的原因：第一方面是因为居民收入水平的提高。在房地产市场化改革初期，大约21世纪初期，人均国民生产总值相对较低，除了一些生活必需及教育、医疗等支出，居民普遍缺少多余资金，此时的住房购买属于改善居住条件，因此仍然是消费属性为主。后来，随着人民收入水平的逐渐提高，部分人在已经满足自身的居住条件之外，发现能够有多余资金购买多套住房，当时全国平均居住水平仍然较差，购买的多套住房可以用于出租或再次出售可以获利，于是这些居民的自需之外的住房购买便有了投资功能；第二方面是国家对房地产交易和流通市场的建设和管理。21世纪初以来，尤其是最近10多年来，政府不断建设和完善了房地产的交易市场以及各种管理制度，房地产流通及产权已经有了法律的保护，多余房产可以有正规的合法的渠道进行交易和认证。而且房地产市场化改革和金融改革相行并促,房地产具有不动产特性可以很方便地进行抵押融资,是一种有效的金融手段;第三方面,也是最近10多年来促使房地产过热的主要因素之一,即居民缺乏合适的、有保障的投资渠道以及房价高速上涨互相作用,人们为了有限的资产保值增值,纷纷把房地产作为投资的主要对象。而且,在房地产可以抵押进行再次融资又存在金融管理漏洞的时候,有些投机者成了"炒房客"进行加杠杆炒房,这是非常值得警惕的因素,也是住房性质由消费属性转变为投资、金融和投机属性的根本原因。

在以上三个条件或者特征同时作用的情况下,中国房地产在最近20多年如火如荼,发展异常迅猛。截至2020年,中国城镇人均住房建筑面积达34.7平方米,如果按0.75系数折合为使用面积达26平方米,房地产改革伴随着城镇化率上升至64.72%。2020年中国住房市值为62.6万亿美元,明显大于美国的33.6万亿美元、日本的10.8万亿美元、英法德三国合计的31.5万亿美元。从住房市值与GDP的比例看,2020年中国为414%,高于美国、日本、德国、英国、法国的148%、233%、271%、339%、354%。从住房市值占股债房市值的比例看,2020年中国为66.6%,高于美国的27%、日本的37%、英国的49%、法国的56%、德国的64%。中国住房市值与股债房市值的比例较高,主要是因为住房市值高,以及中国资本市场发育尚不成熟,直接融资比例较低,股票、债券市值较低,居民投资渠道缺乏。同时,住房拥有不均衡,最低20%的城镇家庭用户拥有约6%的住房面积,而最高20%的家庭用户拥有约40%的住房面积,说明中国房地产有过度的投资和投机现象。

第二节　房地产改革的信用创造效应

21世纪初以来,我国广义货币供给量的快速增加,和房地产市场化改革有着密切的联系。其中一个环节是中国房地产市场化改革和金融产品创新结合,尤其是商品房预售制度与住房按揭贷款的结合增加了货币的需求,创造了信用,对货币供给量会产生很大的影响。

我国的商品房预售制度可以追溯到1994年,原建设部发布的《城市商品房预售管理办法》,而且在房地产市场化改革快速推进的 2001 年和 2004 年进行了两次修订。文件规定商品房实行预售许可证制度,对于取得土地使用权证、建设工程规划许可证、施工许可证以及商品房预售许可证等四证,以及投入开发建设的资金达到工程建设总投资的 25% 以上的房地产开发企业,便可以预售的方式出售和开工建设,这种制度可以解决部分房地产企业资金不足问题,相当于一种融资手段。但是,对于宏观经济而言,拿未完工的房产等建筑产品当抵押获取贷款,实质上是在商品价值没有增加的情况下,提前增加了货币的供给,同时还创造了信用,对于房地产价格和广义货币供给都产生了不可忽视的影响。

住房按揭贷款的信用创造过程大致可以举一个简单的例子来解释:假设某居民向 A 商业银行申请住房按揭贷款 100 万元,当这笔资金得以审批之后,理论上房地产开发企业甲将期房销售合同抵押在商业银行,便可以从商业银行提取 100 万元现金。若甲企业把 100 万元现金用于偿还其在 B 商业银行的贷款,则 B 银行增加了 100 万元的存款。此时,B 商业银行可以将这笔资金在扣除一定的存款准备金后向居民发放贷款,若准备金率为 20%,则有 80 万元可用作商业贷款发放;若乙企业从 B 银行获得 80 万元贷款,存放或者偿还 C 银行的贷款,则 C 银行在扣除 16 万元的存款准备金后,可以向居民或企业发放 64 万元的贷款,如此反复,可以派生出很多货币,这便是信用创造的过程,可以用表 8-1 进行简单的描述:

表 8-1 按揭贷款的信用创造过程

企业	行为	银行	存款(万元)	存款准备金(万元)	贷款(万元)
甲	偿债/存款	A	100	20	80
乙	偿债/存款	B	80	16	64
丙	偿债/存款	C	64	12.8	51.2
丁	偿债/存款	D	51.2	10.24	40.96
…	…	…	…	…	…
合计			500	100	400

$$\Delta M = \Delta L + (\Delta L - \Delta L \cdot r) + [(\Delta L - \Delta L \cdot r) - (\Delta L - \Delta L \cdot r) \cdot r] + \cdots$$
$$= [\Delta L - \Delta L(1-r)^{n-1}(1-r)]/[1-(1-r)] \quad (8.1)$$

其中,ΔM、ΔL、r 分别代表信用创造总额、贷款总额和存款准备金率。

当这种信用创造的过程不断复制，即当 $n \rightarrow +\infty$ 时，

$$\lim_{n \rightarrow \infty} \Delta M = \Delta L/[1-(1-r)] = \Delta L/r \qquad (8.2)$$

很显然，在其他条件不变的情况下，房地产市场化改革带来的信用创造的总额取决于两个因素，一是住房按揭贷款的总额即 ΔL，二是中央银行制定的准备金率规则。信用创造总额和按揭贷款总额成正比，和存款准备金率成反比。据资料显示，2020年末，我国个人住房贷款余额达36万亿元人民币，这个庞大的数字对我国广义货币供给的影响是很大的。而中央银行为了货币供给的稳定，历次调整存款准备金率：1999年，存款准备金率低至6%，2003年上调到7%，以后经历40多次的提高，至2015年调整到20%并一直执行至今。房地产市场化改革以来，央行不断地上调存款准备金率，很显然是出于中国房地产贷款带来的信用创造效应过强而采取的一种应对措施，在一定程度上抑制了我国货币供给的增加，但是客观上仍然产生了货币乘数效应。其实货币创造的机制在上文已经有了详细深入的研究，只是房地产改革带来的货币创造有更加独特的特征，即以未真正产出的产品当抵押品和已经存在的产品当抵押品相比，货币需求的客观存在性质不同，因而对社会经济生产的影响过程也会稍有不同。

第三节 我国土地财政降低货币生产率的原理

土地财政是指地方政府依靠出让土地使用权的收入来维持地方财政支出的现象，土地使用权与土地出让金交换，实质上是把未来若干年的租金当一年的税收来使用，属于"透支"行为。土地出让金是地方政府性基金收入的主要部分，几乎与房地产市场化改革同步，分税制和财政分权改革使得土地出让金逐渐成为地方财政收入的重要组成部分，而且土地财政依赖度在全国大部分地方显著提高。土地财政依赖度一般定义为"卖地收入与一般公共预算收入的比值"，至2020年，全国主要城市土地财政依赖度中有20个城市超过100%，全国卖地收入8.4万亿元，地方一般公共预算本级收入10万亿元，理论上讲，全国平均土地财政依赖度已达到84%。

地方政府财政支出严重依赖卖地维持是全世界罕见的,这种严重的"寅吃卯粮"行为是不可持续的,而且必将对宏观经济造成严重的影响。

一、土地财政的通货膨胀效应

通货膨胀是指在一定时间内一般物价水平的持续上涨的经济现象。最近20~30年,全球经济发展相对平稳,经济学界很少对通货膨胀问题进行一般性的讨论。通常情况下,通货膨胀用三个指标来衡量:一是生产者价格指数(PPI),用以衡量制造商和农场主向商店出售商品的价格指数,反映生产资料的价格变化状况,衡量各种商品在不同生产阶段的成本价格变化情况;二是消费者价格指数(CPI),用以衡量对一个固定的消费品,即消费者支付商品和劳务价格的变化;三是零售物价指数(RPI),即以现金或信用卡形式支付的零售商品的价格指数,与CPI内容大体相近,但不包括各种服务业而增加了汽车销售额。仔细对比容易发现,从通货膨胀的定义上看,房地产价格应该属于通货膨胀的考察范畴,但是用通货膨胀的三个指标来衡量,房地产价格似乎可以包含但一般不包含在其中。因此,对于中国特有的房价快速上涨是否属于通货膨胀问题,国内有两种不同的声音,常见的一种说法是房价上涨不算通货膨胀,理由是房地产属于资产范畴而不属于消费品;另一种说法是房地产属于商品的范畴,价格上涨属于通货膨胀的内容之一,例如央行前行长周小川在多次论坛演讲时表示,"当前的物价指数型通货膨胀较少包含资产价格,可能带来一定失真",言下之意就是房地产价格上涨应该在通货膨胀统计中体现。

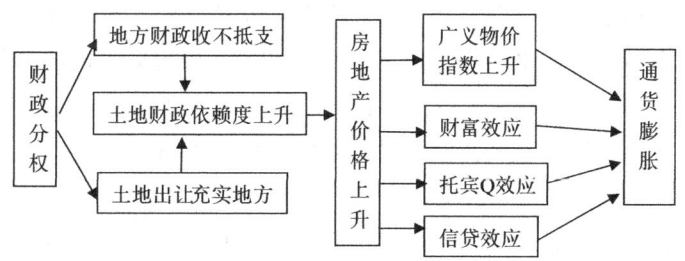

图8-1 土地财政的形成及通货膨胀效应

事实上,早在100多年前,经典的货币经济理论就对通货膨胀的衡量问题有明确的结论，他们将资产价格作为广义的通货膨胀指标来度量。费雪（1911）在其著作《货币的购买力》中认为，货币供应量的增加会导致资产价格上涨，因此也可以通过资产价格来影响商品的价格，政策调控的主要目标之一是稳定资产的价格；此后很长一段时间，有很多研究都认为执政者需要十分重视资产的价格，以平衡物价不至于产生严重的通货膨胀；Goodhart（1999）的研究把资产纳入价格指数的统计中，形成一个广义层面的价格指数来研究通货膨胀问题。Goodhart & Hofmann（2001）把房地产和股票作为主要的资产，研究其对全社会总需求的影响，认为加入房地产价格和股票价格的"货币状况指数"来测量通货膨胀更加合理和全面。如图8-1所示，在财政分权改革过程中，地方政府会通过出让土地的形式来补充财政收支缺口，从而形成土地财政依赖，土地财政会通过两种途径推动通货膨胀：首先是直接推高房价，推动广义通货膨胀指数。根据费雪等人的经典文献给出通货膨胀的定义，认为通货膨胀应该反映所有的商品价格的上涨程度，房地产产品作为特殊的商品，和其他商品一样，也能引致货币真实购买力的下降，实质体现出货币供给超出商品总价值。土地出让金是土地开发商为换取土地使用权支付给地方政府的特殊费用，是经营主要成本之一，土地出让金不断增加，间接表现为单位面积商品房成本增加，从而房价也相应上涨。土地出让金是近20年来商品房价格上涨的主要因素，有资料显示，土地出让金占商品房销售价格从21世纪初期很少的比例上升到很高的比例，甚至高达80%。如此高昂的土地价格使得房地产价格持续快速地上涨，其实质便是类似于成本推动型的通货膨胀。其次是通过财富效应、托宾Q效应和信贷渠道等间接推动通货膨胀。财富效应可简单用逻辑是：房地产价格↑→房地产所有者收入↑→所有者消费和投资的需求↑→物价总水平↑；托宾Q效应和信贷渠道效应同时起作用，房地产价格↑→房地产行业投资↑→社会总需求↑→全社会价格水平↑。

在上述的作用机制下，土地财政必定会影响经济增长。一方面，社会上投放的货币供给增加了；另一方面，产出和分配却受到了制约。从某个角度上看，土地财政有融资的性质，即地方政府通过提前出售未来土地租金的方式，聚集了大量的资金用于改善公共基础设施，提供更为优质的投资环境、投入教育、环境保护等。但是，用于这些经济社会发展的投入毕竟在财政公共预算支出中所占的比例不高，更多的卖地收入被用于了人员开支和公务支出等对经济增长和社会公平贡献较小的领域。而且，土地财政产生的通货膨胀效应一样会对经济社会的发展带来几个方面的负面作用：第一，土地财政导致的通货膨胀预期，会过度冲击资本市场和投资，不利于实体经济的增长。由于土地出让金逐年提高，房价也节节攀升，在通胀预期过度情况下，人们担心货币贬值，在投机心理的作用下，居民会选择将储蓄投向房地产购买，因此出现房市火热、股市低迷。我国现有居民储蓄超过 50 万亿元，如此庞大的资金如果投入实体企业，推动工业化和高新科技产业发展，必将对整个社会持续增长和社会进步有利。然而，在通货膨胀预期和房地产投机心理共同作用下，庞大的金融资源被引导进入房地产行业，短期内虽然能够带动房地产行业兴旺及其上下游产业的发展，但是，房地产行业的科技含量低、能耗高、可持续性不强，"全民房地产"的后果会导致工业空心化、产业结构畸形，最终出现不可逆转的"房地产陷阱"。第二，土地财政导致的通货膨胀会影响收入的二次分配，提高全社会的基尼系数，严重影响社会公平，同样会使国民经济陷入不可持续的境地。一方面，由于通货膨胀对债务人和持有实物的财富持有者有利，那些已有房地产投资，尤其是通过增加杠杆进行投资的群体可以获得通货膨胀带来的收益，因此，助长社会投机风气和房地产投资热潮，形成"越炒房越有钱、越有钱越炒房"的恶性循环的局面；另一方面，由于通货膨胀总是有利于政府而不利于普通民众，而且土地财政是将公共资源的使用权出让来支付地方事务的费用，包括财政开支的人员工资支出。换句话说，土地是全民所有的，但是卖地的钱却用在了部分人身上，显然有失公平合理。近些年来部分卖地收入越高的地方，公务人员的收入水平越高，其中主要的原因就是土地财政带来的收入分配不公平，这种不公平会引起社会争议和百姓的不满意，甚至影响社会的稳定。此外，收入分配效应使得社会财富有集中化趋势，基尼系数不断上升，进一步限制了居民的可支配收入水平，进而导致消费引致型国民收入下降，经济增长失去重要的动力。

总之，土地财政引起通货膨胀预期，并推动实质上的广义通货膨胀。一方面使社会上货币供给快速增加；另一方面使产业结构畸形化、工业空心化、基尼系数上升，宏观经济增长率下降。从而货币投入与国民产出的比例进一步下降。

二、土地财政的资源配给效应

土地财政不但会通过引致通货膨胀效应,对经济增长和社会发展带来负面影响,还会造成资源配给效应,像上文分析的信贷配给效应一样,把大量的土地资源配给于生产率更低的国有房地产企业,降低资本配置效率,也带来社会不公平。

土地资源与其他资源不同,它有两个重要的特征,从供给方面看,它有不可再生性和稀缺性,从需求方面,则有巨大的弹性。在全民房地产的大背景下,土地供给严重不足,供不应求必然导致地价上涨。21世纪初开始至今,土地售价不断上升,呈现几十倍甚至几百倍的上涨。供需缺口不断扩大,也导致土地配给越来越严重。在现有的土地出让制度下,地方政府完全掌控了土地一级市场,首先表现在地方政府可以单方面制定土地补偿标准和强制征地,其次地方政府既是土地的经营者又是管理者。换句话说,地方政府对土地的供给拥有绝对的垄断权力,以至于产生"以地生租""以地生税"及其他多种政府寻租行为。

在土地供不应求的市场条件下,均衡的途径是通过价格调整供求的数量,实现供求均衡,即土地价格上升,供给增加,需求减少,自动实现市场均衡。但是,土地管理不能实现完全的市场化,土地供给的多轨制以及政府对公共舆论的忌讳等因素,决定了土地不能完全以市场均衡价格来执行交易。因此即使推出土地"招拍挂"交易制度,也难以真正实现市场机制,而成为既非市场也非计划的怪异现象。究其实质,招拍挂制度是政府干预市场而人为操作的配给均衡,即供给严重小于需求状态下的非瓦尔拉斯均衡。

如图8-2所示,横轴为土地供给或需求的数量,纵轴为土地价格,土地供给是刚性的,即不管价格如何变化,供给量不变,是一条垂直于横轴的线,土地的需求是一条向右下方倾斜的直线,表明需求量随着价格的上升而下降。如果没有人为的干预,将在价格P^*处实现市场的自动均衡。但是,在政府干预的情形下,价格一般低于均衡价格,如在P处,供给的数量是Q_S,需求的数量Q_D明显大于供给,$Q_D - Q_S$成为土地供需缺口。这些缺口便成为配给的因素,地方政府便会依据配给的程度来进行特定的配给行为。

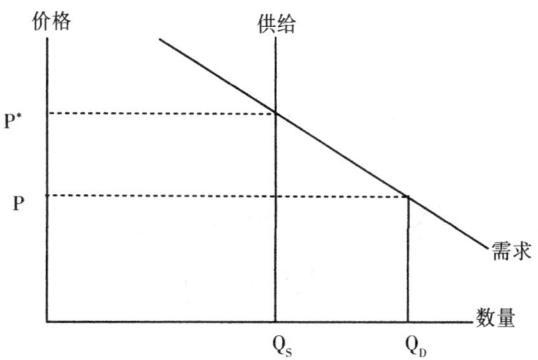

图 8-2 土地的配给均衡过程

土地供求缺口必然会导致交易过程中的违规行为，一般情况下，地方政府会采取打招呼、限制报名条件等各种方式，使土地出让过程规避竞争，为特定受让者"量身定做"前提条件，同时，土地评估机构往往与国土资源管理部门是利益共同体，对地价的评估以他们捆绑的利益最大化为准则，因此，这一过程产生很大的权利。因此，土地配置的结果往往是那些生产率相对较低的企业可以获取土地开发权，因为这些企业尤其是国有企业的决策者权力不受制度约束，存在道德风险，以其自身利益最大化为原则进行决策，行贿受贿。而最终地方政府的土地出让过程中出现"逆向选择"的结果，导致地方整体生产率下降。在既定的货币和土地投入下，产出遭受到了损失。

总的来说，近20多年来，中国房地产改革通过货币创造效应、土地配给的通货膨胀效应等途径，影响经济结构，使货币供给快速增长，同时阻碍生产率的提高。21世纪初以来，房地产改革和金融体制改革互相捆绑，在很大程度上降低了货币生产率，加剧了货币供给与产出的不协调性，给宏观经济增长带来更大的压力和风险。

第九章 基于传统金融发展理论的实证分析

前几章从理论上梳理了我国经济金融体制改革对货币生产率影响的机制和原理，本章试图结合中国改革开放40年来的实际数据，对各经济因子间的关系进行实际验证。当然主要的理论依据是传统的新古典宏观经济学以及由此产生的金融发展理论，采用适当的计量经济模型来拟合。

第一节 计量模型设定

一、指标体系及回归方程

从上文理论分析过程可以看出，货币生产率可以分为三个层次，即分别为现金生产率或 M_0 生产率、狭义货币生产率或 M_1 生产率、广义货币生产率或 M_2 生产率，本研究分别给出它们的定义：现金生产率指单位现金投入带来的国内生产总值的产出，即 GDP/M_0，其中 M_0 代表流通体系中的现金；狭义货币生产率指单位狭义货币的投入带来的国内生产总值的产出，即 GDP/M_1，其中 M_1 代表流通体系中的现金加上企业活期存款，是流动性很强的货币；广义货币生产率指单位现金投入带来的国内生产总值的产出，即 GDP/M_2，其中 M_2 等于 M_1 加上居民储蓄存款、定期存款和其他存款等准货币。由于各个层次的货币内涵有所区别，它同时反映一个国家某个层面上货币投入产出的效率。用公式简单表示如下：

现金生产率 $= GDP/M_0$，与消费密切相关；

狭义货币生产率 $= GDP/M_1 = GDP/（M_0 + 企业活期存款）$；

广义货币生产率 $= GDP/M_2 = GDP/（M_1 + 居民储蓄存款 + 定期存款 + 活期存款）$。

影响货币生产率的因素包括四个方面，即利率市场化、信贷配给、金融扩张度和房地产改革等。这几个方面都是伴随中国金融体制改革过程中出现的有特色的一些环节。根据上文分析，这四个方面都会对投入货币的产出效率会产生影响：利率市场化一是会影响资本的形成以及内源融资的效率；二是会影响金融资源配置的效率；三是信贷配给和利率市场化互相影响，会通过道德风险和逆向选择机制影响资源的流向和使用，通过影响生产率来间接影响货币的产出效率；四是金融扩张度指标是从金融增长的规模上影响全社会的资源筹集和运行，经济增长和经济发展的紧密联系是不言而喻的；房地产市场化改革是最近 20 多年来的经济体制改革的一部分，尤其是房地产与金融体制改革相互制约和捆绑是有中国特色的改革和发展模式，它通过房屋预售制度和土地财政等多种特殊的方式把中国金融体制改革推向了一个新的台阶，也出现了诸多新的问题，对我国的全要素生产率和货币生产率带来了重大的影响。这四个方面的因素是中国金融体制改革对货币生产率产生影响的主要影响路径，而且还有阶段性的特征，前三个方面是自从 1978 年改革开放以来就一直存在的因素，第四个方面是最近 20 多年才出现的特有的现象，因此，建模也需要分两个阶段来进行。实证研究的指标体系及其具体含义，如表 9 – 1 所示。

表 9 – 1　　　　　　　　　　指标体系及各变量

	类别	指标	代号	反映目标
因变量	货币生产率	现金生产率（GDP/M0）	y0	单位现金的产出
		狭义货币生产率（GDP/M1）	y1	单位狭义货币的产出
		广义货币生产率（GDP/M2）	y2	单位广义货币的产出

续表

类别		指标	代号	反映目标
自变量	利率自由化指标	资本形成率	x1	资本形成占GDP的比重
		利率市场化指数	x2	利率由市场决定的程度
	信贷配给指标	四大国有资产/银行业资产总额	x3	政府对银行资产的控制程度
		股份制银行资产/银行业资产总额	x4	银行资产角度的市场化比率
		银行业金融资产/金融资产总额	x5	银行业在金融体系中的地位
	金融市场发育指标	金融相关率	x6	相对于国民经济而言的金融扩张规模
		储蓄/GDP	x7	一个国家内源融资的比率
		(M2/GDP)/(固定资本形成/GDP)	x8	一个国家投资形成的比率
	房地产改革指标	房地产销售额/GDP	x9	房地产扩张规模
		房价指数	x10	房地产价格上涨幅度
		土地出让金/地方财政收入	x11	地方财政对卖地收入的依赖程度
		房地产投资总额/固定资产投资累计完成额	x12	房地产行业投资的地位

根据前文理论分析，结合表9-1的指标体系解释，我们可以初步建立多元回归模型，把各层次的货币生产率和相关因素的理论关系简要表达如下：

$$y_0 = a_0 + a_1 x_1 + a_2 x_2 + \cdots + a_n x_n + \varepsilon \quad \varepsilon \sim N(0, s^2) \quad (9.1)$$

$$y_1 = \beta_0 + \beta_1 x_1 + \beta_2 x_2 + \cdots + \beta_n x_n + \varepsilon \quad \varepsilon \sim N(0, s^2) \quad (9.2)$$

$$y_2 = \gamma_0 + \gamma_1 x_1 + \gamma_2 x_2 + \cdots + \gamma_n x_n + \varepsilon \quad \varepsilon \sim N(0, s^2) \quad (9.3)$$

当自变量$x_1, \cdots, x_n$之间互相独立、所有变量为连续变量、数据具有方差齐性、无异常值和正态分布的特点时，尤其是自变量间不存在多重共线性时。可以直接对式（9.1）至式（9.3）进行线性回归。前几个条件都是相对容易满足的，但是解释变量间很容易出现趋势相同及共线性，如果存在严重的共线性时，则需要考虑逐步回归或者岭回归方法来处理。

二、变量的具体解释

与主题对应，本研究主要应用实际宏观数据对货币投入与产出关系进行实证分析，因此变量的定义与相关权威理论及统计解释保持一致，数据主要来自权威统计资料。

货币供给系列：包括流通中的现金 M_0、狭义货币供给 M_1 和广义货币供给 M_2。这些指标不但体现货币层次的划分，还能反映货币创造过程以及货币供给的决定因素等内涵。根据费雪恒等式，当货币流通速度既定时，如果没有明显的通货膨胀，则理论上货币供给与货币需求是相等的。本研究所有的货币供给数据来源于《中国金融年鉴》和《中国统计年鉴》。

国内生产总值：即 GDP，是一个国家（或地区）所有常住单位在一定时期内生产活动的最终成果。GDP 是国民经济核算的核心指标，也是衡量一个国家或地区经济状况和发展水平的重要指标。国内生产总值有三种表现形式，即生产法（价值创造）、收入法（收入形成）和支出法（最终使用）。从价值创造看，它是所有常住单位在一定时期内生产的全部货物和服务价值与同期投入的全部非固定资产货物和服务价值的差额，即所有常住单位的增加值之和；从收入形成看，它是所有常住单位在一定时期内形成的劳动者报酬、生产税净额、固定资产折旧、营业盈余等各项收入之和；从最终使用看，它是所有常住单位在一定时期内最终使用的货物和服务价值与货物和服务净出口价值之和。三种不同方法计算的国内生产总值，在理论上应该一致。所有的 GDP 数额均可以在《中国统计年鉴》中查询得到。

资本形成率：是指一定时期内资本形成总额占国内生产总值的比重。资本形成率亦称投资率，通常指一定时期内资本形成总额占国内生产总值的比重。资本形成总额包括两部分，一部分是固定资本形成总额，另一部分是存货增加。它可以它反映一定时期内生产活动的最终成果用于形成生产性非金融资产的比重，一般与消费率结合起来，投资率可以分析经济的冷热度状态，是投资拉动还是消费拉动型增长，或者投资回报率等经济运行质量的特征。资本形成率是投入产出表中基本的分析指标，《中国统计年鉴》或者《投入产出表》中都有完整的数据。

利率市场化指数：能够反映我国利率市场化改革的实际进程，它主要包括两个方面：一是基准利率形成的市场化程度；二是利率浮动幅度的自由化程度。参考陶雄华、陈明珏（2013）的方法，从三个方面综合测算利率市场化指数：第一，实际利率水平，实际利率水平的正负成为测度利率市场化的首要指标，以1年期储蓄存款名义利率减去消费者物价指数或零售物价指数来度量实际利率；第二，利率的决定方式，它可以分为完全由政府控制、完全由市场供求决定和中间状态三种决定方式，中间状态包括部分利率完全市场化，部分利率或存贷利差仍被管制或限制等。我们根据货币当局管制或限制的利率类别的数量变化来测度利率的决定方式；第三，利率浮动的范围和幅度，将中国的利率体系划分为5类14种，结合官方允许的利率浮动情况，逐一考察官方决定或控制的利率种类变化，分别予以测度。具体的数据来自《中国金融年鉴》《中国统计年鉴》以及中国人民银行网站，并经计算综合而得。

国有、股份制商业银行资产占比：分别指四大国有商业银行资产、股份制商业银行资产占中国银行业资产总额的比重。它们分别等于四大国有商业银行资产总额、股份制商业银行资产除以银行业资产总额。银行资产是指过去的交易或者事项形成的、由银行拥有或者控制的、预期会给商业银行带来经济利益的资源。主要内容包括放款、证券投资、现金资产投资、固定资产投资、租赁、买卖外汇、票据贴现等，其中最主要的是贷款和投资。在中国金融体制改革过程中，国有商业银行的改革有独特的历史，最早从中国人民银行部分业务中分离出来，成为专业银行，1994年以后改制为国有商业银行。不管其身份如何变化，资产总额具有一贯性。国有商业银行资产占比反映国家对银行业控制的程度。1987年，招商银行、中信实业银行、深圳发展银行和烟台住房储蓄银行，成为我国第一批股份制银行。随后，福建兴业银行、广东发展银行、中国光大银行、浦发银行、浙商银行等股份制银行相继成立，它们代表真正市场化运营的银行业金融机构，对金融市场化改革有重要的意义。这些数据由《中国金融年鉴》、中国人民银行及国家统计局网站数据综合整理而得。

银行业资产占金融资产比例：是所有银行业金融机构的资产占所有金融机构资产的比重，是反映金融市场发育的一个非常重要的指标。国务院金融管理部门监督管理的从事金融业务的机构包括银行、证券、保险等三种类型，合理的金融机构体系是这三种金融机构比例协调、功能互补的，货币市场和资本市场互相配合完成全社会融资的有机整体。因此，银行业资产占金融资产比例高低可以反映金融机构的合理性和全面性。由于早期的银行业资产总额数据并不完整，本研究通过对《中国金融年鉴》和中国人民银行网站等渠道获得数据进行整理而来。

金融相关比率：由美国经济学家 Raymond. W. Goldsmith 提出，它指一定时期内社会金融活动总量与经济活动总量的比值。金融活动总量一般用金融资产总额表示。包括非金融部门发行的金融工具，如股票、债券及各种信贷凭证，以及金融部门，即中央银行、存款银行、清算机构、保险组织和二级金融交易中介发行的金融工具，包括通货与活期存款、居民储蓄、保险单等，另外，也包括国外部门的金融工具等。它是广义上的国家金融资产规模与经济活动规模的比例。一般来说，如果单位货币投入的产出率不变，则金融相关率越高表示该国的金融市场越发达。

货币化投资率比值：指一国货币化进程与投资率的相对比值。根据麦金农的金融深化理论，货币化是经济发展过程中尤其是发展中经济体在发展的初期，很多不以货币为媒介进行流通的商品在市场中得以运行，它们需要更多的货币来支撑经济发展的需要，通常表现为货币总供给与产出的比。而投资率实际上就是资本形成率。这两个比值之比反映的是货币化进程能否拉动投资率的变化，某个方面反映了金融体制改革对经济增长方面的影响类型。这些数据与前面系列数据一致，均可以从《中国金融年鉴》和《中国统计年鉴》中整理而得。

房地产销售额与 GDP 比率，房价指数：本研究所指的房地产销售额包括住宅、办公楼房以及商业用房的销售额，反映了房地产行业扩张的速度。房价指数是把商品房销售额除以面积所得的单位面积房地产的价格水平。值得注意的是，我国在统计物价指数的时候，CPI、PPI 和商品零售价格指数中均不包括房地产价格，因此，一般的通货膨胀研究也不涉及房地产价格，但是，广义的通货膨胀其实是包括房地产价格上涨的因素的。因此，本研究中的房地产价格对宏观经济研究有特殊的意义。房地产销售相关数据来自《中国统计年鉴》、锐思数据服务等。

土地出让金与地方财政收入比例：土地出让收入是政府性基金收入的一种，也是其构成主体。是指各级政府土地管理部门将土地使用权出让给土地使用者，按规定向受让人收取的土地出让的全部价款（指土地出让的交易总额），或土地使用期满，土地使用者需要续期而向土地管理部门缴纳的续期土地出让价款，或原通过行政划拨获得土地使用权的土地使用者，将土地使用权有偿转让、出租、抵押、作价入股和投资，按规定补交的土地出让价款。地方财政收入来源分为两类：一是税收性收入；二是非税收入。土地出让收入的本质不是税收而是租金，具有长期分摊的性质，但是地方政府将其一次性收取，显然是一种透支行为，而且土地出让收入占地方财政收入的比例越高，说明对出让土地的依赖程度越高，是一种不符合经济规律的行为。土地出让金数据主要从《中国国土资源统计年鉴》整理获得，地方财政收入从《中国财政年鉴》整理而得。

房地产投资总额与固定资产投资累计完成额的比率：从投资角度反映房地产行业扩张的速度，作为固定资产投资的一部分，其比例显示出投资拉动经济过程中房地产行业所占的份额。房地产投资总额数据来自锐思数据服务。固定资产投资累计完成额通过《中国统计年鉴》整理获得。

第二节　数据描述与回归结果

一、数据的统计描述

根据中国经济体制改革的历程，主要呈现阶段性特征。第一阶段是1979年至1999年，经济体制改革是以公有制产权改革和价格市场化改革为主要内容；第二阶段是从2000年至2019年，中国房地产市场化改革正式启动，这一阶段改革的对象更为复杂，即房地产市场化改革不但推动了房地产价格的市场化，还推动了金融体制改革的进一步发展，产生出一系列的金融产品，而且财政分税制和土地财政的逐步出现，使得改革错综复杂。因此，我们根据改革的具体特点，把数据分成两组进行回归：第一组是从1979年至2019年，不考虑房地产改革，只考虑产权制度改革和价格市场化改革的因素，自变量包括利率自由化、信贷配给和金融市场发育三个方面,共计 8 个自变量,3 个因变量来考察它们与三个层次的货币生产率的关系;第二组是从 1999 年至 2019 年,纳入房地产改革后的金融体制改革综合体系,共计 12 个自变量,3 个因变量。对数据初步处理后统计如表9-2所示。

表9-2 变量统计描述

组别	指标	个案数	最小值	最大值	平均值	标准差
数据组1:1979年至2019年;有效个案:41	GDP/M0	41	5.3619	15.0848	8.7074	2.4943
	GDP/M1	41	1.3955	3.4306	2.0898	0.5169
	GDP/M2	41	0.4815	2.7695	0.9953	0.5954
	资本形成率	41	31.9	47	39.2756	4.3962
	利率市场化指数	41	0.032	0.7717	0.4638	0.1942
	四大国有资产/银行业资产总额	41	0.3667	1	0.7311	0.2358
	股份制银行资产/银行业资产总额	41	0	0.2077	0.0988	0.0698
	银行业金融资产/金融资产总额	41	0.4535	0.935	0.7425	0.1316
	金融相关率	41	0.9755	3.632	2.4234	0.7592
	储蓄/GDP	41	0.0686	0.8304	0.5309	0.2512
	(M2/GDP)/(固定资本形成/GDP)	41	1.2736	5.0176	3.5645	1.1239
数据组2:1999年至2019年;有效个案:21	GDP/M0	21	5.945	12.7804	8.9741	2.2224
	GDP/M1	21	1.3955	1.9206	1.6615	0.1376
	GDP/M2	21	0.4815	0.6845	0.5713	0.0661
	资本形成率	21	33.7	47	41.8143	4.0789
	利率市场化指数	21	0.3707	0.7717	0.6137	0.094
	四大国有资产/银行业资产总额	21	0.3667	0.7625	0.5263	0.127
	股份制银行资产/银行业资产总额	21	0.1154	0.2077	0.1571	0.0272
	银行业金融资产/金融资产总额	21	0.4535	0.9138	0.7265	0.132

续表

组别	指标	个案数	最小值	最大值	平均值	标准差
数据组2：1999年至2019年；有效个案：21	金融相关率	21	2.5038	3.632	3.0492	0.2905
	储蓄/GDP	21	0.6388	0.8304	0.7399	0.056
	（M2/GDP）/（固定资本形成/GDP）	21	3.8105	5.0176	4.4325	0.4052
	房地产销售额/GDP	21	0.3681	2.1829	1.0472	0.6152
	房价指数	21	0.2052	0.931	0.4848	0.2306
	土地出让金/地方财政收入	21	0.0919	0.7239	0.4601	0.1842
	房地产投资总额/固定资产投资累计完成额	21	0.172	0.2397	0.203	0.0208

对于多个解释变量与被解释变量进行回归，我们往往采用线性模型进行估计，因为一般情况下线性模型都能对它们的关系进行较好的拟合，除非符合特殊的曲线回归规律。不过，对于多元回归分析，变量的概率分布、数据的连续性和独立性是需要首先考察的，尤其是自变量间的共线性问题直接影响回归的准确性，也决定了回归方式的选择。因此，首先需要对模型进行探索性的线性回归和共线性特征进行判断，通过可决系数判断因变量变化的可靠度，用标准误来反映拟合优度，根据VIF值来显示自变量间的多重共线性程度。

从图9-1可以看出，数据组1的有效个案数为41，而且每个变量数据连续、无异常值，有效率100%；数据组2的有效个案数为21，每个变量数据连续、无异常值，有效率100%。接下来需要对模型进行初步拟合和自变量的共线性判断。

二、总体回归结果

根据式（9.1）至式（9.3），分别得到模型Ⅰ、Ⅱ、Ⅲ，首先对数据进行初步分析，判断回归的可行性。对两组数据分别进行直接线性回归，

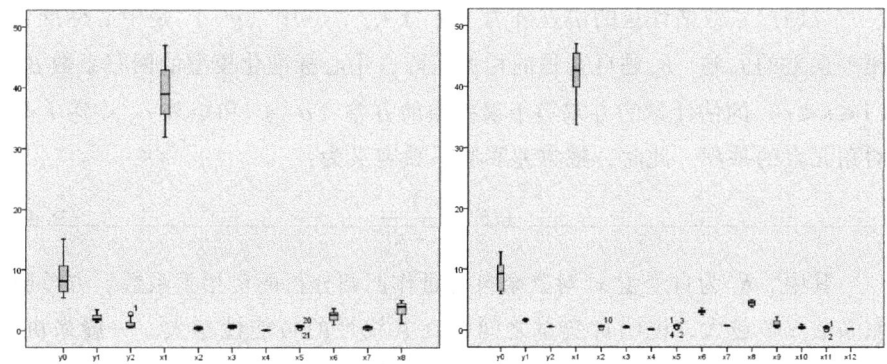

图 9-1　数据有效性的箱形图

得到如表 9-3 所示的结果。

表 9-3　　　　　　货币生产率与诸因素间线性回归拟合优度

组别	模型	R	R^2	调整后的 R^2	标准估算的误差
数据组 1[a]	Ⅰ	0.933	0.871	0.839	1.002
	Ⅱ	0.965	0.931	0.913	0.152
	Ⅲ	0.982	0.964	0.955	0.127
数据组 2[b]	Ⅰ	0.998	0.996	0.990	0.221
	Ⅱ	0.999	0.997	0.986	0.122
	Ⅲ	0.999	0.998	0.989	0.019

a. 预测变量：（常量），x8，x5，x1，x2，x3，x4，x6，x7

b. 预测变量：（常量），x12，x11，x8，x2，x4，x7，x10，x6，x5，x1，x9，x3

表 9-3 综合反映了变量间的拟合效果和可靠度，总体上看，变量选择是合理的，也比较全面，可决系数表明，被解释变量对解释变量的变化解释可靠，标准误除了数据组 1 的模型 Ⅰ 较大，其他拟合优度均理想。如果解释变量间不存在严重的多重共线性，则直接可以用线性回归模型来分析它们之间的关系。

因此，接下来需要对解释变量的独立性进行检验。在多元回归分析中，衡量自变量是否存在共线性的一个常用方法是计算变量的方差膨胀系数（Variance inflation factor，VIF），它表示回归系数估计量的方差与假设自变量间不线性相关时方差相比的比值。

设回归系数估计量的协差阵为 $(\sigma^*)^2 r_{xx}^{-1}$，其中 $(\sigma^*)^2$ 是中心标准化模型误差的方差，r_{xx} 是自变量的相关矩阵，中心标准化模型的回归系数 β_k^* ($1 \leq k \leq p$) 的估计量的方差等于误差项的方差 $(\sigma^*)^2$ 和矩阵 r_{xx}^{-1} 中第 k 个对角元素的乘积。此时，把方差膨胀系数定义为：

$$VIF = \frac{1}{1 - R_i^2} \tag{9.4}$$

其中，R_i 为自变量 x_i 对其余自变量作回归分析的负相关系数。方差膨胀系数 VIF 越大，说明自变量之间存在共线性的可能性越大。一般来讲，如果方差膨胀因子超过 10，则回归模型存在严重的多重共线性。又根据 Hair（1995）的共线性诊断标准，当自变量的容忍度大于 0.1，方差膨胀系数小于 10 的范围是可以接受的，表明自变量之间没有共线性问题存在。表 9-4 是两个数据组的解释变量的方差膨胀系数。

表 9-4 解释变量的方差膨胀系数

组别	变量	未标准化系数 B	标准误差	标准化系数 Beta	共线性容差	VIF
数据组Ⅰ	x1	-25.349	10.173	-0.447	0.126	7.967
	x2	3.406	1.735	0.265	0.221	4.524
	x3	-10.765	3.249	-1.018	0.043	23.389
	x4	67.613	11.687	1.892	0.038	26.513
	x5	6.916	2.158	0.365	0.311	3.215
	x6	-1.844	1.411	-0.561	0.022	45.739
	x7	-14.851	4.792	-1.496	0.017	57.734
	x8	-1.494	0.86	-0.673	0.027	37.202
数据组Ⅱ	x1	0.101	6.171	0.002	0.039	25.782
	x2	2.428	1.523	0.103	0.12	8.339
	x3	-9.191	3.448	-0.525	0.013	78
	x4	-0.65	5.885	-0.008	0.096	10.426
	x5	-1.695	2.872	-0.101	0.017	58.476
	x6	-0.066	0.814	-0.009	0.044	22.747
	x7	-4.422	2.643	-0.111	0.112	8.901
	x8	-0.801	0.372	-0.146	0.108	9.257
	x9	-0.884	0.623	-0.245	0.017	59.726
	x10	10.747	1.282	1.115	0.028	35.554
	x11	-3.216	1.375	-0.267	0.038	26.118
	x12	13.032	7.258	0.122	0.108	9.256
	x12	13.032	7.258	0.122	0.108	9.256

从表9-4不难看出，解释变量间存在严重的多重共线性，数据组Ⅰ只有两个变量VIF值小于5，数据组Ⅱ所有的变量VIF值均大于5。如果用最小二乘法进行回归，会导致参数估计方差太大，效果并不理想。我们可以通过引用一种改良的最小二乘法，放弃无偏性，损失部分信息，但可以更加符合实际情况，缓解多重共线性及过拟合问题。

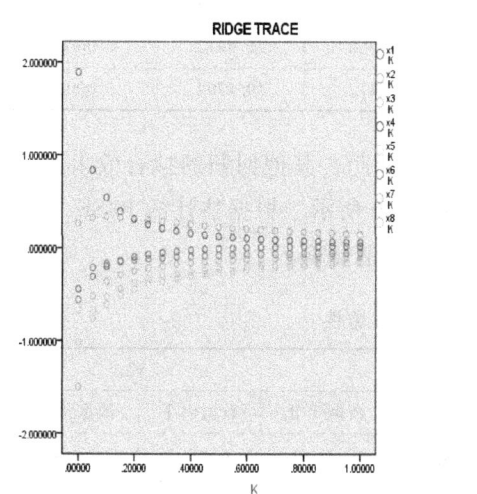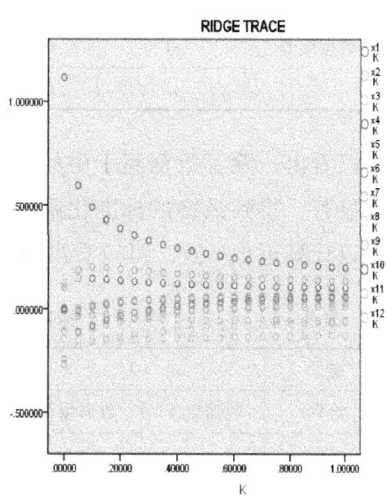

图9-2 数据组岭迹图

很显然，各个解释变量 x_1，x_2，…，x_n 之间存在严重的多重共线性，矩阵 $|X^TX| \approx 0$，参数估计值为 $\hat{\beta} = (X^TX)^{-1}X^Ty$，此时，参数 $\hat{\beta}_i$ 是没有意义的。于是我们采用一种叫岭回归的方法，即通过引入正数矩阵 $\Gamma = kI$，$(k>0)$ 作为扰动项，用 $\hat{\beta}(k) = (X^TX + kI)^{-1}X^TY$ 来估计参数 $\hat{\beta}_i$。随着 k 的增大，$\hat{\beta}(k)$ 各元素 $\hat{\beta}(k)_i$ 的绝对值均趋于不断变小，它们相对于正确值 b_i 的偏差也越来越大。$k \to +\infty$ 时，$\hat{\beta}(k) \to 0$。其中 $\hat{\beta}(k)$ 随 k 的改变而变化的轨迹被称为岭迹，我们根据岭迹图9-2来确定 k 值的大小。这种回归方法是对最小二乘法回归的一种改良，它损失了无偏性，但是估计的数值稳定性好，计算的精度较高。

根据图9-2，综合考虑估计精度和可决系数，我们采用 $k = 2$ 对两组数据进行岭回归。得到各因子的回归的显著性，从回归和方差分析的结果

表 9-5　　　　　　　数据组的显著性（k=0.2）

组别	变量	RSquare	Adj RSqu	F value	Sig F
数据组Ⅰ	y0	0.6267	0.5334	6.7161	0.0000
	y1	0.9028	0.8786	37.1731	0.0000
	y2	0.9201	0.9001	46.0438	0.0000
数据组Ⅱ	y0	0.9610	0.9025	16.4225	0.0002
	y1	0.9745	0.9362	25.4712	0.0000
	y2	0.9669	0.9172	19.4704	0.0001

可以看出，除了数据组Ⅰ中的现金生产率回归，其他回归的拟合效果都非常显著。得到最终的标准化系数，如表9-6所示。根据估计的B/SE（B）可以计算近似t值，可以看出总体系数估计值显著。

表 9-6　　　　　　　标准化回归系数及显著性

变量	y0		y1		y2	
组别	数据组Ⅰ	数据组Ⅱ	数据组Ⅰ	数据组Ⅱ	数据组Ⅰ	数据组Ⅱ
x1	-0.096**	-0.035**	-0.083***	0.441***	-0.141***	-0.048**
x2	0.315***	-0.022*	-0.132***	-0.048**	0.078**	0.708***
x3	-0.382***	-0.148***	0.092***	-0.084***	0.007*	0.074***
x4	0.309***	0.135***	-0.010*	0.102***	-0.041***	0.011*
x5	0.348***	0.159***	0.095***	0.023**	0.113***	-0.003
x6	-0.129***	0.029*	-0.168***	0.067**	-0.216***	-0.001
x7	-0.246***	-0.060**	-0.202***	0.104***	-0.272***	0.095**
x8	-0.446***	-0.134***	-0.275***	-0.203***	-0.318***	0.003***
x9	-	0.191***	-	-0.005*	-	0.133
x10	-	0.387***	-	-0.029***	-	-0.005
x11	-	0.037**	-	0.198***	-	-0.010*
x12	-	-0.041**	-	-0.048**	-	-0.079**

注：岭回归显著性通过B/SE（B）计算得到近似的t值来判断，*表示10%水平上显著，**表示5%水平上显著，***表示1%水平上显著。

第三节 实证结果分析

上文在我国改革开放40年来的实践数据的基础上,对金融体制的特征做了详细的总结和深入的分析,然后结合传统的金融发展理论,对中国金融抑制导致非瓦尔拉斯均衡、信贷配给与投融资效率,以及信用创造和货币供给的机制和原理,金融改革对中国货币产出效率的影响等,构建了具体的实证计量模型,对三个层次的货币生产率的影响因素进行了回归模拟。依据传统的金融发展理论规律不难看出,改革开放40多年来,中国金融发展与经济增长的关系有异于一般规律,与很多学者一样,都认识到了其产生的原因及或可能导致的后果。但经过上文分析,我们还初步发现了它并不具备合理性,作者在2013年发表的学术论文中对中国金融发展与经济增长效率的问题进行了深入的研究。经过本研究的理论和实证分析可以看出,从短期看是中国特有的体制约束条件下,是在经济市场化过程中,金融发展与经济增长不协调所产生的必然现象。而从长期看,它不符合经济发展规律,是一种不健康的经济社会形态,不利于国民经济稳定、可持续发展,近年来 CPI 不断攀高的现实就是体制约束下畸形货币化进程的必然,甚至是经济发展受阻的征兆。

一、经济货币化是货币生产率降低的阶段性影响因素

1993年 McKinnon 对中国的金融发展与经济增长问题进行了一定程度的研究,发现中国货币供应量增长远超经济增长率,而且财政收入占 GDP 的比率不断下降,同时中国的物价相对还算稳定,成功地控制住了几次通货膨胀的势头。他根据经济市场化次序理论,认为货币或金融的增长必须建立在中央财政平衡的基础上,否则将带来严重的通货膨胀,反过来影响经济的进一步增长。然而,中国改革开放以来,金融资产快速增长的同时,物价相对比较平稳,而财政收入占比有所下降,这是一个令人难以置

信的现象①。

从表面看,这一特有的现象是经济发展过程中的阶段性特点,即经济发展过程中很多没有进入市场的成分需要市场化运行,市场交换必然需要货币为媒介,此时货币需求量和货币供给的增加便是经济货币化。尤其是在改革开放的前20年,货币供给的增长速度显然与经济货币化有关。伍志文(2003)等很多学者的研究已经证实了这一点;我们也可以从中国经济历史和现实中看出:改革开放前,中国没有规范的金融市场,金融功能从属于财政配置功能,国有金融的主要任务是为国有企业融资。1978年后,国有金融机构在放权让利式中推行改革,尤其是各个领域所有制改革和市场经济建设,使得资金的拥有和使用渠道多样化、分散化。政府为了聚集社会上闲散的资金推进经济建设,及时地推动了金融改革,经过30多年金融的改革,导致了三方面异常增长:首先是广义货币供给与国内生产总值的比例快速持续升高,且远远超过全世界水平。1985年,中国 M_2/GDP 为 60.8%,1993年为100%,被 McKinnon 称为"谜",而且此后一路走高,2021年则高达220%。M_2/GDP 是经济货币化水平的典型指标,与世界上大多数国家相比,中国的这一指标不但明显过高,而且一直保持高速上涨,没有减缓的趋势,与金融发展理论严重不符。按照现代金融发展理论,经济在快速增长的初期,货币化进程的需要会推动 M_2/GDP 的快速上升,但是,经济发展到一定程度后,货币化进程也应该结束,而且,M_2/GDP 会在100%至120%之间保持相对稳定,但是,中国已经超过两倍而且没有趋缓。其次,货币化程度的快速持续提高并未带来经济快速持续的增长。中国经济发展的轨迹既未按上文所提 McKinnon 的金融深化理论运行,货币化持续升高。也不能通过 Goldsmith 金融相关比率(FIR)理论进行解释②。换句话说,中国金融体系的发展与经济增长并不协调一致:改革开放的头10多年,高速的货币化支撑了中国经济的高速增长,众多研究

---

① McKinnon:《经济市场化的次序——向市场经济过渡中的金融控制》,上海三联书店、上海人民出版社1993年版。

② Goldsmith 提出的金融相关比率(FIR)中,全部金融工具价值与全部实物资产价值一般用 GDP 来表示。它的含义比麦金农金融发展的货币化指标多了两个非货币性金融变量 L(全部银行贷款)和 S(有价证券),显然更能够反映金融发展到一定程度和其他金融工具出现后的实际。他认为,一个国家整金融体系的发展与经济增长存在明显的正相关关系,也即一国在经济发展过程中,金融体系总量的增长必定会促进经济的增长。

表明，金融发展与经济发展有显著的正相关性。1992年前后，中国的M_2/GDP进一步走高，中国经济应该表现出持续的高速增长，但是，经济增长出现了改革开放以来的首次下挫，尤其是在1996年后，为进一步刺激经济的增长，我国加快了国债和金融证券发行，股市在更大程度上扩容，货币化进程异常提速，但是同一时期经济增长却逐步回落，甚至陷于困境。到了2008年，在国际金融危机和国内经济低迷的双重压力下，中国推出"4万亿刺激计划"，M_2/GDP被进一步推高，此后政府仍然多次出台各种刺激计划，经济增长率仍在波动中下滑。很显然，改革开放的前15年，M_2/GDP与经济增长是显著相关的，M_2/GDP的升高可以被解释为经济货币化的需要，但是，改革开放的后25年，已很难发现M_2/GDP提高对中国经济增长类似1992年前的正相关关系。再次，金融工具整体增长水平与经济发展的水平不一致，金融体系发展不平衡不完善。金融工具整体水平一般用金融相关比率即FIR来表示，中国的FIR从改革开放以来一直处于上升状态，到2003年绝对水平已经相当高，达339.5%，美国、韩国当年120%左右，德国、巴西为80%左右①，我国FIR水平比发展中国家更高，比发达国家也更高。但是，近20年来，金融相关比率只有小幅度增长，例如2020年，中国的FIR接近350%，广义货币供给持续增加，金融资产没有显著增加，经济增长速度逐渐放缓，这也不符合传统，近年来我国金融体系仍然存在诸多问题，与金融市场结构失衡、配置功能虚弱等原因有关。

McKinnon认为，金融发展与经济增长关系要保持健康持续，中央财政的平衡是基础，否则必定会导致迅猛的通货膨胀，随后经济发展受到遏制。但中国在改革进程中，一方面，金融高速增长，快速的货币化给政府带来巨额收益：1986~1993年它平均占GNP的5.4%，此间实际货币发行收益累计达8447.2亿元，根据世界银行测算结果，1993年中国政府从货币化过程中所获收益总额达当年GNP的11%；另一方面，中央财政却急剧下降，而且通货膨胀保持在一个很低的水平，这些与前苏联和东欧等因"休克型"改革导致失败的政府形成鲜明对比。事实也表明，从短期来看，

---

① 外国数据参考http：//www.imf.org/external/index.htm推算所得。Goldsmith认为当金融相关比率达到1~1.5之间的时候，这一比率将趋于稳定。更高的金融相关比率通常多是由于大战时期或结束后的隐蔽性通货膨胀等原因才会产生，其存在的时间也很短。

货币超发还在持续,经济仍在发展,仅仅表现出货币供给的快速增加表面上看并没有损害经济增长的进程。McKinnon 的总结是基于中国 1978 年至 1992 年间的改革过程出现的特有现象,其实这个过程的实质便是经济货币化的过程。从第三章中的表 3-1 至表 3-3 可以很明显地看出,中国经济在改革开放的初期,金融发展的各方面指标都有快速的增长,即市场化进程需要经济成分货币化来维持正常运营。

表 9-7 现金生产率与各影响因子的岭回归系数

	x1	x2	x3	x4	x5	x6
B	-5.475	4.040	-4.042	11.026	6.591	-0.424
Beta	-0.096	0.315	-0.382	0.309	0.348	-0.129
B	-1.909	-0.510	-2.585	11.068	2.681	0.219
Beta	-0.035	-0.022	-0.148	0.135	0.159	0.029
	x7	x8	x9	x10	x11	x12
B	-2.445	-0.990	—	—	—	—
Beta	-0.246	-0.446	—	—	—	—
B	-2.396	-0.737	0.691	3.732	0.440	-4.437
Beta	-0.060	-0.134	0.191	0.387	0.037	-0.041

表 9-7 反映了中国现金产出效率的各影响因素。从回归结果不难看出,最为狭义的货币生产率即现金产出效率是货币化进程的最主要度量指标,它可以揭示出经济发展过程在多大程度上增加了货币的需求。回归系数表明,国有金融占比、资本形成率、金融相关率和储蓄率都与现金产出效率负相关,或者反过来说与经济货币化指数正相关。根据标准化的回归系数,它们影响的程度由大到小分别为 -0.446、-0.382、-0.246 和 -0.129,而银行业金融资产占比、利率市场化指数和股份制银行占比等因素也与现金产出效率正相关,也即与经济货币化进程负相关,标准化回归系数分别为 0.348、0.315 和 0.309,说明中国的利率市场化改革和银行市场化改革取得了正向的积极效应。总的来说,经济货币化实质上是对当时计划经济体制转变为市场经济体制的必要的阶段性因素。

二、货币化指数"剪刀差"的实质

对于中国货币超发的现实,最近20多年来,国内的学者对此作了不少研究,中国金融发展与经济增长的不一致,研究的焦点大多集中在中国 M_2/GDP 过高上,而且大部分学者只关注广义货币供给与国内生产总值的比率(易纲,1996;钟伟、黄涛,2002;陈华良,2005),其中有少部分学者(刘明志,2001;王曦、杨华阳,2007)也注意到了 M_0 和 M_1 与国内生产总值的关系。在笔者看来,从广义货币结构变化的角度研究,从表象入手,分析经济现象的显著特征,对问题本质认识一定是大有裨益的。货币化程度是金融深化的一个主要衡量指标,本书的第三章已经对世界主要几个国家的货币化进程进行比较分析。[①]

从第三章图3-2至图3-6中分析,我们不难看出:①我国货币化程度指标总体上是上升的。M_1、M_2 对 GDP 的比例都逐年上升,尤其是 M_2/GDP 上升速度最快;②1978年前 M_1 与 M_2 几乎是一致的,而且三个指标都呈平稳趋势。这估计与当时经济发展速度慢,计划经济体制有紧密联系;③1978年以后货币化程度指标飞速上升,M_1/GDP 平稳提高,M_2/GDP 奔腾直上。这一方面是由于改革开放后全国经济发展速度加快;另一方面是与经济金融体制转轨中出现的不规范所致;④发达国家的货币供应量平稳,经济一方面发展了,货币供应量并不无增加,甚至有趋于减少的势头。美国、日本都有这个特点;⑤发展中国家与发达国家相比,货币资源的利用效率完全不同。发展中国家 M/GDP 不断提高,在金融发展理论中称为货币程度提高,其实是单位金融资源产出效率不断下降,某个角度上是否可以说明经济发展过程中的粗放与浪费,而发达国家的 M/GDP 稳中有降,说明其单位金融资源的国民产出提高了,也即国家经济发展是集约化了,效率提高了。通过以上分析,本研究发现中国 M/GDP 趋势一个明显特点,即从1978年以后至今近三十年间,M_2/GDP 与 M_1/GDP 之差有急剧扩大的趋势,它就像一把剪刀,故称这一现象为中国货币化指数"剪刀差",它似乎是"中国之谜"的一个缩影,是最为显著和直接的

---

① 本图只是为比较几个国家的经济货币化曲线而作的趋势图,由于数据资料可获性所限,无法取得物价指数数据,由此不能剔除货币国际减价因素,因而 M/GDP 的绝对值没有可比性。

表现。

在研究金融发展与经济增长关系的著作中,从 Mckinnon 和 Shaw、Goldsmith 到 King 和 Levine,经济学家们侧重不同的角度,对金融发展与经济增长的关系提出了不同的指标体系①。经济学家们提出的指标各不相同,而且有各自的优点,这对分析金融发展都有意义,但都针对各自研究的特点。对于中国经济增长和金融发展的关系分析,本研究参照金融发展理论,尝试着提出一个适合中国金融与经济增长关系的指标体系,并对中国金融发展与经济增长状况做出初步分析,以便对造成中国特有的现象的根本原因做出抽象与判断。这个指标体系包括大体可以包括以下几类:第一类是经济增长相关指标,为了研究方便,我们暂不考虑物价上涨指数,仅指名义 GDP。第二类是货币化程度指标,即货币供给量 M 系列与 GDP 之间的对比关系,包括 M_0/GDP、M_1/GDP、M_2/GDP,它能反映某个国家经济货币化程度。第三类是不反映经济体制影响的金融发展指标,包括金融相关率和金融资产的数量与种类,它反映金融市场的发育和完善程度。第四类是反映受经济体制影响的指标,包括:①真正意义上的商业银行资产规模指标②,即真正意义上的商业银行相对于全国金融资产的规模,等于真正意义上的商业银行的信贷资产/全国金融资产,这一指标的原理在于

---

① Goldsmith 在《金融结构与金融发展》中采用以下几类指标来分析金融深化:一是金融相关率;二是货币化程度;三是金融资产的多样化;四是金融资产发展的规范化;五是金融资产的数量和种类。King and Levine 则着重金融功能的计量,设计了四个指标:一是 Depth 指标,即 M_2/GDP,用于衡量金融中介的规模。二是 Bank 指标,用于衡量一国商业银行相对于中央银行的规模,等于商业银行的信贷资产/(商业银行的信贷资产+中央银行国内资产),这一指标的原理在于与中央银行相比,商业银行能够更好地行使风险管理、配置资源等金融功能。三是 Private 指标,用于衡量商业银行对私营企业的贷款,等于商业银行对私营企业的贷款/(国内信贷总量-银行间贷款)。四是 Privy 指标,在性质上同 Private 指标相同,等于商业银行对私营企业的贷款/GDP。与向政府或国有企业贷款不同,银行在向私营企业贷款时需要更为细致地研究企业、实施公司控制、进行风险管理、集聚金融资源以及提供更为便捷的服务,所以 Private 和 Privy 可以用于衡量金融中介在经济中的金融功能。

② 真正意义上的商业银行是指完全实现股份制公司化管理的银行,它是一个完全不受政府行为干预的、以盈利为目的的理性的经济人。我国很多银行都把它定性为商业银行,比如四大国有商业银行,其实不具备商业银行的本质特征,所以不该归为真正意义上的商业银行。我国银行业金融机构包括政策性银行、国有商业银行、股份制商业银行、农村商业银行、城市信用合作社、农村信用合作社、邮政储汇局、外资银行和非银行金融机构,本研究所指的真正意义上的商业银行主要指股份制商业银行,包括交通银行、中信实业银行、光大银行、华夏银行、广东发展银行、招商银行、上海浦东发展银行、兴业银行、中国民生银行、恒丰银行、浙商银行等。

与一个经济体金融资产相比，能够较好地行使风险管理、配置资源等功能的金融资产所占的规模；②商业银行对私企信贷指标，用于衡量商业银行对私营企业的贷款，等于商业银行对私营企业的贷款/国内信贷总额；③商业银行私企信贷贡献指标，等于商业银行对私营企业的贷款/GDP。它能衡量商业银行在对 GDP 作出贡献时对私企的信贷投入规模。其实可以体现一个国家的私有化程度及其获得贷款的能力；④货币流通速度指标，它等于货币化指标的倒数；⑤利率水平指标，它能反映一个国家经济发展过程中信贷的供给与需求水平以及金融自由化的程度等。主要的研究指标体系见上文的详细解释。

根据中国金融发展与经济增长关系时提出的指标体系进行分类研究，通过第三类和第四类指标的对比可以反映体制性因素对金融发展与经济增长的影响。第三类是不反映经济体制影响的金融发展指标，在金融资产的数量上，我国和发达国家一样，改革开放以来已经有了很大的增长。至于种类，也没有很大的可比性，全球经济飞速发展，金融产品也多样化发展，而且每个国家都有各自的特点，有些国家是以银行为主要的资本筹集模式，有的是以证券为主要的模式，它不能准确反映金融市场的发育和完善程度。我们研究的焦点集中在第四类即能突出反映经济体制性质的指模体系上。

从图 9-3 可以看出，无论是从数据组Ⅰ（1979 年至 1999 年），还是从数据组Ⅱ（1979 年至 2019 年）来看，各层次的货币生产率影响因子有很大不同的因子有以下几个：第一，利率市场化因子（X_2）。从改革第一阶段来看，利率市场化对货币生产率的影响都有差距，但从改革 40 年来看，利率市场化对现金生产率和狭义货币生产率影响几乎相同，但是对广义货币生产率影响则大得多；第二，股份制银行资产占所有银行资产的比重（X_4）。这是代表银行业市场化水平的指标，第一阶段中，银行业的市场化水平对现金生产率的影响尤其大，但从完整的改革进程看，它对三个层次的货币生产率影响都差不多；第三，银行业金融资产占所有金融资产的比重（X_5）。即反映货币市场和资本市场的比重指标，第一阶段的数据表明，资本市场的发育对现金生产率影响明显要大，但是从整个改革过程看，资本市场的发育对三个层次的货币生产率影响都处于一般水平；第四，国有商业银行占银行业资产的比重（X3）。它反映了银行业的市场化水平,第一阶段数据表明,它对狭义货币生产率和广义货币生产率的影响都很大,但对现金生产率的影响却小得多,主要原因可能在于第一阶段国有银行的改革从无到有,而且发生了本质上的变化,因此对三大层次的货币生产率影响有很大的差别。但是到了第二个阶段,专业银行已经完成向商业银行的改革,因此对三个层次的货币生产率影响差距不大;第五,资本形成率(X_1)。第一阶段的资本形成率的影响几乎没有差异,但是从整个改革进程看,资本形成率对狭义货币生产率的影响相对显著。

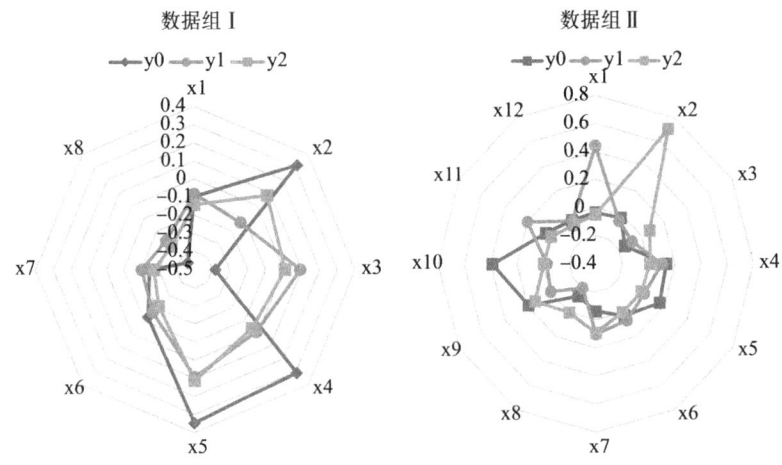

图9-3 各层次货币生产率的影响因子

通过分析不难理解,从商业银行资产对于全国金融资产的规模来看,公有制国家与私有制经济制度有着很大的区别。在私有制经济中,所有的银行都是私有制企业,遵循理性经济人假设。而在公有制经济里,体制因素影响着企业经营者的行为方式,有着独特的特征。在我国市场经济体制建设过程中,政府对国有专业银行进行了商业化改造,并将国有的银行及非银行金融机构更名,定性为商业银行。但是事实上,改名后的国有金融机构并不是真正的商业银行,它有许多公有制及计划经济的特征,并不是理性经济人。因而,对我国商业银行的真正定位与划分,以及对商业银行资产对全国金融机构资产总额比例的研究,有着重要的意义。

另外,通过第三章表3-1和表3-2,以及图3-7、图3-8的比较分析,不难看出,近十几年来,我国市场化改革不断加快,经济体制正在变革,股份制商业银行的发展迅速,所占比重不断增加。数据显示,1987年我国股份制银行占所有金融机构资产比重只有1.25%，到2004年短短的7年间快速上升到10.08%。截至2020年6月末，12家全国性股份制商业银行总资产55.6万亿元，占全部银行业金融机构的18.7%。尤其最近20多年来，国家已经对中国建设银行、中国银行、中国工商银行进行股份制改造，同时各种其他国有金融机构也进行股份制改造。这次几大国有商业银行股份制大规模的股份制改造完成后，我国的股份制商业银行占全国金融机构资产总额实质上已经超过一半。当然，此前我国金融体制还是以公有制为主体的，带有明显的计划经济体制的特征。

我国金融机构对私有企业的贷款非常有限。一方面，私有经济对国民经济增长作出了积极的贡献，它对就业、财政、国企改制以及对金融稳定都作出了很大的贡献。另一方面，私有经济在社会主义政体里受到了不算公正的待遇。从我国金融对私有经济的信贷支持政策上就可以看出。据统计，2004年，全国金融企业信贷总额为17.8万亿元，而对私有经济贷款余额为0.2万亿元，只占信贷总额的1.16%，可以说是微乎其微。2020年，全国金融机构信贷总额达173万亿元，增长了近10倍，而私营企业贷款余额为50万亿元，占比例近30%，有了比较大的提高。虽然口径不完全一致，但是可以看出，我国商业银行私企信贷指标仍是微不足道的。在私有制国家里，银行几乎都是商业化经营，经济主体也不存在国有制的，因而与公有制与计划经济没有可比性。此外，由于我国一直实行金融管制，所以利率几乎是固定不变，而且处于较低的利率水平。

三、体制性约束是我国货币生产率降低的主因

中国的金融快速扩张与货币产出效率的降低，其主要根源在于政府对金融强有力的控制，王晋斌（2007）对此已有一定的见解。中国30年来的经济市场化进程中有着深刻的体制约束烙印，是我国金融快速发展和经济增长不协调的关键因素，也是其之所以产生并短期存在的根本原因，总的来说，中国金融显著的量性增长对经济的增长却没有起到应有的作用，换言之，金融改革过程中的体制约束导致了货币产出效率的下降，是形成中国特有的金融发展与经济增长现象的根本原因。

利用改革开放40年的数据，根据传统的金融发展理论，构建起货币生

产率的回归模型。根据数据组Ⅰ，式（9.1）至式（9.3）岭回归的结果如下：

$$y_0 = -0.096x_1 + 0.315x_2 - 0.382x_3 + 0.309x_4 + 0.348x_5 - 0.129x_6 - 0.246x_7 - 0.446x_8 \tag{9.5}$$

$$y_1 = -0.083x_1 - 0.132x_2 + 0.092x_3 - 0.010x_4 + 0.095x_5 - 0.168x_6 - 0.202x_7 - 0.275x_8 \tag{9.6}$$

$$y_2 = -0.141x_1 + 0.078x_2 + 0.007x_3 - 0.041x_4 + 0.113x_5 - 0.216x_6 - 0.272x_7 - 0.318x_8 \tag{9.7}$$

数据组Ⅰ分析了改革开放前20年，即1979年至1999年间，各层次货币生产率的具体影响因素及其影响机制，主要包括以下几条路径：

第一，原有体制约束与经济市场化的客观需求是导致现金生产率下降的重要原因之一。在改革开放的40多年中，尤其是在改革初期至1993年间，市场经济改革进展迅速，在计划经济体制下的产品和服务加入市场交易，数量划拨变为以价格为尺度、以货币为媒介的交易方式，短时间内爆发出大量的货币需求，为了适应经济市场化的需要，货币供给尤其是狭义货币即 M_0 急剧增长，从而表现为现金生产率的急速下降。数据表明，1979年中国的 GDP/M_0 为15.085，至1999年下降为6.099，减少了一半多，几乎到达历史最低。式（9.5）反映出各影响因素中，对现金生产率起到正向作用的是 X_2、X_4 和 X_5，即利率市场和银行业的市场化改革，是促进现金生产率提高的主要因素；同时，政府一直在推动金融体系建设和金融产权制度改革，客观上也带来了金融数量的扩张：货币发行的增加最主要的原因是改革过程中各级政府的利益最大化的结果，它们既极力争取和抢占更多的金融资源，又为了经济增长去争取更大的信贷规模。同时，中央财政和地方财政独立收支的改革格局使得很多地方政府，尤其是一些经济相对落后的政府财政入不敷出，整个国家治理体系的框架下允许它们通过"财政赤字金融化"的方式解决财政困难，加快了货币发行的速度；其次，金融组织机构和资产数量也不断增长。由于金融机构改革中，仍然按照行政计划设置，金融机构和信贷资源成为各级地方政府生存和发展的争夺目标，从这个意义上讲，金融机构的增加并不意味着金融发展，更不是金融创新的表现，而更多是各级政府、各个利益集团争夺资源的结果。因此，X_3、X_8 和 X_7 是降低现金生产率的主要因素，它们分别代表国有银行占银行业资产比率、投资形成率以及内源融资率。换句话说，经济和金融体制改革是现金生产率波动的主要因素。

第二，金融改革体制约束与信贷配给导致货币投放的低效率与产出的低贡献，是广义货币生产率下降的主导因素。式（9.6）和式（9.7）表明，8 个因素中有 5 个是降低广义货币生产率的因素，而且其弹性系数还比较大，从大到小的影响因素分别是 X_8、X_7、X_6、X_1 和 X_4，即投资率、内源融资率和银行的市场化改革是降低广义货币生产率的主要原因。1978 年开始，社会主义市场经济改革拉开帷幕，在市场能解决的而且对宏观经济稳定不会造成太大冲击的领域，价格改革和产权改革都有很快的进展。但是，由于改革是"摸着石头过河"，国家一直采用审慎的态度，尤其是在金融等"关系国计民生"的领域，改革尤其慎重，相比东欧和前苏联的"休克疗法"，这也是中国渐进式改革成功的重要原因。在金融领域一直处于政府管制状态，如固定利率和汇率制度、金融机构国有制、金融机构人事由政府任免制度等。体制性约束降低了生产者投资融资效率，是货币投入产出效率下降的重要原因。发展中国家一般都存在金融抑制的现象，一般的经济单位都以内源融资为主，生产者的规模普遍比较小，他们外源投资渠道有限，因此，资本使用往往具有无限不可分割的性质。由于发展中国家货币需求与实质资本的互补性质。如果实质资本的平均收益率上升，人们手中实际现金余额的持有量也会上升，以便积聚到一定程度可以作为投资支出，也即"渠道效应"占主导，导致居民储蓄倾向的提升，加强了货币信贷创造过程，间接推动广义货币的增长。同时，由于金融体制改革相对滞后，中央银行缺乏独立性的关键保障，金融调控手段仍然不够灵活，利率和汇率管制市场化改革不彻底，金融宏观调控效率有待提高；商业银行尤其是国有商业银行的产权制度改革，经营制度不健全，公司制度改革严重滞后。利率管制尤其是以低利率管制，导致信贷资金严重供不应求，信贷配给现象严重。一方面，金融机构特别是国有银行的管理者拥有很大的配给权力，"寻租"现象普遍存在，腐败问题突出。商业银行尤其是国有商业银行对借款企业的选择不只是从融资的项目质量进行选择，评估贷款后可能获取的预期利润以及风险来进行考虑，而更多的是从银行与企业的关系，或者是上级领导的意图等来进行决策。信贷配给必然导致资源的使用效率被严重降低，融资企业本身资质不佳，外加行贿的成本加重了经营成本，经营不善又反过来通过类似的方法来获取信贷资金，从而陷入"道德风险累积陷阱"。金融机构又会因为企业的道德风险使自身产生大量的不良资产。另一方面，中小企业尤其是那些资质优良又具有创新潜力的企业，它们存在超额的资金需求时，无法获得信贷资源。高风险、低质量的融资企业充斥信贷市场，而那些资质好、质量高和风险低的融资企业被逐出信贷市场，从而导致贷款的平均质量下降。在信息不对称的情况下，市场的调节机制失灵，金融中介对企业的选择过程中出现"逆向选择效应"。最终，贷款越来越多地流向资质差的借款者，形成"劣币驱逐良币"结局。这些体制性约束导致的信贷配给会影响全社会的投融资效率，从而影响了降低了狭义和广义的货币生产率。

根据数据组Ⅱ，式（9.1）至式（9.3）的岭回归结果如下：

$$y_0 = -0.035x_1 - 0.022x_2 - 0.147x_3 + 0.135x_4 + 0.159x_5 + 0.029x_6 - 0.060x_7 - 0.134x_8 + 0.191x_9 + 0.387x_{10} + 0.037x_{11} - 0.041x_{12} \quad (9.8)$$

$$y_1 = 0.441x_1 - 0.048x_2 - 0.084x_3 + 0.102x_4 + 0.023x_5 + 0.067x_6 + 0.104x_7 - 0.203x_8 - 0.005x_9 - 0.029x_{10} + 0.198x_{11} - 0.048x_{12} \quad (9.9)$$

$$y_2 = -0.048x_1 + 0.708x_2 + 0.074x_3 + 0.011x_4 - 0.003x_5 + 0.001x_6 + 0.095x_7 + 0.003x_8 + 0.133x_9 - 0.005x_{10} - 0.010x_{11} - 0.079x_{12} \quad (9.10)$$

式（9.8）至式（9.10）表明，从整个改革的40年来看，货币生产率的影响因素进一步增加，尤其是房地产市场化改革和金融体制的捆绑式改革，使得货币需求量进一步增长，影响货币的产出效率的因素更加复杂。

首先，价格市场化改革和所有制改革继续对国民经济产生更加深入的影响。2001年，中国加入WTO，为兑现承诺和适应市场经济建设的需要，金融系统的市场化改革也逐步推进，例如利率适当浮动，国有金融机构的股份制改造，建立现代企业制度等。然而，无论如何，中国金融体制改革的慎重态度以及计划经济体制中决策高度集权，致使资源配置原则与市场经济规律之间有严重分歧，尤其是非国有经济快速发展及其为国民经济的贡献与其所获得的金融资源严重失衡：例如，据2004年的数据，全国金融企业而对私有经济贷款余额为2081.6亿元，只占信贷总额的1.16%，可以说是微乎其微，占有90%以上金融资产的国有金融支持着仅占国民生产总值很小部分的大量低效率的国有经济，而占有国民生产总值70%以上的非国有经济，却只有依靠占有不到10%金融资产的非国有金融的支持。而且，在很长一段时间都呈现这种状况。式（9.8）至式（9.10）的结果表明，特别值得注意的是，各影响因子中，X_2和X_3对三个层次的货币生产率影响并不相同，这两个因子分别代表利率市场化和国有商业银行改革，即受经济体制约束最显著的两个因素，它们对于现金和狭义的货币生产率都是负向影响，但对于广义的货币生产率却是正向影响。换句话说，我国的体制约束程度与广义货币生产率正相关，而与狭义的货币生产率呈现负相关，这说明经济体制改革对于货币生产率的提高起着至关重要的作用。容易理解，在市场经济为主体的经济体中，以计划经济及公有制为特征的金融机构必定会产生权力主体的"寻租"行为，金融产品价格不能客观反映市场的供求状况，因而始终处于"非瓦尔拉斯"均衡状态。由此导致金融配置效率较低下引起货币被动性超量发行，主要体现在：由于信贷体制性配给的存在所产生的"逆向选择效应"与"逆向激励"效应对货币创造过程产生影响，另外，固定利率制度不能客观反映货币供需状况，直接或间接降低了金融资产对经济增长的效率和贡献。部分金融工具成为呆滞的、悬浮于实质经济之上的面纱，对实质经济增长并不能产生应有的影响。

其次，改革开放以来，由于经济的高速增长和收入分配向个人的倾斜，但由于缺乏多样化投资渠道和满意的收益率，居民选择金融资产时由于没有太多的余地，银行储蓄就成为不得已的选择，使得居民储蓄存款（活期）增长很快，并占到 M_2 的一半以上，从而使经济的货币化率大大提高。但由于在金融结构与经济结构的二元结构状态下，这种增加的广义货币 M_2 的增长，在政府与金融、政府与企业和金融与企业的关系没有理顺的情况下，大量储蓄增长被用于支持低效的国有经济发展，形成广义货币 M_2 和信贷资金 L 支撑起持续走高的金融相关比率。另一方面，企业部门和政府储蓄率总体是上升。研究表明[①]，无论是初次分配占比还是经再分配调整之后的可支配收入占比，企业部门的储蓄率都在稳定中呈微升之势。政府部门的储蓄率则自 21 世纪开始迅速增长。政府储蓄率的上升，主要是因为其在国民收入分配中所占比例的上升以及储蓄倾向也不断提高。因此，经济社会的体制形态影响预期，使居民、企业、政府的储蓄率都升

---

① 李扬、殷剑峰：《中国高储蓄率问题探究——1992-2003 年中国资金的流量表分析》，载《经济研究》，2007 年第 6 期，第 14 页。

高。式（9.8）至式（9.10）可以看出，代表储蓄倾向的影响因子 X_7，无论是对于狭义的还是广义的货币生产率，都是起到一定的正向作用。而代表金融工具流动性和资本市场结构的指标 X_5 和 X_6，都在一定程度上对各层次的货币生产率起到了正面的作用，即金融体系的市场化改革能提高货币投入产出的效率。原有体制的不适应导致不同层次货币的流动性障碍。金融工具的流动性主要体现在其自身的市场可交易性，也就是说，金融工具的流动性取决于能否按照市场规律进行等价交易。统计数据表明，中国金融工具的增长即金融相关比率的上升主要是靠 M_2 的不断增加来支撑，也就是说，中国较高的金融增长，实际上是由于国有企业部门更多地依赖于从银行部门借入资金所导致的，这实质上并不是真正意义上的金融发展，在很大程度上只是政府对金融控制关系扭曲的结果，这必然导致社会资金配置效率下降，低效资金占用增加，进而导致金融体系不良资产增加。此外，从货币化程度的提高来看，中国货币总量增加是显著的，但货币的不同层次却存在着巨大的差异，由此导致不同货币层次的流动性也存在差距。因此，中国金融发展表现为货币化和金融相关比率的提高，但这种提高对经济增长的支持效能却被金融效率的不断下降所抵消，大量货币"迷失"了，成为"超额的货币"。

再次，尤其值得关注的是，中国的房地产市场化改革对不同层次的货币生产率都起到了负面的作用。式（9.8）至式（9.10）中 X_9 至 X_{12} 是房地产改革的有关指标，它们分别代表房地产扩张规模、房地产价格上涨幅度、地方财政对卖地收入的依赖程度和房地产行业投资的地位。回归结果表明，房地产投资占全部固定资产投资的比例越高，各个层次的货币生产率越低，而且对现金生产率、狭义货币生产率和广义货币生产率的影响逐渐增大；房价上涨幅度也是对狭义和广义货币生产率起负向作用的主要因素，土地财政依赖度的提高降低了货币生产率。

1998 年，国务院颁布了《进一步深化城镇住房制度改革加快住房建设的通知》，房地产市场化真正拉开了序幕。1998 年至 2004 年房地产投资完成额连续 7 年有两位数的快速增长率，房价也快速上升，同时房地产市场开始进入"调控—上涨—再调控—再上涨"的循环模式至今，政府对房地产市场的主导和干预从来没有停止过。在整个房地产改革和发展的过程中，中国房地产市场化改革与财政收入有着特殊的依赖关系，甚至有"房地产绑架地方经济"的说法，主要是因为土地出让收入是政府性基金收入的主要来源，从1998年几乎为零，到2013年达4万亿元，到2020年的8.4万亿元，它占地方政府基金收入的90%，占地方政府财政收入的44%。它对国民经济起着显著的负面影响，因为出售土地换取收入是一种短期行为，是一种"透支"行为，有悖于"代际公平"，诱发土地"寻租"，产生腐败。另外，中国特殊的国情使得房地产市场化改革改变了住房消费属性而转向了投资属性和金融属性，在房地房可以抵押进行再次融资又存在金融管理漏洞的时候，有些投机者成了"炒房客"进行加杠杆炒房。

21世纪初以来，我国广义货币供给量的快速增加，和房地产市场化改革有着密切的联系。其中一个环节是中国房地产市场化改革和金融产品创新结合，尤其是商品房预售制度与住房按揭贷款的结合增加了货币的需求，创造了信用，对货币供给量会产生很大的影响。商品的预售许可证制度，对于宏观经济而言，拿未完工的房产等建筑产品当抵押获取贷款，实质上是在商品价值没有增加的情况下，提前增加了货币的供给，同时还创造了信用，对于房地产价格和广义货币生产率都产生了不可忽视的影响：土地财政是的"透支"行为，造成地方政府财政支出严重依赖卖地维持，这种严重的"寅吃卯粮"行为是不可持续的，而且必将对宏观经济造成严重的影响。同时，土地财政直接推高房价，推动广义通货膨胀指数，还会通过财富效应、托宾Q效应和信贷渠道等间接推动通货膨胀。从而，土地财政一方面使货币供给增加了，另一方面制约了产出和分配的效率，过度冲击资本市场和投资，不利于实体经济的增长。另外，土地财政导致的通货膨胀会影响收入的二次分配，提高全社会的基尼系数，严重影响社会公平，同样会使国民经济陷入不可持续的境地。总之，土地财政引起通货膨胀预期，并推动实质上的广义通货膨胀，一方面使社会上货币供给快速增加；另一方面使产业结构畸形化、工业空心化、基尼系数上升，宏观经济增长率下降。从而货币投入与国民产出的比例进一步下降。

土地财政不但会通过引致通货膨胀效应，对经济增长和社会发展带来负面影响，还会造成资源配给效应，把大量的土地资源配给于生产率更低的国有房地产企业，降低资本配置效率，也带来社会不公平。即使推出土地"招拍挂"交易制度，也难以真正实现市场机制，而成为既非市场也非计划的怪异现象。究其实质，招拍挂制度是政府干预市场而人为操作的配给均衡，即供给严重小于需求状态下的非瓦尔拉斯均衡。因此，土地配置的结果往往是那些生产率相对较低的企业可以获取土地开发权，因为这些企业尤其是国有企业的决策者权力不受制度约束，存在道德风险，以其自身利益最大化为原则进行决策，行贿受贿。而最终地方政府的土地出让过程中出现"逆向选择"的结果，导致地方整体生产率下降。在既定的货币和土地投入下，产出遭受到了损失。总的来说，近20多年来，中国房地产改革通过货币创造效应、土地配给的通货膨胀效应等途径，影响经济结构，使货币供给快速增长，同时阻碍生产率的提高。

第十章 货币生产率研究的前沿方法

本书前面九章根据传统的宏观经济学和金融发展理论,从体制约束的视角,具体化了经济金融体制改革的各个指标体系,把理论分析与实证分析结合起来,研究了中国金融体制改革对我国货币生产率的影响,解释了改革开放 40 多年来我国货币供给过快增长的原因,并试图揭示这些现象背后的经济学本质问题,那就是货币生产率在不断下降,以及由此可能带来的经济社会发展风险,是值得理论界重视的重要问题。但是,经济学和其他常规科学学科一样,是不断进步的,传统的宏观经济学和金融发展理论虽然在一定程度上对经济现象做出解释和预测,但是仍然有很多明显的缺陷和不足。本章在总结传统的宏观经济学和金融发展理论的不足的基础上,提出宏观经济研究中的一些前沿方法,并尝试构建起一个新的有关货币生产率研究的初步框架。

第一节 传统宏观经济学和金融发展理论的主要缺陷

毫无疑问,货币供给与经济增长的关系问题一直是宏观经济学领域被学者们广泛关注的问题,无论研究的角度和方法如何不同,但可以确定的是,我们需要纳入一个宏观经济的分析框架里进行分析,然而,现有的宏观分析框架仍然普遍依赖于新古典宏观经济学,即以产品市场、货币市场、劳动市场和国际市场为对象的一般均衡分析。无论是 IS—LM 模型,还是 AD—SL 模型,或者是 IS—LM—BP 模型,虽然从均衡的范围来看越来越完备，但是它们都存在共同的缺陷，也即宏观与微观脱节问题，换句话说，它们在总量上的研究本质上应该是各个微观主体行为的加总，但这些模型都无法体现微观生产过程的理性经济人假设，把微观经济行为与宏观割裂，始终让人难以理解宏观经济学的基础是什么。当然，这是一个历史性的难题，正像萨缪尔森所说，谁能把宏观和微观经济学研究完美统一起来，那诺贝尔经济学奖"不授给他授给谁呢？"。

一、宏观经济学的发展现状

凯恩斯的宏观经济学的最大问题是没有将微观个体的最优化决策和总量经济之间放置在一个统一的逻辑框架中，因而出现两大显著的缺陷：第一，在凯恩斯模型中，预期被认为是心理学的范畴而非经济学的范畴，在理性预期学派看来，凯恩斯的宏观经济模型是不合理的经济分析框架；第二，当失业和通货膨胀同时存在的时候，菲利普斯曲线就完全失去了解释力。因此，凯恩斯主义的宏观经济学的合理性和解释力已经成为宏观经济学的焦点问题之一。

于是，在20世纪80年代，基德兰德和普利斯科特提出真实经济周期（Real Business Cycle，RBC）模型，试图将宏观学建立在理性经济人假设基础之上，认为宏观经济行为的基础是微观生产过程，同样需要体现受人们预期的影响。体现了经济增长的周期性和技术对经济增长的冲击。他们认为市场机制本身能自发地实现充分就业及一般均衡，而经济周期的形成原因主要是技术等因素造成的"外部冲击"。他们认为经济不存在长期和短期的说法，而经济周期只是经济趋势或者潜在或充分就业时的生产的变动。这一理论在某个程度上减少了凯恩斯宏观经济学中与微观生产行为的脱节，相对更加符合经济现实。

随后，经济学家们在RBC模型的基础上，加入了厂商、金融中介和政府部门以及产品市场、劳动力市场和金融市场，并考虑各种非理想化的摩擦、扭曲和外生冲击，共同构成动态随机一般均衡模型（Dynamic Stochastic General Equilibrium Model，DSGE）。DSGE模型非常有趣，它的原始思想是瓦尔拉斯一般均衡，将宏观参与方分为消费者、厂商和政府，考虑产品、货币、劳动和国际等各个市场，利用动态规划技术，试图将微观主体行为与宏观因子结合,避免凯恩斯主义宏观模型缺乏微观基础的缺陷,正在成为宏观经济学的主流甚至被一些学者认为是唯一的合理框架。然而,DSGE 仍然是受争议的,它"试图"构建一个全新的能够完美结合微观和宏观经济行为的模型,并未能得到完美的应用。主要表现有两个方面:一是 DSGE 模型中很多假设都不具备现实基础,例如代理人的理性预期、市场结构的垄断竞争以及劳动市场的诸多假设,宏观经济学家在几十年前已经做过了深入的研究,但都没有很理想的结论。另一方面,DSGE 模型的复杂性是其致命的缺陷,在 Romer(2016)看来,DSGE 模型的发展,不仅没有推动宏观经济学的发展,反而使得宏观经济学陷入了困境甚至倒退。根据奥卡姆剃刀原则(Occam's Razor),在取得同样效果的情况下,模型应该尽量简化,然而,DSGE 模型非常复杂,拥有庞大的均衡方程组及约束条件,虽然能够借用现代计算机技术进行求解,但是,过多的假设条件及行为方程联合会使均衡解的解释力降低,甚至扰乱了各种机制间的相互关系,因此其解释能力和合理性会受到质疑。DSGE 模型解起来并不容易:经济人面对一个无限期前看最优化问题;值函数和政策函数并没有一个明确表达式;理性预期意味着所有经济人的预期和行动都不得不具有相互一致性等。最简单的基准 RBC 模型对于初学者来说都不容易解;而在熟练掌握的基准模型中引入的各种摩擦又使得解模型的难度呈指数级增加,在需要运用全局方法时尤其如此(Korinek,2015)[1]。因此,从目前来讲,宏观经济研究或者宏观经济模型更加需要保留多样性(Korinek,2015;Blanchard,2016;Wren-Lewis,2016;Keen,2016)。

二、传统宏观经济学的弊端

当前,经济学经过 200 多年的发展已经初步具备了科学的研究范式,即从定义出发,通过一定的公理、引理获取有关命题,最终来证明这些命题的合理性和准确性的科学研究过程。其证明过程又可以具体化为"数理分析"到"测度计量"再到"实际验证"的过程。这是现代经济学的研究逻辑和应有范式。在当代科学技术共同体中,经济学作为社会科学中最

---

[1] Korinek, A., 2015, Thoughtson DSGE Macroeconomics: Matching the Moment, But Missing the Point, http://www.korinek.com/.

先进入基础科学的学科,对自然科学和数学的依赖表现得尤为突出。

经济学研究的对象是市场结构与运行效率的对应关系,也可以表述为在市场不变情况下的技术组合形式(Samuelson,1988)。因此,正是从这个意义上讲,经济学是从范式出发,通过数理分析为测度计量提供模型框架,测度计量结果又可以引导出实际验证过程,实际验证结果证明新的发现,从而积淀成新的知识,从而增强数理分析的能力。

19世纪末,近代经济学确立了新古典主义的核心范式,即以劳动和资本两种要素为投入的生产函数,即:

$$y = F(L,K) \tag{10.1}$$

式(10.1)在很长一段时间内成为了经济学研究的基本框架,以此为基础进行各种具体的数理分析。后来,一些统计学家发现劳动和资本带来的增长不足以完全解释产出的增长,从而提出哈罗德—多马余项的概念。1956年,美国经济学家 M. Abramovitz 在哈罗德—多马余项的基础上,提出新古典主义总量模型,即:

$$y(t) = F(L,K,t) + \varepsilon(t) \tag{10.2}$$

式中,$y(.)$ 是产出;$F(.)$ 是生产函数;L 代表劳动力;K 代表资本投入。几乎在相同年代,经济学家 Solow 提出技术进步希克斯中性的线性齐次生产函数形式,即:

$$y = A(t)f(K,L,t) \tag{10.3}$$

其中,$A(t)$ 为希克斯中性技术进步。

式(10.1)至式(10.3)都是新古典宏观计量的不同框架。假设生产函数的一般框架为:

$$Y = f(L,K,t) \tag{10.4}$$

其中,Y 代表总产出,L 和 K 分别代表劳动总投入和资本品总投入,t 表示时间趋势。根据式(10.4)求增长方程,可得到:

$$\frac{dY}{dt}\frac{1}{Y} = \frac{\partial f(L,K,t)}{\partial t}\frac{1}{f(L,K,t)} + \frac{\partial f(L,K,t)}{\partial L}\frac{L}{f(L,K,t)}\frac{dL}{dt}\frac{1}{L} + \frac{\partial f(L,K,t)}{\partial K}\frac{K}{f(L,K,t)}\frac{dK}{dt}\frac{1}{K} \tag{10.5}$$

在此基础上,可以求出劳动、资本投入的产出弹性,若引入全要素生产率的概念,还可以进一步深入分解技术效率、技术进步、规模报酬以及配置效率。从而对生产中的技术传递过程进行深入剖析。这就是新古典宏观经济学的核心框架—总量生产函数。

毫无疑问，总量生产函数是新古典主义经济学家将微观经济组织的生产函数形式应用于宏观经济的一种方法，其本质含义仍然和微观生产函数一致，它是在柯布—道格拉斯（1928）提出的生产函数的形式之后的一系列的引申和发展，但本质上仍然是反映生产过程中的各种投入的技术组合，它要求投入产出都是物质数量形态，而不是价值形态。考察的仅仅是投入产出的"物质技术结构"，因此，它并不考察价格信息对生产过程的影响，换句话说，总量生产函数的本质并不考察投入物和产出的市场供求条件，也因此，投入的决策过程不能反映价格变化对投入数量结构的调整，也即经济学家们所研究的配置效率的改善过程。

三、传统的金融发展理论的主要缺陷

传统的金融发展理论的基础仍然是传统的宏观经济学。20世纪中叶开始，发展中国家普遍采用进口替代战略推进本国的工业化进程，由于市场及制度的不完善，金融部门被政府利用于干预经济，以及进行大量融资的工具。但是，在事实上，这些发展中国家为实现工业化目标往往付出了沉重的代价：金融抑制不但未能使这些国家实现工业化目标，反而使经济结构严重扭曲，经济发展陷于停滞甚至衰退。

在这种背景下，1973年，McKinnon和Shaw等人开创性地提出金融发展理论，他们认为，发展中国家的经济市场化改革普遍落后，为实现工业化进程严重扭曲了金融市场，金融抑制现象广泛存在，不但阻碍了金融发展，而且限制了经济的发展。在金融抑制的经济体中，迫切需要以金融自由化为核心的金融体制改革。从此之后，金融发展与经济发展之间的关系成为了宏观经济研究的重要议题之一。Goldsmith、Gurley、Patrick、Levine、Diamond等众多的经济学家都沿着传统的金融发展理论把宏观经济学研究框架做出了重要的发展和重大的贡献。他们甚至把不确定性、信息不对称、不完全竞争、外部性及内生增长理论的有用成果引入金融发展理论之中，使理论假设更接近现实。尤其是在20世纪80年代以后，多国爆发了金融危机，经济衰退严重，金融发展理论似乎对这些经济发展问题是个有力的解释工具。20世纪90年代以后，经济学家们在理论研究中引入了

内生增长思想，修正的新古典生产函数，把金融发展置于内生增长模型中，模型更加复杂多样，可以从不同的角度阐释金融发展和经济增长的关系，是传统金融发展理论的进一步修正。

虽然在宏观经济理论框架下，传统的金融发展理论是合理的也是可行的研究框架。但是，值得注意的是，从这些理论的研究内容以及研究逻辑看来，它们主要分析不同假定条件下金融发展对总量生产函数中资本要素形成规模和利用效率的影响，进而研究金融发展对宏观产出增长的影响。可以说，传统的金融发展理论都是以市场竞争均衡为基础假设，默认要素在不同部门之间零成本自由流动，经济资源在长期内都可实现有效配置，而总产出只是"平均的"部门产出之和。换句话说，总量生产只是微观生产的简单加总，没有考虑到部门间、产业间、要素间具有不同的替代特征和技术结构。因此，在传统的宏观经济理论和金融发展理论框架中，是无法对经济中各因子间的具体的结构进行深入细致的分析，削弱了理论对现实的解释力，是理论分析上的重大缺陷。

其实，结构效应是影响现代经济发展的一个关键因素。资本、劳动等要素投入虽然是经济量性扩张的必要条件，但是经济发展不仅仅要考察经济总量的增长，更要考察经济增长的内在质量，而且经济增长的质量提高会进一步促进量的扩张效率。或者说，要素投入的产出效益在很大程度上受制于结构状态是否良好，如果投入结构扭曲，那就意味着资本和劳动的投入得不到合理配置，而且扭曲越严重，资源配置效率也会越低，无论是数量还是质量都无法保证。

第二节　宏观经济金融问题研究的发展趋势

早在 20 世纪，传统的微观经济学已经在生产函数模型的基础上建立起了成本函数模型和利润函数模型。在引入理性经济人假设后，能够根据成本最小化和利润最大化的一阶条件，将最优化决策过程贯穿于整个生产过程中。可以说，国外在微观领域利用成本函数和利润函数进行配置效率的研究已相当成熟，尤其是通过利润函数进行微观生产决策研究已经成为现代经济学的前沿阵地,其中典型代表人物有 T. J. Coelli 和 S. C. Kumbhakar 等人。

一、宏观有约束的利润函数

根据式(10.1)定义的生产函数,假设生产者使用 N 种非负投入,用向量表示为 $x = (x_1, \cdots, x_N) \in R_+^N$,生产 M 种产品,用向量表示为 $y = (y_1, \cdots, y_M) \in R_+^M$。假设产品价格向量表示为 $p = (p_1, \cdots, p_M) \in R_{++}^M$,同理,所有的投入价格向量表示为 $x = (x_1, \cdots, x_N) \in R_{++}^N$。则利润边界函数表达如下:

$$\pi(p,w) = \max_{y,x} \quad p^T y - w^T x : (y,x) \in T \tag{10.6}$$

其中 $\pi(\cdot)$ 表示生产者利润,T 代表 $N \times M$ 维生产可能性集合,它是一个闭凸集。式(10.1)和式(10.6)体现了新古典经济学生产的几个重要特征:①产出对投入的变换是边际递减的,即规模报酬递减;②投入对投入的边际替代率是递减的,体现出边际技术替代率递减的原则;③产出对产出的边际替代率是递增的。

由式(10.6),若 p 是一个凹的实函数,对于 w 是非增的,对于 p 是非减的,且是线性齐次的。根据 Hotelling 引理,即:

$$\partial p(p^*; w^*) / \partial p_m = y_m(p^*; w^*) \quad m = 1, 2, \cdots, M, \tag{10.7}$$

和

$$\partial \pi(p^*; w^*) / \partial w_n = -x_n(p^*; w^*) \quad n = 1, 2, \cdots, N。 \tag{10.8}$$

式(10.7)被称为第 m 种产品的净供给函数;式(10.8)则是第 n 种投入的反需求函数。基于这两个函数,人们可以对市场价格和投入产出的数量之间进行分析,若与式(10.6)联立便可以深入地分析投入产出的技术结构(Lansink, 2000)。

他们在无约束利润函数(unrestricted profit function)基础上,对价格和数量均可获取时的投入和产出配置效率做了大量的研究;但在宏观领域却受两个因素制约:一是不同性质厂商的投入和产出变量各异,无法简单加总,因此价格和数量信息不便统一;二是宏观层面上产出受固定资源禀赋即数量约束,不能直接套用无约束利润函数描绘。因此,L. R. Christensen、D. W. Jorgenson 和 L. J. Lau 等人为代表,在有约束利润函数

（restricted profit function）基础上通过转换函数，从宏观视角创建了 GNP 函数（gross national product function）分析框架，他们结合国民账户体系（SNA），把最终使用项目作为产出变量，把进口、劳动和资本分别当作可变投入和固定投入，建立了多投入多产出的宏观经济分析范式，广泛应用于因子之间弹性和替代强度分析。

随着厂商规模的扩大，在短期内，厂商在生产每一种产品时不令要受到可变投入数量和生产过程中很多产品都属于中间产品的性质，为了更为准确地描述某一种产出与其他产出间的技术替代关系，经济学家们引入"转换函数"的概念。在 M 种产品的生产决策过程中，厂商的第 m 种产品的转换函数为：

$$t(y;x) \equiv \max_{y_1}\{(y_1,\hat{y};x) \in T\} \qquad (10.9)$$

式（10.9）中，y_1 是第 m 种产品的产量，$(y_1,\hat{y};x) \in T$，对于所有的向量 $\hat{y} \geq 0_{M-1}, x \geq 0_N$。与前述利润函数一样，$t$ 是一个非负的扩充的实函数，即 $(\hat{y};x)$ 为有限时，它是非负的函数，同时也是连续的凹函数，是 x 的非减函数，是 $\hat{y}$ 的非增函数。

接下来，将考虑每一种产品的利润函数通过转换函数重新表述：我们假设有 I 维向量 $u \equiv (u_1, u_2, \cdots, u_I)$，表示可变的投入和产出，也即通过转换函数，可变投入和产出可以用统一的函数来表示。另外，纳入固定投入数量约束，我们用 J 维向量 $v \equiv (v_1, v_2, \cdots, v_J)$ 表示厂商生产中的固定投入，因此，$(u;v) \in T$ 是所有投入和产出的生产可能性集合，是 $I+J$ 维向量。

在纳入固定投入数量约束之后，可以得到对应于生产可能性集合 T 的非对称的变换函数 t 和有约束的利润函数 p：

$$t(u;v) \equiv \max_{u_1}\{u_1:(u_1,\hat{u};v) \in T\}, \quad \hat{u} \equiv (u_2, u_3, \cdots, u_I), \quad v \geq 0_J \qquad (10.10)$$

$$\pi(p;v) \equiv \max_u\{p^T u:(u;v) \in T\}, \quad p > 0_I, \quad v \geq 0_J \qquad (10.11)$$

其中，$p \equiv (p_1, p_2, \cdots, p_I)$ 为生产中或生产后，要买进或出售的可变的投入或产品的固定价格；v 为固定投入的数量。同理，$\pi(p;v)$ 于 p 和 v 都是线性齐次的，即对于所有的 $\lambda > 0$，$\pi(\lambda p;v) = \lambda \pi(p;v)$，$\pi(p;\lambda v) = \lambda \pi(p;v)$。

式（10.10）和式（10.11）是当今经济学发展中具有里程碑式的意义，Lau, Yotopoulos, Diewert, Christensen 和 McFadden 等人对有约束的利

润函数进行过深入细致的研究[1][2][3][4][5]，尤其是 McFadden 在其名著《Production Economics: A Dual Approach to Theory and Applications》一书中，对利润函数、成本函数和生产函数的对偶性质作了严谨的证明，为生产行为从物质数量空间向数量—价格联合空间的转换奠定了坚实的基础。

二、GNP 函数与货币产出效率研究

现代宏观经济学是在凯恩斯主义框架下建立起来的，Lau，Yotopoulos，Diewert，Christensen 和 McFadden 等人通过有约束的利润函数，构建起 GNP 函数，广泛用于国际贸易过程中的技术传递效应分析。

假设宏观生产中，有 I 种产出和可变投入的价格，J 种要素禀赋约束，GNP 函数被定义为一个经济体在既定的技术水平和禀赋约束条件下，通过资源最优化配置，能获取的最大产出，根据式（10.11），GNP 函数可以表示为：

$$G(P,V) \equiv \max \sum_{i=1}^{I} P_i f_i(v_i) \, s.t. \, \sum_{i=1}^{I} V_i \leq V; \, V_i = (V_{i1},\cdots,V_{iJ}) \quad (10.12)$$

其中，$G(\cdot)$ 是 GNP 函数，是有约束的利润函数，P 是产出或投入的价格，V 是禀赋数量。在充分利用各种生产要素和市场充分竞争的条件下，产出 $Y_i = f_i(V_i)$ 是非负的、递增的、凹的且一次齐次的（Feenstra，2004 p. 65）。这样，产出价格的调整会引致投入配置的变化从而使生产一直维持在生产可能性边界上。GNP 函数对于产出价格是非减的而且是一次齐次的，对于禀赋数量也是一次齐次的非减函数；对于价格是二阶可微的凸函数，对于禀赋数量也是二阶可微的，但是是凹的（Wong，1995）。根据包

---

[1] McFadden, D.. Cost, Revenue, and Profit Functions, in: M. Fuss and D. McFadden (ed.), Production Economics: A Dual Approach to Theory and Applications, Volume 1, The Theory of Production [M]. North – Holland Publishing Company: Amsterdam · New York · Oxford, 1978, p. xi.

[2] Diewert, W.. An Application of the Shephard Dual Theorem, A Generalized Leontief Production Function [J]. Journal of Political Economy, vol. 79, no. 3, 1971, pp. 481 – 507.

[3] Lau, L.. and Yotopoulos, P., Profit, Supply and Factor Demand Functions, *American Journal of Agricultural Economics*, February 1972.

[4] Diewert, W. E.. Functional Forms for Profit and Transformation Functions [J]. Journal of Economic Theory 6 (1973), 284 – 316.

[5] Christensen, L. D.. Jorgenson and L. Lau, Conjugate Duality and The Transcendental Logarithmic Function [J]. Econometrica, vol. 39, no. 4, 1971, pp. 255 – 256.

络定理，均衡产出可以由利润函数的一阶导数求出：

$$\frac{\partial G}{\partial P_i} = f_i(V_i) = Y_i, \ i = 1, \cdots, I \tag{10.13}$$

根据杨氏定理，$\partial Y_i / \partial P_j = \partial^2 G / \partial P_j \partial P_i = \partial Y_j / \partial P_i$，对于价格凸性特征保证了其二阶导数矩阵正半定性质，其暗示着对角元素是非负的：$\partial Y_i / \partial P_i \geq 0$。在相应的假设下，GNP 可以表示成投入要素的回报或者是产值，即 $\sum_{j=1}^{J} w_j V_j = \sum_{i=1}^{I} P_i Y_i$。再根据包络定理，要素价格可以由 GNP 函数对禀赋约束求导数得到：

$$\partial G / \partial V_j = P_i \partial f_i / \partial v_{ij} = w_j \tag{10.14}$$

值得注意的是，与以往的传统生产函数相比，GNP 函数是建立在有约束的利润函数之上的，在结构上更直观地反映了对市场价格成分与资源禀赋数量的关注。宏观上利用 GNP 函数已经广泛地运用到了有关国际贸易的供给与需求的研究，尤其是技术的转换和替代关系的理论研究和实证计量，都有了长足的发展。文献表明，迄今为止，在涉及国际贸易的数理分析和测度计量中，G 函数已经成为最得力的模型之一[1][2][3]。由于利润函数能够容纳多种不同的价格，表征了不同的市场，完美地反映了投入决策过程中禀赋约束与市场价格的有机结合，完整地体现了生产过程中的理性经济人假设。

三、GNP 函数与货币产出效率分析的未来方向

已有的研究金融发展与经济增长的关系的文献，大多属于事实层面上的描述性问题的归纳。新古典宏观经济学至今为止主要还是在生产函数基础上研究框架，但是近年来 GNP 函数的运用为新古典宏观分析框架开创了全新的局面。在有关金融发展与经济增长的关系上，也可以找到全

---

[1] Harrigan, J.. Technology, Factor Supplies, and International Specialization: Estimating the Neoclassical Model [J]. *The American Economic Review* 87 (September 1997): 475－94.

[2] Gopinath, M. and Kennedy, L. (2000), Agricultural Trade and Productivity Growth: A State-level Analysis, American Journal of Agricultural Economics, 82 (5) (Number 5, 2000): 1213－1218.

[3] 孙中才：技术性贸易壁垒的经济效应，《汕头大学学报》（人文社会科学版），2005.2.

新的理论框架。这种分析方法已经被经济学家使用并有了初步的研究结论[①][②]。

设一个经济经济体初始由两个生产部门和一个金融部门组成，固定数量约束分别为各自的市场需求数量，对生产部门的需求是商品数量，对金融部门的是货币数量。这样，在 GNP 函数的框架下得出：

$$G = \pi(p_1, p_2, p_3; v_1, v_2, v_3) \tag{10.15}$$

式中，$\pi(.)$ 是准化的有约束的利润函数，p_1 是生产部门 1 的产品价格，p_2 是生产部门 2 的产品价格，p_3 是金融价格，v_1 是生产部门 1 的产品需求数量，v_2 是生产部门 2 的产品需求数量，v_3 是货币的固定数量。

先求式（8.15）的 Jacobi 向量和 Hessian 矩阵，可以得到各因子间的替代弹性矩阵为：

$$S = \begin{bmatrix} \sigma_{p_i p_h} \sigma_{p_i v_j} & \sigma_{p_i v_j} \sigma_{v_j p_k} \end{bmatrix} \quad h \in i, \ i,h = 1,\cdots,3; \ k \in j, \ j,k = 1,\cdots,3 \tag{10.16}$$

其中，

$$\sigma_{p_i p_h} = \pi \left(\frac{\partial \pi}{\partial p_i} \right)^{-1} \left(\frac{\partial^2 \pi}{\partial p_i \partial p_h} \right) \left(\frac{\partial \pi}{\partial p_h} \right)^{-1} \quad h \in i, \ i,h = 1,\cdots,3$$

$$\sigma_{p_i v_j} = \pi \left(\frac{\partial \pi}{\partial p_i} \right)^{-1} \left(-\frac{\partial^2 \pi}{\partial p_i \partial v_j} \right) \left(-\frac{\partial \pi}{\partial v_j} \right)^{-1}$$

$$\sigma_{v_j p_k} = \pi \left(-\frac{\partial \pi}{\partial v_j} \right)^{-1} \left(\frac{\partial^2 \pi}{\partial v_j \partial v_k} \right) \left(-\frac{\partial \pi}{\partial v_k} \right)^{-1} \quad k \in j, \ j,k = 1,\cdots,3$$

要分析体制性因素对货币产出效率的影响，可以将体制约束影响置入生产部门的需求数量 v_1 和 v_2，再根据固定替代弹性定律进行进一步分析。即式（10.15）的因子系数变化后变成：

$$G = \pi(a_1 p_1, a_2 p_2, a_3 p_3; b_1 v_1, v_2(b_2), b_3 v_3) \tag{10.17}$$

经济学家们在报酬递减率的研究中发现了因子比率"最小率"，和约束条件的最小缩减率。这些规律又被经济学家们称作为"经济运行正则性定律"，通俗地说，就是在没有其他外来干预的情况下，经济自身的约束条件会客观地依据固定替代弹性所给定的比例，自动地确定自己最小的被

[①] 孙中才：宏观干预与通货膨胀，《汕头大学学报》（人文社会科学版），2011.12.
[②] 孙中才：货币运营与通货膨胀，《山东财政学院学报》，2013.1.

替代水平,从而以最放松的水平,保证经济的正则运行①。

对于式(10.15),可以计算出约束条件 v_j 的最小被替代率为:

$$\Delta r_{v_j} = \min_i \{\sigma_{v_j p_i} r_{p_i}\} - \max_k \{\sigma_{v_j r_k} r_{v_k}\} | i=1,\cdots,3; k \in j; k \neq j; j,k=1,\cdots,3$$

(10.18)

其中,Δr_{v_j} 是约束条件 v_j 的数量的被替代率;$\sigma_{v_j p_i}$ 是约束条件 v_j 与第 i 种产品之间的固定替代弹性值,$i=1,\cdots,3$,$j=1,\cdots,3$;r_{p_i} 是第 i 种产品的价格增长率,$i=1,\cdots,3$;$\sigma_{v_j r_k}$ 约束条件 v_j 与约束条件 v_k 之间的固定替代弹性值,$k \neq j$,$j,k=1,\cdots,3$;r_{v_k} 是约束条件 v_k 的数量增长率,$k \neq j$,$j,k=1,\cdots,3$。在此基础上,通过对不同产品的价格增长率和各个约束条件的增长率及传导函数,就此可以形成一定基础理论的形式化表达,进而,可以借用有关定理来进行深入的研究。

2000 年的诺贝尔经济学奖获得者 Daniel L. McFadden 早在 20 世纪 70 年代末期就开始专注于现代前沿经济理论方法的研究,他在霍特林定理(Hotelling's Lamma)和谢泼德引理(Shephard's Lamma)的基础上,凝聚了经济学中正则性定律,利用对偶理论,将经济学建立起一个全新的研究框架。这一经济学范式既可以解释微观经济行为的各因子间的技术结构,也可以从宏观视角研究各宏观经济因子间的结构关系,宏观模型便是上文中的 GNP 函数模型。国外的研究文献中,GNP 函数已经被广泛运用于宏观经济结构分析,例如:Kohli(1978,1991)、Sharma(2002)、Nana and Larue(2014)等人在国民账户体系(SNA)框架下,把消费、投资、政府购买、出口和进口当作产出和内生变量,把劳动和资本作为投入和外生约束条件,定义了一个描绘开放经济中宏观投入产出的有约束的利润函数模型,由于利润函数是生产函数和成本函数的对偶形式,不但能够揭示技术结构,还能考察各种价格对宏观生产的影响。Felipe(2001)、Felipe and Adams(2005)、Felipe and McCombie(2001,2003,2013)、Kersting and Schefold(2021)等人根据对偶理论,用利润函数代替生产函数来研究宏观投入产出效率,用有约束的利润函数推导出宏观生产的对偶核算恒等式来研究宏观经济各因子间的关系。他们认为,有约束的利润函数才是宏观生产行为研究相对准确的可信赖的框架,作为衡量技术效率的投入产出前

---

① 孙中才:现代经济学:范式定理和数理方法,中国农业出版社,2014 年 12 月。

沿，在逻辑上是严谨的，应用上是可取的。目前为止，国内也已有少量文献从理论上用它来探讨宏观货币、金融与生产问题，尤其是中国人民大学孙中才教授，在 McFadden、Christensen、Harrigan、Jorgenson 和 Lau 等人研究的基础上，长期致力于基于对偶理论的现代前沿经济学范式的研究，开创性地提出 G 函数框架，出版了多部学术专著，发表了几十篇学术论文。为当前宏观经济结构分析指明了重要的前沿研究方向。

第十一章 本研究的主要结论与建议

本研究主要是从传统的宏观经济学和金融发展理论出发，研究中国经济金融改革40多年来货币生产率的变化特征和规律，试图解释一直困扰学术界的货币供给增长过快于经济增长问题，揭示形成这一经济现象的本质原因，并指出经济发展过程中潜藏的风险。经过研究，我们可以得出以下几点简要的结论，并提出一些研究和政策建议。

第一节 主要结论

第一，中国宏观金融与经济增长的不匹配的根本原因在于中国货币生产率的降低，表面上是货币供给超过经济增长的速度，实质上是货币投入产出效率的下降，对宏观经济长远的增长有重要的影响，必须引起高度的重视。

快速上升中国金融发展与经济增长有两个集中表现：一方面是近几十年来货币化指数快速升高；另一方面是中国在财政比率相对下降的同时保持价格稳定和金融高增长。中国金融发展中的货币化和金融相关比率的同时提高，并未有效地促进经济的增长，而体现出支持效率被抵消的过程，其中主要的原因在于金融效率不断下降，表现为大量货币"沉淀了、迷失了"，成为"超额的货币"，从而数量巨大的金融工具，也即广义上的货币供给成为"呆滞的、悬浮于实质经济之上的"面纱，对实质经济增长并不能产生应有的促进和正面影响。

换句话说，中国特殊的货币化道路直观表现首先是 M_2/GDP 比率的上升，它客观上是我国经济的货币化进程不断深入，以前经济中许多非货币化的部分被纳入到货币化的经济中，也就是说经济货币化是其原因之一，当然也有其他一些原因。由于 M_2 可以由 M_1 与准货币构成，而准货币与 M_2 的比重呈上升的趋势，并且准货币与 GDP 比率上升的速度要快于 M_1 与 GDP 的比率上升的速度。从货币供给角度看，中国货币化指数"剪刀差"，实质上是货币的产出效率不断下降，造成高额货币化的成因。

经过详细的分析，我们能够十分清晰地了解到，中国的金融发展在以公有制为主体的，在计划经济及政府管制手段基础上进行了一系列改革。由于改革人的能动作用，快速的过程中没有完全理顺政府与企业的关系、政府与银行的关系以及银行与企业的关系，更多情况下为的是"放权让利"式改革，这种情况会导致产出效率低下、缺乏创新以及技术含量低的企业得到更多的金融资源，因而这种货币产出效率低下的金融资源出现超常规的量性增长，同时也会导致严重的结构性问题，而结构性问题又进一步导致货币产出效率的降低。反过来，它又制约了中国经济发展协同金融发展进一步推进的步伐，为了经济的增长，又通过行政干预的手段使金融资源再次分配给产出效率低的部门，从而导致陷入"量性扩张支持低效产出—为增加产出进一步量性扩张—量性扩张支持低效产出"的循环怪圈，或者像有学者称之为"结构性的制约"。这种状况是当前中国宏观经济政策效率低，经济发展后劲不足，经济增速持续走低的根本原因。换句话说，中国金融发展过程中的"金融抑制"特征非常明显，要研究中国的金融发展与经济增长问题，需要从体制特征入手，分析金融抑制背后的经济规律。

第二，形成中国货币生产率降低的根本原因是在体制束缚下市场经济改革不彻底所致。过多的人为干预和不按经济规律办事，必然会导致资源配置和利用效率的下降，进而导致货币投入产出效率的降低。改变这一状况的唯一途径是继续深化市场经济体制改革。

（1）从表面上看，储蓄难以转化为投资、银行不良资产比率过高、经济发展进程中"货币沉淀"都是超额货币化的直接原因。但其根本原因是以计划经济时代的体制性配给的历史惯性导致的货币生产率下降：在我国现行经济体制中，个人将自己的储蓄用于直接投资还存在着较大的制度性风险，过低的实际利率严重影响了自源融资的效率，加上人们对未来收支的不确定性，致使人们不得不将个人财产以储蓄存款的形式保持在银行，导致我国的大量个人储蓄难以通过市场机制转化为投资。同时，在个人财产权还没有受到法律的有效保护及社会的普遍尊重的情况下，许多私营企业家对从事投资活动所形成的私有财产的最终归属也缺乏足够的信心，这样，许多私营企业家也没有为扩大企业规模而不断将利润转化为长期投资的动力，这也是阻碍我国的个人储蓄通过市场机制转化为投资的重要因素。另外更重要的是，金融市场在实现全社会投资和融资的功能过程中，普遍存在非瓦尔拉均衡特征，尤其是在现行的经济体制中，国家的财产权利由政府工作人员来行使，因此，存在着极个别政府工作人员利用其所掌握的行政权力和国家财产权利这双重权利来谋取不正当的或非法的收入和财产的可能，也即"寻租"行为，必然导致货币投入产出效率的下降。

如果金融发展仅仅是量上的快速性扩张，而不是根据经济规律的需要而产生，是"无根之树"，在改革过程的某些阶段和某些一切，确实可以考虑到相关部门的利益以及改革成本补偿，短期内达到推动改革的某些目标。但是，由于缺乏相应的市场基础，与金融组织的扩张在性质上是一致的，都是不符合经济发展的规律要求的。单纯的量性金融增长，是在原有制度框架内的扩张，这就意味着增长一开始就不是建立在效率的基础上，因此，量性增长的同时，也意味着总体金融效率的降低。

（2）产权制度不明晰、许多商品的价格尤其是金融产品的价格的市场化改革不到位，是导致货币生产率下降的关键性因素。目前，我国广义货币量是由中央银行、商业银行和公众共同决定的，而决定我国广义货币供应量的因素除了外汇占款和债券投资以外，主要就是贷款。由于我国目前银行业不良资产的比率极高，主要是由于我国特殊的体制造成的信贷体制性配给。中国 M_2 与 GDP 比率的持续上升在很大的程度上是由我国银行业不良资产的不断增长所造成，而我国银行业不良资产比率过高又根源于我国现行经济金融体制的缺陷。现行经济体制下，我国的国有商业银行承担着对国有企业融资的义务或责任，因为国有商业银行和国有企业属于同一个所有者。但是，由于国有企业没有独立的所有权与经营权，国有企业的内部人，包括经理人员及职工，既不可能真正承担经营亏损的财产责任，也不可能获得国有企业财产增值的利益，因为国有企业的内部人并不拥有企业净资产的所有权；国有企业的内部人既没有真正的内在压力促使其最大限度地降低成本，也没有真正的内在动力使之为最大限度地获得利润而从根本上转换经营机制，并不断地开发和采用更先进的技术，其结果必然是国有企业的盈利能力低下。显然对这种盈利能力低下的国有企业发放贷款必然形成高风险的不良资产。可以说，中国银行业的巨额不良资产是对没有独立财产的国有企业大量发放贷款的结果，也是货币生产率下降的关键性因素。

另外，由于体制约束，国有企业的盈利率越来越低，亏损不断增加，财政赤字规模也自然越来越大，这是由国有企业上缴的利税不断减少及亏损补贴不断增加所致。尤其是在改革开放的后一阶段，税收所占比例不断下降，并不再像早年的"中国之谜"一样，货币投放快速增长还能维持财政平衡，而是不断出现税收缩减导致财政困境。统计结果显示，从改革开放到现在，除1985年以外，我国的财政几乎年年赤字，且规模越来越大。有的年份，如2002年，我国财政赤字占GDP的比率高达3111%。显然，在国家财政严重赤字，且国有经济的规模越来越大的情况下，国家不但难以承担对数量越来越多的国有企业大量注入资本金的所有者义务，而且也无力对大量亏损的国有企业大量提供财政补贴。然而，为了保证国有企业的生存和发展，保证生产不萎缩，国家就会利用其对国有商业银行的所有权及控制权，要求国有商业银行大量发放贷款以弥补国有企业的亏损，或对国有企业注入资本金，这自然就导致了中国银行业巨额不良资产的产生。总之，中国银行业的不良资产是国有商业银行代表财政对国有企业提供的亏损补贴，事实上是一种准财政赤字。在国有商业银行的大量资产难以收回的情况下，为保证国有商业银行的支付能力及提供信贷的能力，中央银行又不得不大量投放货币。由于国有企业的低效率，大量贷款的投入并没有创造出相应的产出，结果在造成居民储蓄存款增长的同时并没有相应创造出有效供给，从而导致了GDP/M_2的比率不断下降和超额货币的形成。可见，中国货币生产率的下降也意味着对国有企业亏损补贴的巨额货币积存。可以说，货币生产率下降的根源在于现行经济体制的缺陷，中国的超额货币是现行经济体制的长期运行所造成的宏观经济难题。中国的超额货币不仅仅是一种货币现象，而且也是一种制度现象。

（3）房地产市场化改革是近20年来我国货币生产率下降的阶段性重要因素。21世纪初以来，房地产市场化改革在政府主导下异常迅猛，这一过程与传统的改革中体制性束缚形成叠加效应,进一步放大了资源配置的不合理性,导致了货币投入产出效率的下降。房地产改革中最重要的两个特征:一是政府主导;二是导致房地产属性改变。政府主导的改革与改革前一阶段一样,会在各个环节损失资源配置的效率,尤其是最近十几年来土地财政依赖的逐步提高,带来了一系列的问题,中国房地产改革通过货币创造效应、土地配给的通货膨胀效应等途径,影响经济结构,使货币供给快速增长,同时阻碍生产率的提高。21世纪初以来,房地产改革和金融体制改革互相捆绑,在很大程度上降低了货币生产率,加剧了货币供给与产出的不协调性,给宏观经济增长带来更大的压力和风险。另一方面,房地产住房属性与金融、投资属性的结合,进一步推动了房地产金融的发展,催生了更多的金融体制与经济体制的不协调,尤其是对资本配置产生了极大的影响,致使过多的资金流入房地产行业,逃离实体经济,最终使经济空心化,严重影响了宏观产出增长的可持续性。

总之,我们不难看出,中国的金融发展在以公有制为主体的,以计划经济及管制手段而进行的一系列改革造成的。改革过程中没有理顺政企关系、政银关系和银企关系的情况进行"放权让利"式改革,导致低效率的超常规量性增长,这种增长导致严重的结构性问题,而结构性问题又进一步导致中国金融效率的降低,反过来制约着中国经济发展和金融发展的进一步推进,结果造成金融对经济增长的"量性扩张支持"与"结构性制约"并存的特殊状态。

第二节　主要建议

第一,继续实施稳健的货币政策,合理确定货币总量增长率。

本研究的研究表明,在一个不短的时期内,我国货币总量相对经济总量的较快增长还将持续,M_2/GDP将继续升高。重要的是,应当通过调控使货币总量相对经济总量的增长基本沿动态增长路径发展,避免出现经济波动和币值的大幅度变化。本研究推导的M_2/GDP动态增长路径为确定货币供应量及其增速的合理区间提供了一个新的方法,具有参考价值。

第二，对金融机构尤其是公有制金融机构进行严格的股份制改造，使其成为理性的"经济人"。

中国超额货币问题的产生反映出中国存在着资源错误配置的问题，反映出中国融资结构同投资结构的不对称，反映出我国的金融体系没有发挥将储蓄配置到效率最高的用途上或真正掌握最佳投资机会的经济主体手中的功能，反映出大量的资源被盈利能力低下或亏损严重的国有企业占用，从而使中国货币供应的增加并不能带动产出的相应增长。因此，如果亏损的国有企业不被市场淘汰，如果大量的储蓄不能通过市场机制转化为有效的投资，如果投资仍然由政府主导，或者说，如果中国不进行经济体制改革，则中国 M_2/GDP 的比率仍将不断上升，中国的超额货币问题将会越来越严重。同时这也提醒我们，如果中国在不全面进行产权改革的情形下继续采取不断扩大货币供应量的扩张性货币政策，则中国今后的通货膨胀，甚至有可能是严重的通货膨胀将不可避免。

第三，放松金融杠杆的管制，使金融产品价格能客观反映市场的供求状况。

由于中国的超额货币是一种制度现象，是现行产权制度长期运行所造成的宏观经济难题，因此单纯地采取减少货币供应量的紧缩性货币政策来解决中国的超额货币问题也不可取。因为，在中国的国有企业因缺乏不断扩大内部积累或内源融资的动力而不得不依赖银行提供贷款来进行生产和投资活动的情况下紧缩货币供应量只会导致通货紧缩或经济萎缩。据此，本研究的政策建议是：为保证中国经济长期稳定的有效增长，中国应在控制货币供应量的增长率、保证货币供应量的增长率完全同我国的生产潜力，而非人为制定的经济增长率相适应的同时，全面地进行金融杠杆的市场化改革。只有这样，才能既消除通货膨胀的隐患，又避免因国有企业严重亏损及大量储蓄难以转化为投资所造成的经济萎缩，从而在保证币值稳定的同时，创造出真正的市场价格机制，并使市场价格机制能充分发挥其合理配置资源的功能，促进中国经济的长期有效增长。

第四，继续推进体制性改革等措施确保经济金融的稳定运行。

我国 M_2/GDP 很可能是过高的，而这与大量银行坏账、居民储蓄的快速增长以及地方政府的投资冲动等密切相关。大量银行坏账的存在一方面是转轨过程中必然付出的改革成本，但另一方面也对金融的稳定运行产生隐患，必须高度关注金融稳定并处理好银行改革与历史坏账问题。储蓄的快速增长主要是居民的预防性动机所致，社会保障不健全、房地产、教育、医疗价格的高增长是导致居民预防性储蓄快速增长的主要原因，而这些行业价格的快速上升已经为经济运行和公众福利产生了明显不良影响，应当进一步加强和改善相关领域的改革和调控工作。地方政府的投资冲动也是目前影响我国经济平稳运行的重要因素，过度投资行为不仅容易造成环境破坏、资源浪费以及增长方式的粗放化，也成为导致我国宏观经济波动的重要原因，并且在长期蕴涵着金融风险。进一步贯彻科学发展观思想，推进体制性改革，是保证我国经济金融稳定可持续发展的重要方面。

第五，探索新的经济研究范式，加强宏观经济结构研究。

传统的金融发展理论仍然是在传统的新古典宏观经济学框架下的研究思路，它有一个重大的缺陷是局限于总量生产函数分析，不能对各经济因子间的结构做出细致深入的刻画，而往往侧重于投入产出的数量分析。但是，现实中的宏观经济研究不但要研究投入产出的数量，更需要对各种投入和各种产出间的价格、各种价格和各种数量等各种经济因子间的替代关系进行测度和分析，这些结构性的问题是传统的宏观经济学和金融发展理论无法刻画和解释的，必须借助新的研究框架和技术手段进行研究。基于对偶理论的 GNP 函数无疑是一个全新的、可行的方向，结合超越对数函数和对称准化二次函数可以对理论范式进行计量和测度。当然，研究中仍有许多问题仍然需要探索，这也是未来金融发展与经济增长理论研究的重要内容。

参考文献

[1] Aderlor, G.. The market for lemons: Qualitative uncertainty and the market mechanism [J]. Quarterly Journal of Economics, 1970, 84: 488 – 500.

[2] Alana Rabin. A Clarification of the Excess Demand For or Excess Supply of Money [J]. Economic Inquiry July 1993, 31: 448 – 455.

[3] Alexander Gerschenkron. Economic Backwardness in Historical Perspective [D]. Cambridge: M. A., Harvard University Press, 1962.

[4] Arnold Collery. Excess Supplies of Money and Balance of payments Deficits [J]. International Review for Social Sciense, 1971, 24 (4): 775 – 777.

[5] Arrow, K. J.. Towards a theory of price adjustment [M]. in: M. Abramowitz, ed. The allocation of economic resources. Stanford: Stanford University Press, 1959.

[6] Assenmacher – Wesche, K. and S. Gerlach. Money Growth, Output Gaps and Inflation at Low and High Frequency: Spectral Estimates for Switzerland [R]. Swiss National Bank Working Paper, 2006, 5.

[7] Atesoglu, H. S. and J. Emerson. Long – run monetary neutrality [J]. Applied Economics, 2009, 41: 2025 – 2036.

[8] Bellman, R.. Mathematical Optimization Techniques [M]. University of California Press, Berkeley, 1963.

[9] Benassy, J. P.. Macroeconomics: An introduction to the non – Walrasian approach [M]. New York: Academic Press, 1986.

[10] Benassy, J. P.. Neo – Keynesian disequilibrium theory in a monetary

economics [J]. Review of Economic Studies, 1975, 42: 503 – 523.

[11] Benassy, J. P.. On quantity signals and the foundations of effective demand theory [J]. The Scandinavian Journal of Economics, 1977, 79: 147 – 168.

[12] Benassy, J. P.. The economics of market disequilibrium [M]. New York: Academic Press, 1982.

[13] Brana, S. and M. Djibenou, S. Prat. Global Excess Liquidity and Asset Prices in Emerging Countries: a Pvar Approach, LAREFI Working Paper 2012, 03.

[14] Brown, J. R., S. M. Fazzari, and B. C. Petersen. Financing Innovation and Growth: Cash Flow, External Equity, and the 1990s R&D Boom [J]. Journal of Finance, 2009, 64 (1): 151 – 185.

[15] Christensen, L., D. Jorgenson and L. Lau. Conjugate Duality and The Transcendental Logarithmic Function [J]. Econometrica, 1971, 39 (4): 255 – 256.

[16] Clower, R. W.. Keynes and the classics: A dynamical perspective [J]. Quarterly Journal of Economics, 1960, 74: 318 – 323.

[17] Deidda and Fattouh. Non – linearity between finance and growth [J]. Economics Letters, 2002, 74: 339 – 345.

[18] Dickinson, D. G.. Rational Expectations, Random Parameters and the Non – neutrality of Money [J]. Economica, 1982, 49: 241 – 24.

[19] Diewert, W. E.. Functional Forms for Profit and Transformation Functions [J]. Journal of Economic Theory, 1973, 6: 284 – 316.

[20] Diewert, W.. An Application of the Shephard Dual Theorem, A Generalized Leontief Production Function [J]. Journal of Political Economy, 1971, 79 (3): 481 – 507.

[21] Douglas, W.. Money Growth Volatility and the Macroeconomy [J]. Journal of Money, Credit, and Banking, 1988, 20 (3): 319 – 335.

[22] Dreze, J. H. and H. Muller. Optimality properties of rationing schemes [J]. Journal of Economic Theory, 1980, 23: 217 – 221.

[23] Einstein, A.. "Autobiographical Notes" in Albert Einstein, Philoso-

pher – Scientist [A]. in: Schilpp, P. (ed), Open Court [C]. Evanston, Ⅲ., 1949: 17 – 18.

[24] Fan Dong et al, A Research on Implementation Effect of Commercial Housing Presale System in Chinese Mainland [C]. 2014 4th International Conference on Applied Social Science (ICASS 2014).

[25] Fischer, M.. Is Money Really Exogenous? Testing for Weak Exogeneity in Swiss Money Demand [J]. Journal of Money, Credit, and Banking, 1993, 25 (2): 248 – 258.

[26] Fontana, G, and Mark Setterfield. A Simple (and Teachable) Mecroeconomic Model with Endogenous Money, Co – author Mark Setterfield [M]. Macroeconomic Theory and Macroeconomic Pedagogy, Basingstoke (UK), Palgrave/Macmillan, 2009.

[27] Fontana, G.. Post Keynesian Approaches to Endogenous Money: a time framework explanation [J]. Review of Political Economy, 2003, 15 (3): 28 – 41.

[28] Friedman, M.. Money and the Stock Market [J]. Journal of Political Economy, 1988, 96 (2): 19 – 27.

[29] Gary A. Craig. A Monetary Approach to the Balance of Trade [J]. the American Economic Review, 1981, 6: 460 – 466.

[30] Gillian, G And Simon, P.. Some Clues in the Case of the Missing Money [J]. American Economic Association, 1979 (5): 64 – 77.

[31] Giovanni and Paolo. Reconsidering the Role of Money for Output, Prices and Interest Rates [R]. Working Paper Series in Economics and Finance, 2002, 514, Stockholm School of Economics.

[32] Goldsmith, R.. Financial Structure and Development [M]. Newhaven, Yale University Press, 1969.

[33] Gopinath, M. and Kennedy, L.. Agricultural Trade and Productivity Growth: A State – level Analysis [J]. American Journal of Agricultural Economics, 2000, 82 (5): 1213 – 1218.

[34] Gouteron, S. and D. Szpiro. Excess Monetary Liquidity and Asset Prices [J]. Banque de France, Dgei – deer – sepme, 2005.

[35] Gurley and Shaw, E. S.. Money in a Theory of Finance [M]. Washington: Brookings Institute, 1960.

[36] Harrigan, J.. Technology, Factor Supplies, and International Specialization: Estimating the Neoclassical Model [J]. The American Economic Review, 1997, 87: 475 - 94.

[37] Harrigan, J.. Technology, Factor Supplies, and International Specialization: Estimating the Neoclassical Model [J]. The American Economic Review, 1997, 87: 475 - 494.

[38] Hodgman, Donald. Credit risk and credit rationing [J]. Quarterly Journal of Economics, 1960, 74: 258 - 278.

[39] Hodgman, Donald. Reply [J]. Quarterly Journal of Economics, 1962, 76: 488 - 493.

[40] John V. Duca. Financial Technology Shocks and the Case of the Missing M2 [J]. Money. Credit, and Banking, 2000, 32 (4): 254 - 291.

[41] Joyce Manchester. How Money Affects Real Output, Journal of Money [J]. Credit, and Banking, 1989, 21 (1): 12 - 43.

[42] Keeton, William. Equlibium Credit Rationing [M]. New York: Carland Publishing Co. , 1979.

[43] King, R. G., and Levine R.. Finance and Growth: Schumpeter Might Be Right [J]. Quarterly Journal of Economics, 1993, 108: 717 - 737.

[44] King, R.G., and Levine R.. Finance, Entrepreneurship and Growth: Theory and Evidence [J]. Journal of Monetary Economics, 1993, 32: 513 - 542.

[45] Korinek, A. Thoughtson DSGE Macroeconomics: Matching the Moment, But Missing the Point? [R]. http://www.korinek.com/, 2015.

[46] Lau, L. and Yotopoulos, P.. Profit, Supply and Factor Demand Functions [J]. American Journal of Agricultural Economics, 1972, 2: 27 - 44.

[47] Laurent A. and Jalloul S.. Money Supply in a Simple Economic Growth Model and Multiple Steady States Equilibria [J]. Frontiers in Finance and Economics, 2009, 6 (2): 67 - 95.

[48] Leeper, E.. Equilibria Under Active and Passive Monetary and Fiscal Policies [J]. Journal of Monetary Economics, 1991, 27: 129 – 147.

[49] Leong H. and Akira K.. Inflation or Monetary Overhang? Planners' Preferences in China [J]. Applied Economics, 1995, 27: 15 – 27.

[50] Lucas, Robert E., Jr.. Expectations and the Neutrality of Money [J]. Journal of Economic Theory, 1972, 4: 103 – 124.

[51] McFadden, D.. Cost, Revenue, and Profit Functions, in: M. Fuss and D. McFadden (ed.), Production Economics: A Dual Approach to Theory and Applications, Volume 1, The Theory of Production [M]. North – Holland Publishing Company: Amsterdam, New York, Oxford, 1978: 4 – 7.

[52] Mckinnon, Ronald I.. Money and Capital in Economic Development [M]. The Brookings Institution, Washington, D. C. 1973.

[53] Mckinnon, Ronald I.. The Order of Economic Liberalization: Financial Control in the Transition to a Market Economy [M]. 2E, The Johns Hopkins University Press, 1993.

[54] [美] 罗纳德·I. 麦金农，经济市场化的次序——向市场经济过渡中的金融控制 [M]，上海：上海三联书店、上海人民出版社，1993.

[55] Meiselman, David. Controlling Monetary Aggregates [C]. Monetary Conference of The Federal Reserve Bank of Boston, 1988.

[56] Mishkin, F.. The Economics of Money, Banking, and Financial Market [J] (Sixth Edition), Pearson Addison – Wesley Press, 2004: 127 – 129.

[57] Neary, J. P. and J. E. Stiglitz. Towards a Reconstruction of Keynesian Economics: Expectations and Constrained Equilibria [J]. Quarterly Journal of Economics, 1983, 98: 196 – 201.

[58] Ostroy, J.. The informational efficiency of monetary exchange [J]. American Economic Review, 1973, 63: 597 – 610.

[59] P. 萨缪尔森、W. 诺德豪斯著，萧琛主译. 经济学 [M]. 北京：华夏出版社，1999，16 – 18.

[60] Richard T. Selden. Monetary Growth and the Long – Run Rate of Inflation [J]. American Economic Association, 1975, 65 (2): 125 – 128.

[61] Rioja, F., Valev, N.. Finance and the Sources of Growth at various stages of Economic Development [J]. Economic Inquiry, 2004 (42): 127 – 140.

[62] Robinson, J.. The Generalization of the General Theory [M]. and Other Essays (2nd ed.), London: Macmillan, 1979.

[63] Ross. Levine and Thorsten. Beck. Stock Markets, Banks, and Growth: Panel Evidence [J]. Journal of Banking and Finance, 2004, 28: 423 – 442.

[64] Ross. Levine. Finance and Growth: Theory and Evidence [M]. Philippe Aghion and Steven Durlauf, eds. Handbook of Economic Growth. The Netherlands: Elsevier Science, 2005.

[65] Rothschild, M. and J. Stiglitz. Incresing Risk: I. A Defination [J]. Journal of Economic Theory, 1971, 2: 225 – 243.

[66] Samuelson, P.. Foundations of Economic Analysis [M]. Cambridge, MA: Harvard University Press, 1947: 122 – 124.

[67] Schumpeter, J. A.. The Theory of Economic Development [M]. Harvard University Press, 1934.

[68] Silvestre, J.. Voluntary and efficient allocations are Walrasian [J]. Econometrica, 1985, 53: 807 – 816.

[69] Singh and B. Weisse. Information Technology, Venture Capital and the Stock Market [R]. Working Paper, University of Cambridge, 2001.

[70] Smith, A.. The wealth of nations [M]. Modern Library Edition. New York: Random House, 1776.

[71] Stigler, G.. Imperfections in the capital market [J]. Journal of Political Economy, 1967, 85: 287 – 292.

[72] Stiglitz, J.. Whither Socialism? [M]. Cambridge, MA: The MIT Press, 1994.

[73] Stiglitz, J. and A. Weiss. Credit Rationing in Markets with Imperfect Information [J]. American Economic Review, 1981, 71: 393 – 410.

[74] Stiglitz, J.. A Consumption Oriented Theory of the Demand for Financial Assets and the Term Structure of Interest Rates [J]. Review of Eco-

nomic Studies, 1970, 37: 321 - 351.

[75] Thorsten Polleit and Dieter Gerdesmeier. Measures of Excess Liquidity, Hfb Working Paper Series, 2005, 65.

[76] Tsangyao Chang. Financial Development And Economic Growth In Mainland China: A Note On Testing Demand - Following Or Supply - Leading Hypothesis [J]. Applied Economics Letters, 2002, 9: 869 - 873.

[77] Viner, J.. Studies In The Theory Of International Trade, New York: Harper ana Brothers information [J]. American Economic Review 1981, 71: 393 - 410.

[78] Wai - ming H.. Imperfect Information, Money, and Economic Growth [J]. Journal of Money, Credit, and Banking, 1996, 28 (4): 241 - 271.

[79] Woodford, M.. Monetary Policy And Price Level Determinacy In A Cash - In - Advance Economy [J]. Economic Theory, 1994, 4: 345 - 380.

[80] Younes, Y.. On The Role Of Money In The Process Of Exchange And The Existence Of A Non - Walrasian Equilibrium [J]. Review of Economic Studies, 1975, 42: 489 - 501.

[81] 艾慧. 中国当代通货膨胀理论研究 [M]. 上海：上海财经大学出版社，2007.

[82] 爱德华·肖. 经济发展中的金融深化 [M]. 上海：上海三联书店，1988.

[83] 巴曙松，陈华良. 关于比例研究：综述、比较和发展 [R]. 工作论文，2005.

[84] 本杰明·M. 弗里德曼，弗兰克·H. 哈恩主编，货币经济学手册（第2卷）[M]. 北京：经济科学出版社，2002.

[85] 蔡启明，张庆，庄品编著. 基础工业工程 [M]. 北京：科学出版社，2009.

[86] 曹凤岐主编. 中国金融改革、发展与国际化 [M]. 北京：经济科学出版社，1999.

[87] 曹龙骇等. 论我国中央银行宏观调控机制的重构 [J]. 财经理论与实践，2005（1）.

[88] 陈洪辉，赵正堂. 新兴市场国家通货膨胀定标的实践及启

示——以巴西为例 [J]. 特区经济, 2005 (1).

[89] 陈华良. 中国的货币沉淀角度的再考察 [R]. 中国2005年经济学年会投稿.

[90] 陈杰. 中国金融深化进程中的效率分析 [J]. 重庆工商大学学报, 2005, 15 (1).

[91] 陈涛. 健全信用制度：我国货币政策有效性的制度保障 [J]. 金融理论与实践, 2005 (3).

[92] 陈学彬. 宏观金融博弈分析 [M]. 上海：上海财经大学出版社, 1998.

[93] 陈仲常, 谢小丽. 体制转型时期中国的货币政策乘数与 M2/GDP 关系——基于变参数 IS - LM 模型分析 [J]. 经济科学, 2011 (5).

[94] 戴维·罗默, 苏剑、罗涛译. 高级宏观经济学 [M]. 北京：商务印书馆, 1999.

[95] 窦晴身. 何去何从——经济全球化背景下中国经济结构缺陷与战略选择 [M]. 兰州：敦煌文艺出版社, 2001.

[96] 窦晴身. 中国金融深化的实际状况——基于政府与金融关系的考察 [J]. 财经问题研究, 2001 (7).

[97] 杜子芳. 货币流通速度、货币沉淀率与货币供给量——我国货币供应量过大的原因分析 [J]. 管理世界, 2005 (1).

[98] 冯贞柏. 体制约束、经济市场化与货币化指数"剪刀差"——论"中国之谜"的短期性 [J]. 经济体制改革, 2009 (5).

[99] 弗里德曼. 货币数量论研究 [M]. 北京：中国社会科学出版社, 2001.

[100] 傅红娟. 开放经济的中国货币政策研究 [D]. 南开大学博士学位论文, 2001.

[101] 格里高利. 曼昆. 九十年代的美国货币政策 [J]. 货币金融评论, 2002, 2 - 3, 夏乐译.

[102] 耿中元, 曾令华, 张超. 我国货币流通速度研究述评 [J]. 经济世界, 2005 (2).

[103] 国务院发展研究中心. 中国货币流通速度变化与经济波动 [R]. 国务院发展研究中心调查研究报告, 2003.

[104] 韩平,李斌,崔永. 我国 M2/GDP 的动态增长路径、货币供应量与政策选择 [J]. 经济研究,2005(10).

[105] 洪远朋主编. 经济理论比较研究 [M]. 上海:复旦大学出版社,2001.

[106] 胡平西主编. 中国金融前沿问题研究 [M]. 北京:中国金融出版社,2001.

[107] 胡正. 中国超额货币供给研究(1979-2009):理论与实证 [D]. 西南财经大学博士学位论文,2011.

[108] 黄昌利,任若恩. 中国的水平与趋势的国际比较、影响因素:1978~2002 [J]. 中国软科学,2004(2).

[109] 黄达. 宏观调控与货币供给 [M]. 北京:中国人民大学出版社,1999.

[110] 黄达主编. 金融学 [M]. 北京:中国人民大学出版社,2003.

[111] 黄金老. 金融自由化与金融脆弱性 [J]. 北京:中国城市出版社,2001.

[112] 黄智淋,董志勇. 我国金融发展与经济增长的非线性关系研究——来自动态面板数据门限模型的经验证据 [J]. 金融研究,2013,(7):74-86.

[113] 贾德奎,胡海欧,黄燕. 西方经济学界货币政策规则理论述评 [J]. 财经理论与实践,2004(1).

[114] 江春. 中国超额货币问题的制度分析 [J]. 贵州财经学院学报,2004(4).

[115] 焦道芹. 对货币政策实施效应的思考 [J]. 金融理论与实践,2005(3).

[116] 金学群. 金融发展理论:一个文献综述 [J]. 当代经济科学,2003,25(6).

[117] 凯恩斯. 货币论,麦克米伦公司,1930,中译本根据1933年版译出,何瑞英译,商务印书馆,1986年版.

[118] 凯福尔斯 D. J. J. L. 斯托尔乔等著. 范岱年、孟长麟等译. 美国科学家论近代科技(中译本)[C]. 北京:科学普及出版社,1987,28.

[119] 蓝虹,张晓华. 论信贷配给作用于宏观经济波动的机理 [J].

生产力研究，2005（7）.

[120] 雷蒙德·W. 戈德史密斯. 金融结构与金融发展［M］. 上海：上海三联书店，1994.

[121] 黎欢，龚六堂. 金融发展、创新研发与经济增长［J］. 世界经济文汇，2014（2）.

[122] 李刚. 金融发展与经济增长关系理论综述［J］. 生产力研究，2005（10）.

[123] 李浩. 股份制商业银行发展战略研究［J］. 金融研究，2005（1）.

[124] 李健. 现代西方货币金融学说［M］. 北京：中央广播电视大学出版社，2001.

[125] 李科，徐龙炳. 融资约束、债务能力与公司业绩［J］. 经济研究，2011（5）.

[126] 李焰. 关于利率与我国居民储蓄关系的探讨［J］. 经济研究，1999（11）.

[127] 李扬，李光荣，黄育华，王力. 中国金融论丛2004［M］. 北京：中国经济出版社，2005.

[128] 连平. 怎样看待我国M2与GDP之比高企的问题［N］. 第一财经日报，2013年4月15日.

[129] 梁小民译，Gregory Mankiw, N. 著. 经济学原理［M］. 北京：三联书店和北京大学出版社，1999, pp. 28 - 30.

[130] 林志远. 中国宏观经济问题和改革出路——货币政策和财政政策［M］. 北京：经济科学出版社，1999.

[131] 刘斌. 货币扩张、经济增长与资本市场制度创新［J］. 金融研究，2002（7）.

[132] 刘厚平. 个人心理预期与储蓄、消费、投资［J］. 财经科学，2000（3）.

[133] 刘家新，赵宗华. 论我国国民储蓄结构转换中的政府储蓄率［J］. 天府新论，2002（2）.

[134] 刘金全，郭整风. 中国居民储蓄率与经济增长之间的因果关系研究［J］. 中国软科学，2002（2）.

[135] 刘明君．经济发展理论与政策 [M]．北京：经济科学出版社，2004．

[136] 刘明志．中国（1980－2000）的趋势、水平和影响因素 [J]．经济研究，2001（2）．

[137] 刘宁宁．近期居民预期收支态势及储蓄存款增长因素简析 [J]．中国城市金融，1999（10）．

[138] 刘士余，王辰华．中国经济货币化进程：动态演进及实证解说 [J]．金融研究，2005（3）．

[139] 刘树成．我国五次宏观调控比较分析 [J]．经济学动态，2004（9）．

[140] 刘伟等．货币扩张、经济增长与资本市场制度创新 [J]．经济研究，2001（1）．

[141] 刘毅，申洪汭．中国金融市场化的度量分析 [J]．财经研究，2002（9）．

[142] 刘煜辉．对话刘煜辉：求解 2014 中国宏观金融十大问题 [N]．第一财经日报，2014 年 2 月 10 日．

[143] 罗纳德·I．麦金农．经济市场化的次序——向市场经济过渡中的金融控制 [M]．上海：上海三联书店、上海人民出版社，1993．

[144] 毛定祥．我国居民储蓄函数及其误差修正模型 [J]．运筹与管理，2003（3）．

[145] 米什金著，刘毅，蒋理，王秀萍，刘霞，夏乐译．货币金融学 [M]．北京：中国人民大学出版社，2005：89－92．

[146] 莫芳芳．中国近年是否存在货币超发——基于货币需求函数的实证分析 [D]．厦门大学硕士学位论文，2014．

[147] 穆争社．论信贷配给对宏观经济波动的影响，金融研究，2005（1）．

[148] 尼尔斯．赫米斯，罗伯特．伦辛克．金融发展与经济增长 [M]．北京：经济科学出版社，余昌森等译，2001．

[149] 欧阳珍棋等著．试论我国的增长趋势及其成因 [J]．法制与社会，2006（2）．

[150] 帕斯卡尔·贝纳西．宏观经济学：非瓦尔拉斯分析方法导论

[M]．上海：上海三联书店，上海人民出版社，1995．

[151] 庞晓波．内生经济增长理论——增长机制与动力的分析 [M]．吉林：吉林大学出版社，2003．

[152] 彭兴韵．金融发展的路径依赖与金融自由化 [M]．上海：上海三联书店、上海人民出版社，2002．

[153] 齐志鲲．银行惜贷、信贷配给与政策有效性 [J]．金融研究，2002（8）．

[154] 钱小安．货币政策规则 [M]．北京：商务印书馆，2002．

[155] 钱小安．中国货币政策的形成与发展 [M]．上海：上海三联书店，2000．

[156] 秦朵．居民储蓄——准货币之主源 [J]．经济学季刊，2002，1（2）．

[157] 施建淮，朱海婷．中国城市居民预防性储蓄及预防性动机强度：1999 – 2003 [J]．经济研究，2003（9）．

[158] 施建淮．金融创新与长期经济增长 [R]．北京大学中国经济研究中心讨论稿系列，NO. C200414．

[159] 帅勇．资本存量货币化对货币需求的影响 [J]．中国经济问题，2002（3）．

[160] 孙建，辛然．我国货币流通速度变化的原因探析 [J]．财经研究，2002（3）．

[161] 孙中才，陈曦．现代经济学：范式定理和数理分析 [M]．北京：中国农业出版社，2014．

[162] 孙中才．G 函数与经济学的新进展 [J]．《汕头大学学报》（人文社会科学版），2006．

[163] 孙中才．宏观干预与通货膨胀 [J]．《汕头大学学报》（人文社会科学版），2011（12）．

[164] 孙中才．货币运营与通货膨胀 [J]．《山东财政学院学报》，2013（1）．

[165] 孙中才．技术性贸易壁垒的经济效应 [J]．《汕头大学学报》（人文社会科学版），2005（2）．

[166] 孙中才．农业经济数理分析 [M]．北京：中国农业出版社，

2006.

[167] 孙中才. 现代前沿经济学 [M]. 北京：光明日报出版社, 2020.

[168] 谭东仁. 电子货币对货币政策中介目标选择的影响 [J]. 广西金融研究, 2003（6）.

[169] 万广华, 史清华, 汤树梅. 转型经济中农户储蓄行为：中国农村的实证研究 [J]. 经济研究, 2003（5）.

[170] 汪红驹. 中国货币政策有效性研究 [M]. 北京：中国人民大学出版社, 2002.

[171] 汪小亚, 卜永祥, 徐燕：七次降息对储蓄、贷款及货币供应量影响的实证分析 [J]. 经济研究, 2000（6）.

[172] 汪洋. 中国比率问题研究述评 [J]. 管理世界, 2007（1）.

[173] 王美君. 我国 M2/GDP 偏高——基于收入分配的一个解释 [D]. 中国人民大学硕士学位论文, 2008.

[174] 王淑敏等. 金融深化创新论 [M]. 北京：中国金融出版社, 2003.

[175] 王欣. 我国货币政策有效性的实证分析 [J]. 财经科学, 2003（6）.

[176] 王兆旭, 纪敏：我国偏高的内在原因和实证检验 [J]. 经济学动态, 2011（11）.

[177] 吴建军. 我国 M2/GDP 过高的原因：基于收入分配差距的分析 [J]. 经济学家, 2004（1）.

[178] 吴江, 李新. 对我国货币政策中介目标选择的思考 [J]. 经济师, 2004（3）.

[179] 吴军. 紧缩与扩展——中国经济宏观调控模式选择 [M]. 北京：清华大学出版社, 2001.

[180] 伍海华, 徐镇绥, 唐衍伟. 经济发展论 [M]. 呼和浩特：内蒙古大学出版社, 1999.

[181] 伍海华. 西方货币金融理论 [M]. 北京：中国金融出版社, 2002（6）.

[182] 伍志文."中国之谜"——文献综述和一个假说 [J]. 经济学

（季刊），2003（10）．

［183］伍志文．货币供应量与物价反常规关系：理论及基于中国的经验分析［J］．管理世界，2002（12）．

［184］伍志文．货币双轨制政府治理和金融稳定［M］．北京：经济科学出版社，2007．

［185］武剑．储蓄、投资和经济增长［J］．经济研究，1999（11）．

［186］武剑．货币政策与经济增长——中国货币政策发展取向研究［M］．上海：上海三联书店，2000．

［187］夏斌，高善文，陈道富．中国货币流通速度变化与经济波动——从黑箱理论看中国货币政策的有效性［J］．金融研究，2003（12）．

［188］夏斌，廖强．货币供应量已不宜作为当前我国货币政策的中介目标［J］．经济研究，2001（8）．

［189］夏征农．辞海［M］．上海：上海辞书出版社，2002．

［190］萧松华．当代货币理论与政策［M］．成都：西南财经大学出版社，2001．

［191］谢平，罗雄．泰勒规则及其在中国货币政策中的检验［J］．经济研究，2002（3）．

［192］谢平，俞乔．中国经济市场化过程中的货币总量控制［J］．金融研究，1996（1）．

［193］谢平．新世纪中国货币政策的挑战［J］．金融研究，2000（1）．

［194］谢平．中国转型经济中的通货膨胀与货币控制［J］．金融研究，1994（10）．

［195］徐黎鹰．货币理论［M］．沈阳：沈阳出版社，1992．

［196］许忠．经济货币化的国际比较与中国经济货币化进程研究［D］．上海社会科学院博士毕业论文，2010．

［197］阎庆民，李木祥．中国货币政策传导机制及其效应研究［M］．成都：西南财经大学出版社，2001．

［198］杨柳勇，庄培．韩国的通货膨胀目标及其对中国的启示［J］．上海金融，2004（10）．

［199］杨咸月．金融深化理论发展及其微观基础研究［M］．北京：

中国金融出版社，2002.

［200］易纲．中国的货币、银行和金融市场：1984－1993［M］．上海：上海三联书店，1996.

［201］易纲．中国的货币化进程［M］．北京：商务印书馆，2003.

［202］易秋霖．中国的非均衡金融［M］．北京：经济管理出版社，2004.

［203］尹继志．中国货币政策操作研究［M］．乌鲁木齐：新疆人民出版社，2002.

［204］游建国．货币供应量中介口标的有效性研究［J］．现代管理科学，2003（2）．

［205］余明．资产价格、金融稳定与货币政策［M］．北京：中国金融出版社，2003.

［206］余永定．M2/GDP 的动态增长路径［J］．世界经济，2002（12）．

［207］袁志刚，冯俊．居民储蓄与投资选择：金融资产发展的含义［J］．数量经济与技术经济研究，2005（1）．

［208］原宇，夏慧．金融学基础［M］．北京：科学出版社，2010.

［209］张春生，吴超林．中国 M2/GDP 畸高原因的再考察——基于商业银行资产负债表的分析［J］．数量经济技术经济研究，2008（5）．

［210］张杰．经济变迁中的金融中介与国有银行［M］．北京：中国人民大学出版社，2003.

［211］张杰．中国的高货币化之谜［J］．经济研究，2006（6）．

［212］张杰．中国金融成长的经济分析［M］．北京：中国经济出版社，1995.

［213］张杰．中国金融制度的结构与变迁［M］．太原：山西经济出版社，1998.

［214］张军．资本开成、投资效率与中国的经济增长——实证研究［M］．北京：清华大学出版社，2005.

［215］张政，阀海辉．利率、预期收入不确定性与居民储蓄［J］．南京经济学院学报，2000（4）．

［216］赵海均．破解中国经济之谜［M］．北京：经济日报出版社，2002.

［217］郑超愚，陈景耀．政策规则、政策效应、政策协调：现阶段中国货币政策取向研究［J］．金融研究，2000（6）．

［218］中国人民银行．关于扩大金融机构贷款利率浮动区间有关问题的通知［N］．银发（2003）250号文件，2003年12月10日．

［219］中国人民银行．人民币利率管理规定［N］．1999年4月1日．

［220］中国人民银行研究局课题组．中国国民储蓄和居民储蓄的影响因素［J］．经济研究，1999（5）．

［221］钟伟，黄涛．从统计实证分析破解中国M2/GDP畸高之谜［J］．统计研究，2002（4）．

［222］钟子明．中国"超额货币之谜"研究［D］．重庆大学博士学位论文，2009.

［223］周锦林．关于我国货币"中性"问题的实证研究［J］．经济科学，2002（1）．

［224］周骏．货币政策的几个问题［J］．金融研究，2001（5）．

［225］周素芳．论"通货膨胀目标制度"［D］．博士论文，中国社会科学院，2003.

［226］周小川．金融危机中关于救助问题的争论［J］．金融研究，2012（9）．

［227］周英章，蒋振声．货币渠道，信用渠道与货币政策有效性［J］．金融研究，2002（9）．

［228］卓凯，崔维琪．金融深化、信贷配置扭曲与经济效率［J］．武汉金融，2004（5）．

［229］邹恒甫．经济增长中的"不定性"——经济增长中复杂性的体现［J］．经济学动态，2001（1）．

［230］左孝顺．货币流通速度的变化：中国的例证（1978-1997）［J］．金融研究，1999（6）．

后 记

本书是我学习和工作中的粗浅体会。从大学开始，接触到经济学有关的理论：金融发展与经济增长是密切相关并相互作用的。在银行工作期间，从信贷资金的计划管理到参与大额信贷资金的使用效率调研，发现同样一笔贷款，给不同企业的产出会有很大的差异，而且产出效率与企业的性质、贷款的管理规范程度等各方面有明显的关系。学术上的认知让我不由自主地思考：是什么原因导致信贷资金产出效率的差异，管理上的缺失对宏观经济会产生什么样的影响呢？

在中国人民大学读博期间，自然而然地去寻找这些问题的答案。在导师的指导下，利用图书馆丰富的资源，我阅读了大量经济、金融方面的书籍。于是，结合理论和工作实践，对中国货币供给与产出的相互影响机制进行了全面的梳理，初步研究了中国广义货币供给快速增长的主要原因。

毕业后，持续的学术研究兴趣让我选择了高校教师职业，使我有机会继续思考相关的学术主题。在教学科研过程中，学习了大量经典和前沿的文献，充实了知识体系，丰富了学术储备。近年来对生产率理论进行了深入的研究，发现当年的理解和解释并不尽科学合理，尤其是结合中国改革开放 40 多年的实践，可以借鉴生产率理论对货币供给增长快于经济增长的现象做一个全新的理论实证研究。于是，拿出当年的主题，大刀阔斧地将原有研究进行了全新的修改，从单位货币投入对宏观产出的视角，重新解释我国金融发展与经济增长问题。经过近几年的不断探索终于成书。

回顾拙作之得以面世，受益于诸位师长的指导和朋友的支持，最主要的是，感谢我的老师中国人民大学博士生导师孙中才先生，先生出身名门，学识渊博，著作等身，视学生如己出。我毕业多年，老师经常通过微信，给我发来学术见解，诗文创作，鞭策我读书上进，鼓励我勤于思考，这种润物细无声的关爱，令我终生难忘。

此前，我有幸遇到裘有崇（已故，原中国农业银行江西省分行处长）、丁国良（原中国人民银行宜春地区分行行长）两位先生，他们退休借调到中国人民银行编写《中国信用合作百年史料》。见我研究生毕业，就带我和他们共事，并完成我的实习任务，在一年多的时间里，我从收集整理的史料中，见证了我国近代、现代的金融演变，碰到难题，就能得到裘、丁两位老师耳提面命，热心指点，使我顿开茅塞，也为尔后动笔积累了知识。

作为一个名不见经传的作者，出书谈何容易。有幸遇到中国财政经济出版社，为我审稿把关，在出版的每个环节，出版社都给予我热情的指导和帮助。五邑大学经济管理学院领导对本书的出版给予高度重视和鼎力支持，在此深表谢忱！

对我写作有帮助的其他师友，于此未一一致谢为歉。

最后，需要感谢我的家人。远方的父母无时无刻不在牵挂自己。特别是我的妻子赖英华女士，我们从学生时代开始相识、相知到相爱，在我一穷二白之际和我携手成家立业，20年来同甘共苦，经历了太多风雨，她始终都无怨无悔地默默支持奉献，是我生命中的半边天。还有我的一双儿女，在我忙于阅读文献和写作时疏于给他们陪伴，他们反而给我带来无穷的快乐。

谨以此书献给他们。

冯贞柏

2022年8月24日

作者简介

冯贞柏,男,1976年6月生,江西玉山人,2006年毕业于中国人民大学技术经济及管理专业,管理学博士。曾任职于北京农商银行计划信贷部。2012年至今,任五邑大学经济管理学院副教授、硕士研究生导师、广东省本科高校教学指导委员会委员。曾在《中国软科学》《经济评论》等国内学术期刊发表论文20余篇,主持广东省哲学社会科学规划一般项目等省市级纵向项目多项,参与国家、省、市级项目多项。主要研究领域是金融经济理论及宏观经济分析。